谷炳兴 编著

中华古典

名言赏析

中华古典名言荟萃 国学教育经典读本
人生成功的座右铭 成长成才的智慧经

中国文史出版社

图书在版编目（CIP）数据

中华古典名言赏析/谷炳兴编著．--北京：中国
文史出版社，2020.8

ISBN 978－7－5205－2164－2

Ⅰ.①中… Ⅱ.①谷… Ⅲ.①汉语—格言—汇编
Ⅳ.①H136.33

中国版本图书馆 CIP 数据核字（2020）第 143964 号

责任编辑：李晓薇

出版发行：中国文史出版社

社　　址：北京市海淀区西八里庄路 69 号　邮编：100142

电　　话：010－81136606　81136602　81136603（发行部）

传　　真：010－81136655

印　　装：三河市华东印刷有限公司

经　　销：全国新华书店

开　　本：710×1000mm　1/16

印　　张：19.5

字　　数：282 千字

版　　次：2021 年 3 月第 1 版

印　　次：2021 年 3 月第 1 次印刷

定　　价：59.80 元

前　言

　　中华民族的文明史源远流长，在悠久的历史长河中，涌现出无数圣贤名人，成为推动历史进步的动力。这些圣贤名人们所留下的名言名句是睿智的结晶，成为后人最值得汲取的智慧和经验。因为圣贤名人经历了比常人更多的磨难，做出了常人不可比拟的贡献，他们的名言经过历史长河的冲刷，仍然散发着灿烂的光芒。人，如果在自己的有生之年，采撷不到这名言名句光芒四射的思想，是一大憾事。

　　《中华古典名言赏析》是一本中国古典名言荟萃，汇集了我国古代名人名著之名句，在浩瀚的古典名言中共筛选出640余条，可谓沙里淘金。这些名言，字字句句都闪烁着璀璨的光芒，它是人生成功的座右铭，是学校教育的成才经，是社会进步的导航灯，更是家庭教育的智慧经。这本书又是一本国学教育的经典教材，在我们大兴国学教育的今天，更显其重要。

　　这本书具有六个特点。特点之一，经典。此书入选的名言条目，都是我国古代经典名句，是我国传统文化精髓的集中。特点之二，通俗。入选的名言，语句简短，通俗易懂，朗朗上口，容易记忆。特点之三，全面。名言的来源，上自春秋时期，下至清朝末期，从"立志篇"到"治国篇"共19个章节，包罗万象。特点之四，实用。所选名言非常贴近生活、贴近学习、贴近工作，更贴近教育。特点之五，易懂。本书是语录体，言简意赅、一目了然，每一条名言都注有出处、大意和赏析。特点之六，赏析。每一条名言的赏析部分正是本书的精华和价值所在，通过作者对名言的深入分析、论证、举例等，使读者更加形象、理性地认识名言的意义，使名言释放出更大的能量，从而起到名言的教育作用。

　　本书的作者是一位教育工作者，受著名教育家魏书生先生的启发，所在的学校从 2001 年开始进行每日名言教育，根据实际每天选一条名言刊登在学校名言板上，学生进校后的第一件事就是记名言、议名言，教师利用晨读片刻进行解读、指导，把名言用于教与学的实践中。每日名言好像每天为学生点亮的一盏灯，照亮他们前进的方向。在名言教育的激励下，学校呈现出不用扬鞭自奋蹄的氛围，师生精神面貌焕然一新，教师与学生的上进心空前高涨，教育教学质量迅速提高。

"一花独放不是春，百花齐放春满园"，如果把名言教育的经验传播到全国各级各类学校，岂不是一件幸事！因此，在我校名言教育取得奇迹般效果的同时，萌生了编辑名言著作的想法，并立即着手编纂。经过十几年的选编、注解、反复修改，终于付梓出版。

本书的读者是所有认识汉字的人，特别适合青少年学生和公务员群体。如果每个学校、每个单位、每个人，每天有选择性地记忆并理解、运用一条或几条名言，就等于每天吃了一顿营养快餐，也等于每天注入了一支向上的兴奋剂。通过长期对名言的学习，一定会取得巨大的收获，会让自己意志更坚强，品质更优秀，学习更进步，事业更成功，生活更幸福，人生更精彩！也必将对加强国民思想道德建设，提高全民族的综合素质，有效推动社会的进步，早日实现伟大的中国梦，有着极大的现实意义和历史意义！

谷炳兴

2020 年 9 月于河北沧州

目　录
CONTENTS

一、立 志 篇

有志者事竟成。

—— （南朝）范晔

【大意】 有志向的人，做事终究会成功。

【赏析】 这句话出自《后汉书》，是一条千古流传的励志名言。阐述了"有志"与"事成"之间的辩证关系："有志"才能"事成"，要想"事成"，必须"有志"。立志不仅可以给人以明确的方向和不竭的动力，还能使智慧和情感凝聚于既定的目标，从而取得成功。但是，并不是说一个人立下志向之后，就可以坐等成功了，在立志与成功之间，还需要不懈地努力和奋斗，如果没有具体的行动，再好的志向也是空中楼阁。重要的是，要变"志"为动力和压力，真正利用好"志"才能"事成"。掀开史册，立大志成大事者比比皆是。

志当存高远。

—— （三国）诸葛亮

【大意】 立志应当崇高而远大。

【赏析】 这句话出自诸葛亮《诫外甥书》。志向是极其可贵的精神力量。人有了志向，就有了奋斗的目标，才不会浑浑噩噩地混日子。远大的志向更有价值，它是成功的起点，为远大理想而努力则是人生的重要组成部分。人的志向与成就是密切相关的。如果没有远大的志向，就不可能成就大业。一般来说，对自己的要求高，取得的成就则大；对自己的要求低，取得的成就则小，甚至一事无成。就如高尔基所说："一个人追求的目标越高，他的才力就发展得越快，对社会就越有益。我确信这也是一个真理。"

志不强者智不达。

——（战国）墨子

【大意】 志向不坚定，其智慧就发挥不到极致。

【赏析】 这句话出自《墨子·修身》，阐述了"志"与"智"之间的辩证关系，志向坚定，才能使人的智慧得到充分的发挥。凡有大成就的人，都是志向、天才与勤奋的结合，坚定的志向在其中犹如统帅。志向坚定，才能最大限度地发掘自己的潜能，给人以无穷的动力，才能充分地发挥自身的潜在智慧。拥有雄心壮志，会时刻提醒你去奋斗，引导你去奋斗；时刻让你与别人不同，让你能够有激情地工作和生活；时刻给你憧憬和力量，让你倍感使命的召唤；时刻为你点燃希望的烛火，实现人生的价值。

百学须先立志。

——（宋）朱熹

【大意】 无论做什么学问，都需要先立下志向。

【赏析】 这句话出自朱熹《朱子语类》。百学，可以泛指百家学问、三百六十行。意思是说，无论想要学习什么，立足于什么行业，都必须要先树立一个志向。学者欲去昏惰之病必以立志为先！的确，有理想、有追求的人，一定都有一个明确的奋斗目标，他懂得自己活着是为了什么。因而他的所有努力，都能围绕长远的目标进行，他知道自己怎样做是正确的、有用的，否则就浪费了时间和生命。一个人只有尽早树立目标，才能尽早付诸行动，才能找到努力的方向。

有志不在年高，无志空长百岁。

——（清）石成金

【大意】 有志气的人不在年岁大小，没有志气的人活到百岁也白活。

【赏析】 这句话告诉我们，人从小就要立下远大志向，有了志向才能对自己提出较高的要求，在这种志向的激励下，一生才会有所成就。战国末期秦国人甘罗，就是典型的"有志不在年高"。甘罗自幼聪明过人，小小年纪拜入秦国丞相吕不韦门下。他12岁时出使赵国，用计帮助秦国得到十几座城池，甘罗因功得到秦王嬴政（后来的秦始皇）赐任上卿，这就是后世传颂的"甘罗十二当宰相"的故事。

非淡泊无以明志，非宁静无以致远。

——（三国）诸葛亮

【大意】 不淡泊名利就不会有明确的志向，不平静地学习就不能实现远大的目标。

【赏析】 此句出自诸葛亮54岁时写给他8岁儿子诸葛瞻的《诫子书》。这句话语浅而意深，富有哲理，采用逻辑学中"双重否定"的句式，强调"淡泊""宁静"的重要性。现在的"淡泊""宁静"，正是为了日后的"致远"。通过学习明志，宁静修炼，积蓄力量，一旦时机成熟，便可以轰轰烈烈地干出一番大事业。这既是诸葛亮一生经历的总结，更是他对儿子的要求，也反映了诸葛亮对人生的哲理思考。

大丈夫必有四方之志。

——（唐）李白

【大意】　真正的男子汉，必有胸怀天下的远大志向。

【赏析】　自古以来，人们多用"大丈夫"一词，去赞美那些具有阳刚之气、雄心壮志，公平正义，捍卫真理，不畏艰险，视死如归，为了祖国富强昌盛、为了广大人民利益，敢于赴汤蹈火，血洒疆场的男子汉！正是这种"大丈夫"精神，铸就了中华民族的长城，并且永远激励着后人，做出惊天地、泣鬼神的丰功伟业！毛泽东少年时期就立下"改造中国与世界"的志向，周恩来学生时期就立下"为中华之崛起而读书"的宏伟目标，他们都做出了惊天动地的伟业，领导人民解放全中国，为解救中华民族和全世界受压迫民族做出了巨大贡献。他们称得起真正的"大丈夫"！

弃燕雀之小志，慕鸿鹄以高翔。

——（南朝）丘迟

【大意】　放弃燕子、麻雀那样的小志向，而像大雁、天鹅一样高飞。

【赏析】　这句话出自丘迟《与陈伯之书》。这里的"燕雀"，比喻庸者，言其眼界狭小；"鸿鹄"，比喻胸怀远大之人。丘迟，南朝梁文学家；陈伯之，南朝齐末为江州刺史，梁武帝起兵后，他投降梁武帝。这句名言是丘迟写信劝陈伯之离开北魏回归梁朝中的一句话，也是对陈伯之背弃南朝齐，归顺梁武帝的颂扬。后世用来比喻弃暗投明，或放弃小志而投入大业。此句寓意深刻，教育我们志向要远大，志大则才大，远大的志向可以造就伟大的人物。

志不立，天下无可成之事。

——（明）王守仁

【大意】　人生不立下志向，天下就没有可以成功的事。

【赏析】　在我国传统文化中，立志是教育的精华。博大精深的宏志思想，使我国历史上胸怀天下、心志坚毅的仁人志士辈出。他们"为天地立心，为生民立命，为万世开太平"，树立坚定的志向，矢志进取，成为中华民族的脊梁。屈原以"路漫漫其修远兮，吾将上下而求索"，表达他寻求真理的执着；诸葛亮以"鞠躬尽瘁死而后已"，宣誓他的忠诚报国之心；文天祥以"人生自古谁无死，留取丹心照汗青"的豪气，以身殉国……他们离世千百年后，仍为世人所传颂。每个人都有一定的潜能，潜能只有被激发出来，才会转化为力量。如何激发潜能呢？毫无疑问，人只有在追求目标的时候，才会激发出自己的潜能。

水激石则鸣，人激志则宏。

——（清）秋瑾

【大意】 石头受到水的激打，就会发出声响；人受到志向的激励，就能干出一番大事业。

【赏析】 人本身具有一定的惰性，往往需要外因的激励才能猛进。也就是说，人的成长需要不断地受到志向的激励，才能发展得更快、更远、更高。这种志向的激励可以来自他人，更重要的是源于自我激励。这种激励也可能是外界的一种刺激，不管是面对耻辱与轻视的"刺激"，还是好心的有意"刺激"，一个真正自尊、自强的人应当正确地看待它，将它作为人生新的转折点，从此而奋起拼搏！这样就能够把"刺激"转化为鼓励，从而走向胜利！

立志欲坚不欲锐，成功在久不在速。

——（宋）张孝祥《论治体札》

【大意】 立志在于坚定而不在急切，成功在于坚持而不在速成。

【赏析】 此句富含哲理性，含"欲速则不达"之意，当为急功浮躁者戒。人生的成功之路，更像一场马拉松赛跑而不是百米冲刺，前100米领先者不一定就能成为全程的优秀者，甚至都不可能跑完全程。在这遥远的征途上，只要认定目标，一步一个脚印，厚积薄发，"十年磨一剑"，才是踏入成功之门应具备的良好心态。如果做事一味追求速度，逆其道而行之，其效果未必会好，甚至反而会离目标更远。

志小则易足，易足则无由进。

——（宋）张载

【大意】 志向小就容易满足，满足了就不能再进步。

【赏析】 此句话告诉人们，一个人要志向远大，方能有巨大的成就。没有一个高远的目标，就很容易满足从而堕落。从某种意义上说，远大的志向是成功的一半。志向远大，才能放眼高远，不计较眼前的得失，克服懒惰，不断进取。古今中外，还未出现没有志向却成就大事的人。因此，我们要胸有大志，怀揣梦想、放飞梦想，做一番事业，使我们的人生更精彩！如果是雄鹰，就应该有展翅于辽阔苍穹的理想；如果是骏马，就应该有驰骋在万里草原的豪情；如果是清泉，就应该有奔腾到大海的壮志。

人无奋志，治功不兴。

——（明）海瑞

【大意】 没有大志的人，治理国家也不会有大的成就。

【赏析】 这也是海瑞对自我的描述。他正是因怀有兴国爱民的大志，才做出一番大业，成为我国历史上著名的清官，被后人世代传颂。这句话也可通俗地解释为，没有非常志气的人，就不可能做出非常的事业来。欲成大事、建大功者，则更应志存高远，准备忍受常人难以忍受的磨难，准备咽下常人难以咽下的苦涩。苏秦"刺股"苦学致使"合纵"成功，赵普熟读半部《论语》而治天下，李时珍跋山涉水写成《本草纲目》，曹雪芹呕心沥血著有《红楼梦》，达尔文风餐露宿发表《物种起源》……这些都说明"人无奋志，治功不兴"。

不以穷变节，不以贱易志。

—— （汉）桓宽

【大意】 不因穷困而改变气节，不因地位低贱而动摇志向。

【赏析】 这句话是说，任何人在身处逆境时都要坚守自己的气节、志向和理想。贫困只是暂时的，它并不是耻辱，也不是罪过。我们要视贫困为人生中难得的财富，要视贫困为成长过程中难得的力量，贫困却不能缺"钙"——铮铮傲骨，贫困却不能"贫血"——血气方刚。要在贫困中站立起来，而不是自暴自弃；要学会战胜困难，而不是被贫困打倒，相信有我的不懈努力和与困难做斗争的精神，我们的明天一定很美好。清代小说家曹雪芹晚年在北京西郊住着"满径蓬蒿"的破旧屋子，连一天三顿饭都成问题，但他终于写出了流传后世的文学名著《红楼梦》。

人若志趣不远，心不在焉，虽学无成。

—— （宋）张载

【大意】 人无远大志向，心就不能专一，即使学习也不会有所成就。

【赏析】 如果一个人对学习没有兴趣，那么他就很难在学习上取得成功。有人说："授人以渔，不如授人以'欲'。"人一旦对他学习的学业产生了欲望，也就等于产生了兴趣，就会产生无穷的动力，这就是所谓"兴趣是最好的老师"。学业成功需要两大重要因素，一个是立志，一个是专心，二者相互依赖，相得益彰，缺一不可。这里，张载强调确立志向是第一位的，人无志也就无所用心，做什么事情都不会成功。

志不立，如无舵之舟，无衔之马。漂荡奔逸，终亦何所底乎？

——（明）王守仁

【大意】 志向不确立，犹如没有舵的船和没有缰绳的马，任意漂荡、狂奔，最终能到哪去呢？

【赏析】 这是一个非常形象的比喻，一个人没有志向，就如同无舵之船、无缰之马一样，随随便便、无所事事，白白地消磨时间，至死也不会有所作为。王守仁从小就立下大志，他以诸葛亮自喻，决心要做一番事业。此后刻苦学习，学业大进。骑、射、兵法，日趋精通。明弘治十二年（1499 年）考取进士，授兵部主事，成为明代思想家、军事家，心学集大成者。

有志者立长志，无志者常立志。

——（汉）刘吉

【大意】 有志气的人，树立志向后坚定不移；没有志气的人，因困难经常改变自己的志向。

【赏析】 人一旦树立一个终生奋斗的人生目标，就不能轻易改变，有了信念的支撑、理想的鼓励，就能战胜前进道路上遇到的困难或失败，最终走向成功。而"无志者常立志"，一是这山望着那山高，不断变化，今天想当科学家，明天想做音乐家，后天又想成为企业家，到头来只能是一事无成；二是遇到困难就言败、就退缩，就转换新目标，最后只能是"心比天高命比纸薄"。

立志不坚，终不济事。

—— （宋）朱熹

【大意】 一个人志向不坚定，最终不会成功。

【赏析】 意志直接制约人的成功，没有坚定的意志就没有成功。失败是成功之"母"，意志就是成功之"父"！爱迪生发明电灯就用了6000多种材料。也就是说，他曾经为电灯的发明失败了6000多次。爱迪生一生获得了1000多项发明成果，如此算起来，他是世界上失败次数最多的人。失败和顽强的意志结合，才可能取得成功！

心不清则无以见道，志不确则无以立功。

—— （宋）林逋

【大意】 心里不清静就不会明白事理，志向不明确就不会建功立业。

【赏析】 古圣先贤认为，人想要深入思索，就必须心沉气静，然后才能领悟出一些道理；人一旦目标明确，就必须去除杂念，坚定不移奋斗才能取得成功。有些人满脑子杂念丛生，常为私欲缠绕，想的多是升官、发财、光宗耀祖，打的是个人小算盘，因为不能"心静"，而被金钱所"累"，被虚荣所"困"，最终往往身败名裂。成功是永不言懈的坚持，作为一个有志者，应该将坚定的志向铭刻心中，并付诸行动，敬终如始，善作善成。

人无善志，虽勇必伤。

—— （汉）刘安《淮南子》

【大意】 如果没有良善的志向，即使勇敢也会受到挫败。

【赏析】 立志也有善、恶之分。在心中立下一个善念，始得天佑，就为自己选择了一个美好的未来，最终利人、利己。相反，如果立下一个恶念，就等于播下一株苦果，最后必将伤人、伤己。不仅如此，如果立下一个错误的奋斗方向，努力愈大，最终伤得愈深。如《三国演义》中的吕布，打遍天下无敌手，勇猛异常。然而，这员勇将却为人不忠，为个人利益三易其主，阵前被张飞骂为"三姓家奴"，最终兵败被擒，死于非命。

燕雀安知鸿鹄之志哉？

—— （汉）《史记》

【大意】 燕雀怎么能知道鸿鹄的远大志向呢？

【赏析】 此句出自司马迁《史记》，是陈胜的一句话。陈胜，秦末中国历史上第一次农民起义领袖。陈胜年轻的时候，曾经同别人一起被雇佣耕地。有一天，陈胜在耕作休息时叹息说："如果有朝一日我们谁富贵了，可不要忘记老朋友啊。"雇工们笑着回答说："你是个被雇佣耕地的人，哪来的富贵呢？"陈胜长叹一声说："唉，燕雀安知鸿鹄之志哉？"陈胜在当雇工时就已胸怀大志。后来陈胜与吴广在大泽乡率众起义，成为反秦义军的先驱，不久后在陈郡称王，建立张楚政权。刘邦称帝后，追封陈胜为"陈隐王"。

贫不足羞，可羞是贫而无志。

—— （明）吕坤

【大意】 贫穷并不羞耻，真正的羞耻是贫穷而没有志气。

【赏析】 贫穷本身并不可怕，可怕的是认为自己命中注定贫穷。一旦有了贫穷的思想，就会丢失进取心，也就永远走不出贫穷的阴影。其实，贫穷是一笔无价的财富。高尔基曾经是一个流浪儿，如果没有贫穷的生活经历，就不可能写出《我的大学》；范仲淹两岁丧父，随母改嫁，幼时读书连一碗粥都难以吃到，他苦读及第，成为宋朝名人。古人在《菜根谭》一书中告诉我们"成名每在穷苦日",面对贫穷要"人穷志不穷",如果因贫穷而丧失人格,是最可耻的。

做第一等人,干第一等事。

—— (明) 吕坤

【大意】 人生在世,要做最优秀的人,从事最高尚的事业。

【赏析】 英国前首相撒切尔夫人的座右铭是:"永远坐在第一排。"在她小时候,父亲经常向她灌输这样的观点:无论做什么事情都要力争一流,永远走在别人前头,而不能落后于人,"即使坐公共汽车,你也要永远坐在前排"。父亲培养了她积极向上的决心和信心。在以后的学习、生活和工作中,她时时牢记父亲的教导,做好每一件事情,事事必争一流,实践着"永远坐在第一排"的誓言。正因为如此,她连续四届当选为英国保守党领袖,并于1979年成为英国第一位女首相,雄踞政坛长达11年之久,被世界政坛誉为"铁娘子",成为英国乃至整个欧洲政坛上的一颗耀眼的明星。

老骥伏枥,志在千里;烈士暮年,壮心不已。

—— (三国) 曹操

【大意】 衰老的良马虽然卧在马棚里,雄心壮志仍是驰骋千里;有志向的人到了晚年,奋发思进的雄心不会止息。

【赏析】 此句为东汉末年曹操《龟虽寿》一文中的两句话,是其晚年之作,写于北伐乌桓胜利的归途。此时,曹操已经53岁,在古代已将近暮年。虽然刚刚取得了北伐乌桓的胜利,踏上凯旋的归途,但诗人想到一统中国的宏愿尚未实现,想到自己已届暮年,人生短促,时不我待,怎能不为生命的有限而感慨!但是,诗人并不悲观，他仍以不断进取的精神激励自己，建树功业。现在常用来比喻有志向的人虽然年老，仍有雄心壮志，保持年轻人一样的激情，积极进取，发挥自己的余热，甚至能开创新事业，再创新辉煌。

二、美 德 篇

勿以恶小而为之，勿以善小而不为。

—— （西晋）《三国志》

【大 意】 不要认为坏事很小就去做，也不要认为好事很小就不去做。

【赏 析】 这句话出自陈寿《三国志》，是刘备临终前给其子刘禅的遗诏中的话。这句话讲的是做人的道理，只要是"善"，即使是小善也要做；只要是"恶"，即使是小恶也不能做。人们常常会因为"恶"小而放松对自己行为的约束，但是，一旦小错积累成大错、小恶演变为大恶时，往往捶胸顿足，悔之晚矣，这就是"勿以恶小而为之"的道理。一个微笑、一声问候能够给陌生之人带来浓浓暖意，甚至会给身处绝境之人带来生的希望，这就是"善"的力量。

肯替别人想，是第一等学问。

—— （明）吕坤

【大 意】 凡事能多替别人着想，这是做人最大的学问。

【赏 析】 这是一句朴素的语言，道出了深邃的哲理，点出了做人的第一要素。一个人只要具有一颗仁厚之心，就能做到遇事替别人着想。一般人一事当前，总是会多为自己打算，但是，如果能够先替别人着想，那就达到做人的最高境界。你就会发现，你为别人着想，别人同样也会为你着想。遇事肯替别人着想，不单是一种博爱，更是一种境界。那些功利主义者、世俗之人，是做不到的。只有那些超尘拔俗，心慈好善的人，才能真正理解和掌握做人的第一等学问。

唯仁者能好人，能恶人。

——《论语》

【大意】 只有道德高尚的人，才能爱憎分明。

【赏析】 有爱则必然有恨，二者是相对立而存在的。在古人看来，人们往往从自己的好恶出发，喜欢对自己好的人，厌恶对自己不好的人，因此，难以明辨真正的善恶。人们又往往为私心所困，对好人不敢表达敬意，对坏人不敢表示厌恶，因此不能爱憎分明。而仁者却公正无私，心胸坦荡，因此可以做到明辨善恶、爱憎分明。

记人之善，忘人之过。

——（西晋）《三国志》

【大意】 记住别人的优点，宽容别人的过失。

【赏析】 此句出自陈寿《三国志》，警示人们要有感恩容过的胸怀。"记人之善"，就是对别人的善心、善举要心怀感激，要想着回报和学习。这样，才会使善良之举得以发扬光大，使善良之人得到好报。"忘人之过"，就是对别人的过失要包容，不要斤斤计较，尤其是别人对自己无意间的伤害，不要记恨在心，采取报复行为。人非圣贤，孰能无过？如果冤冤相报，何时才是头？然而，在生活中，要真正做到记住别人的善行和优点，忘掉别人的过失和缺点，不是一件容易的事，而是一种品质的历练。

穷则独善其身，达则兼善天下。

——《孟子》

【大意】 自己能力不足时，应奋发图强至少管好自己；待自己发达之后，应为天下百姓做出贡献。

【赏析】 孟子的这句话，道出了儒家对于实现自我价值的一种方法论，首先要实现个人的生存和发展，再实现个人贡献于社会的价值。也就是说，在自己自顾不暇、不得志的时候，至少努力把自己的事情做好，不让别人操心。待到事业通达了，发了大财或做了大官，有了权力或财富之后，要心怀天下，应该想到要造福天下百姓，奉献社会，力所能及地承担应负的社会责任。如《三国演义》中的诸葛亮出山之前，隐居南阳，躬耕陇亩，"独善其身"，当他遇到刘备"三顾茅庐"，便出山"兼善天下"，帮助刘备打下了"三分天下"的江山，为国家做出了贡献。

> ## 与人共事，要学吃亏。
>
> —— （清）左宗棠

【大意】 和别人一起共事，要学着吃亏。

【赏析】 谦让是中华传统美德，在利害冲突的时候作出适当的退让，可以得到别人的谅解和支持，还可能以退为进。谦让不是无原则的屈服退让，而是有风度的礼让。有一句古话"吃亏是福"，就是这个意思。"吃亏"不光是一种境界，更是一种睿智。能够吃亏的人，往往是一生平安，幸福坦然。不能吃亏的人，在是非纷争中斤斤计较，局限在"不亏"的狭隘的思维中，这种心理会蒙蔽他的双眼，势必要遭受更大的灾难，最终失去的更多。

> ## 滴水之恩，当涌泉相报。
>
> —— （明）《朱子家训》

【大意】 即使受人一点小小的恩惠，以后也应当加倍报答。

【赏析】 此句出自朱用纯《朱子家训》。知恩图报是中华民族的传统美德。受人的恩惠，切莫忘记。当你的人生处在艰难的时刻，一点小小的帮助，也是非常难能可贵的，因为你所得到的，不只是帮助，更多的是一点光亮、一线希望，它可以为你在无尽的黑暗中，照出一丝光亮；它可以为你在人生的绝境中，提供一线生机。人应该常怀感恩之心，常说感恩之话，常做感恩之事。特别是父母和老师，他们对我们有养育、教育之大恩，更应该时刻牢记，并以实际行动适机报答。

> 径路窄处，留一步与人行；
> 滋味浓时，减三分让人尝。
>
> —— （明）《菜根谭》

【大意】 经过狭窄的道路时，要留一步让别人过得去；享受美味时，要分一些给别人品尝。

【赏析】 此句出自洪应明《菜根谭》。这是一个人立身处世的最好方法。教育我们时时事事都要为他人着想，这不仅是一种人生修养，同样也是一种人生智慧。要知道，与人方便，其实就是与己方便。如果人与人之间都能和谐相处、互相谦让，这个世界就会消除许多恩怨，会变得非常美好！

> 处富贵之时，要知贫贱的痛痒；
> 值少壮之日，须念衰老的辛酸。
>
> ——《格言联璧》

【大意】 当你富贵时，要了解贫贱人家的痛苦；当你年轻力壮时，应当想到年老体衰后的悲哀。

【赏析】 这句"贤文"选取了富贵与贫贱、少壮与衰老两对关系，一个是强者，一个是弱者，告诉强者要怜悯和体贴弱者。这是做人的基本道德，也是和谐社会的基本要求。富贵是外界给予的，富贵与贫贱之间是相互转化的，有时就在一瞬间。对老者的尊重其实就是对自己的尊重，因为老者的今天就是少者的明天，谁都会老。

己所不欲，勿施于人。

——《论语》

【大意】 自己不喜欢或做不到的，不要强加于别人。

【赏析】 这是一种处世准则，人应当以自身的行为为参照来对待他人，自己不愿承受的事也不要强加在别人身上。通俗理解就是，自己做不到，便不能要求别人做到。倘若自己不喜欢的，硬推给他人，不仅会破坏与他人的关系，也会将事情弄僵而不可收拾。人与人之间的交往应该坚持这种原则，这是尊重他人、平等待人的体现。当自己让别人做某件事的时候，要有换位意识，善于站在别人的角度考虑问题，这就是人们常说的"将心比心"。

临事须替别人想，论人先将自己想。

——《格言联璧》

【大意】 遇事要多为别人着想，评论别人时首先反省自己。

【赏析】 这就是现在常讲的换位思考，为人处事换个立场，设身处地为别人想：如果我是他，又将如何？面对事情，要经常换位思考，要先替别人考虑：他有没有难处？他的感受如何？他能不能接受？经常这样换位思考，就是大慈大悲的人。不要随便开口评论别人的功过与是非，时时想到别人的感受。大凡一件事情，如果可能关系到一个人的名誉或命运，即使见闻真切确实，也不能随便宣扬，要知道隐恶扬善，尊重别人的隐私，就是尊重自己的人格，肯给别人留余地，就是给自己留余地。

君子莫大乎与人为善。

——《孟子》

【大 意】 君子最高的德行，莫大于用善良之心对待他人。

【赏 析】 与人为善，就是在与人交往过程中，要以一颗善良的心对待一切。当人能以善的想法为主线时，内心肯定也会因为增加善的体积，而减少恶的容积。也会因为善所带来的良性循环，而减少恶的一些恶性循环。当一个人能以善良的视野看待这个世界时，他的眼里、心里呈现的都会是充满暖意的慈悲。当一个家庭成员之间充满善的气氛时，这个家庭培养和走出来的每一个人，一定也会是充满慈爱的人。当一个社会能以一种善的风气成为主旋律时，这个社会也一定会时时、处处充满爱。

不蔽人之善，不言人之恶。

——《战国策》

【大 意】 不掩盖别人的优点，不随便议论别人的缺点。

【赏 析】 这句话虽浅显易懂，道理却十分深刻，教导人们要做一个心胸开阔有德行的人，不要让偏见和嫉妒蒙蔽了自己的心，不能刻意去忽视或抹杀别人的优点，对于别人的短处不要到处宣扬、说三道四。世间本来就没有完美的东西，如果只看到他人的弱点，而看不到他人的长处，只把挑剔的目光放在别人身上，而看不到自己的缺点，这就违背了待人宽、对己严的处世原则。不计较别人的缺点，记住人家的优点，才能不断加强自身修养，取得更大的进步。

君子成人之美，不成人之恶。

——《论语》

【大意】 有道德的人会努力成全别人的好事，而不会促成别人的坏事。

【赏析】 成人之美是一种君子风范。只有当这种风范成为每个人的自觉追求时，这个世界才会安宁和谐。孔子正是用这种"成人之美，不成人之恶"的处世哲学，去感化教育周围的人，去组合建立人与人之间的理想关系。君子把别人的成功，当作自己的成功；把别人的快乐，当作自己的快乐。而小人总是喜欢成人之恶，不愿成人之美。如别人发生危难，他就隔岸观火，幸灾乐祸；别人成功、快乐，他就满腔嫉妒、愤恨，甚至暗中下黑手，造谣中伤。君子和小人，在为人处世上，之所以有如此明显的差别，归结到一点，是人生观、价值观的天壤之别。

以爱己之心爱人，则尽仁。

—— （宋）张载

【大意】 就像爱自己一样去爱别人，就达到了仁爱的最高境界。

【赏析】 此句出自张载《正蒙·中正》。有一首歌，叫《爱的奉献》，歌里唱道："只要人人都献出一点爱，世界将变成美好的人间。"这话说得一点儿没错，只要我们都能够用心去爱身边的每一个人，就一定能够营造出一个和谐美好的世界。爱人，不但要爱自己的家人，而且还要爱周围的一切。所谓"仁"，就是从心里欣然地爱别人，希望别人幸福，而不愿别人有灾祸。"仁"不是高不可攀，它离我们每个人都很近，任何人都能做到"仁"。

善恶到头终有报，只争来早与来迟。

—— （明）冯梦龙

【大意】 为善或为恶，到最后都会有相应的报应，只不过是时间早晚而已。

【赏析】 此句出自冯梦龙《醒世恒言》。善恶有报，是自古至今争论不休的话题。佛云："凡因皆有果，凡果必有因。种善因，自有善果；种恶因，必遭恶果。"这句名言是劝诫人们要多做好事，好人一生平安。人心如地，播植善种或恶种，全在于自己，至于得到什么样的收成，中国有一句老话："种瓜得瓜，种豆得豆。"

有难，则以身先之；有功，则以身后之。

—— （三国）诸葛亮

【大意】 遇到险难时，要身先士卒；论功行赏时，要退身在后。

【赏析】 诸葛亮幼年丧父，同叔父到南阳躬耕，后被刘备三顾茅庐请出山，辅佐刘备创建蜀汉政权，成为一代名相。诸葛亮不仅才智过人，被尊为"智圣"，还被世人奉为"忠义""智慧""审慎"与"刚毅"的化身。他不为名利所累，忠心不二，效死知己的作风，堪称我国历代忠臣良吏之典范。诸葛亮的这句话，既是他的人生体验，又是他治国安邦的良方。他认为善于做将领的人，对待士兵就像对待自己的儿子一样：临危遇难时身先士卒，因功受奖时甘居其后。如果将领做到这些，那么他所率领的军队就能够在战争中节节胜利，所向披靡。

道听而途说，德之弃也。

—— 《论语》

【大意】 在路上听到一些传言，就到处传播，这种人没有道德。

【赏析】 孔子把"道听途说"提到道德高度，大加鞭挞，显见是深恶痛绝。"道听"，人皆所不免。但有人左耳进，右耳出，等于没听。有人虽听进，却只默识于心而不语。自然也有一些人听后按捺不住，逢人即转述。后一种人不管是无意还是有意，一传十，十传百，中间可能会添油加醋，从而形成影响广泛的传闻，造成不良的社会影响，严重者还会危及社会的稳定，这显然是一种恶劣的小人行为。孔子认为，那种道听途说、讲话不负责任、传播小道消息等，是一种背离道德准则的行为。在现实生活中，有些人不仅是道听途说，而且四处打听别人的隐私，然后到处传说，以此作为生活的乐趣，实乃卑鄙之小人。

人有恩于我不可忘，而怨则不可不忘。

—— （明）《菜根谭》

【大意】 别人对我有恩不可忘，但别人对我有过应该忘掉。

【赏析】 这句话出自洪应明《菜根谭》。一个有修养的人不同于一般人的，首先在于待人的恩怨观是以恕人克己为前提的。一般人总是容易记仇而不善于怀恩，因此有"忘恩负义""恩将仇报""过河拆桥"等说法，古之君子却有"以德报怨""涌泉相报""一饭之恩终身不忘"的传统。为人不可斤斤计较，少想别人的不足，宽容别人的不是，别人于我有恩应记取于心。如果人人都这样想，人际关系就会和谐了，世界也就太平了。

慎言谨行是修身第一事。

—— （清）魏裔介

【大意】 说话慎重、做事严谨，是自身修养的第一要事。

【赏析】 这句话出自魏裔介《琼琚佩语》。谨言慎行是历代先贤告诫后人为人处世的基本准则。谨慎说话、谨慎行事是修身养性的第一要素。人如果不自重，为所欲为，必然自取其辱；人如果没有一颗自畏的心，必然会招惹是非。张居正"惧则慎，慎则不败"，也就是说，敬畏则谨慎，谨慎则成功。人们常说"病从口入，祸从口出"，一个口不择言之人，常会给自己招致羞辱。在行为上，凡事应当三思而后行，切不可感情用事。

见侮而不斗，辱也。

—— （先秦）公孙龙

【大意】 当正义遭到侮辱却不能挺身而出，是一种耻辱。

【赏析】 这句话出自公孙龙的重要著作《公孙龙子》，意在倡导"见义勇为"的良好道德风尚。如果见到应该挺身而出的事视而不见，甚至连好事都不敢做，就会成为社会的一种道德危机。如果大家都"见侮而不斗"，坏人、坏事就会横行于世，这必将使社会风气随之转坏，老百姓的自身利益也会受到损害。

莫妒他长，妒长，则己终是短；
莫护己短，护短，则己终不长。

—— （清）弘一大师

【大意】 妒忌别人的长处，是自己终身的短处；袒护自己的缺点，缺点就永远也改不掉。

【赏析】 此句意在警醒世人不要把时间浪费在嫉妒他人的长处上，而应珍惜每一分每一秒，努力改变自己。对于别人的长处，应该欣赏与赞美，并虚心地向他人学习，这样别人的长处就会逐渐变成自己的长处；对于自己的短处，要敢于面对，勇于改正。这样，才会有利于自己的成长，才会变得更优秀。

出淤泥而不染，濯清涟而不妖。

—— （宋）周敦颐

【大意】 莲花虽从污泥中生长出来，却不沾污泥；虽洗涤于清水之中，却风姿天然不显妖媚。

【赏析】 此名句出自周敦颐《爱莲说》，以富于哲理的语言赞美了莲花的品质。很显然，作者已将莲花人格化了，这里的莲花不仅清新秀丽，而且具有高尚、纯洁的品质，寄托了作者的审美理想。此句以莲喻人，通过对莲花的描写和赞美，歌颂了君子"出淤泥而不染"的美德，表达了作者不与世俗同流合污的高尚品格和对追名逐利世态的鄙弃和厌恶。我们做人也要像莲花那样，无论是在任何恶劣的环境中，都要坚守高尚的情操，不随波逐流。

知己之短，不掩人之长。

—— （宋）司马光

【大意】 知道自己的短处，不掩盖别人的长处。

【赏析】 这句话出自司马光《资治通鉴》。"人贵有自知之明"，只有了解自己的短处，才能克服缺点，在克服与改正中不断求得进步。人不仅不能掩盖别人的长处，还要宣扬别人的长处，这是一种谦虚大度的表现，更是君子之风。做到知己短、扬人长，才能有利于取人之长补己之短，才能求得自己的不断进步。

以责人之心责己，则寡过；
以恕己之心恕人，则全交。

—— （宋）林逋

【大意】 以责备别人的心来要求自己，就少犯错误；以宽恕自己的心去宽恕别人，朋友就多。

【赏析】 这句话出自林逋《省心录》，是指人应当"严以律己，宽以待人"。一味地恕己而责人，只会让自己不思进取、蛮横无理。常责己，就会发觉自己的缺点和错误，于是加以修正；多恕人，退一步海阔天空，人际关系就会越来越好。其实，只要多站在别人的角度上看问题，多考虑别人的想法，就不会太主观、偏颇，而且也可以免去诸多误会。当我们用宽恕的心去对待别人时，自己的身心也会感觉到很放松。古往今来，多少有识之士用宽容之心，换来了和谐的人际关系和事业的成功。

积爱成福，积怨成祸。

—— （汉）刘向

【大意】 爱心积累多了会为自己带来福分，怨恨积累多了会为自己招来灾祸。

【赏析】 这句话出自刘向《淮南子·人间训》。爱和怨都是有回应的，凡事有因必定有果，以爱心为因，最终收获的便是幸福。付出，是社会和谐的韵脚；给予，是社会美丽的底色。我们把爱拿出来，一定会得到爱的馈赠；把福带给别人，一定也会得到福的恩宠。同样，你的怨恨越多，回赠的怨恨也越多，最终怨多成祸。

行谨则能坚其志，言谨则能崇其德。

—— （宋）胡宏

【大意】 做事谨慎，能使志向更坚定；说话谨慎，能使道德更崇高。

【赏析】 此句出自胡宏《胡子知言·文王》。无论古今中外，谨言慎行是人们推崇的为人处世方式。欧洲有一句谚语："上帝之所以给人一个嘴巴，两只耳朵，就是让人多听少说。"一个口不择言、不慎行的人，往往会招来祸端和羞辱。谨言慎行积福，肆言放行惹事；放低身姿，矮不了多少；踮起脚尖，高不了多少。真正的修行，是要在自己身上着力，修好自己的内心！

一言之善，贵于千金。

——（晋）葛洪

【大 意】 一句善意的话比千金还要贵重。

【赏 析】 语言是人类表达思想的重要工具，是沟通人际关系的重要桥梁，是联络情感、加深友谊的纽带。因此，语言表达的善与恶影响重大。美好的语言能把大事化小、小事化了；美好的语言还能平息怨恨、团结众人。一句善意的话语能使别人获得引导，点燃他的自信，给人以无穷的力量。

将心比心，强如佛心。

——（清）石天基

【大 意】 说话做事，时刻替他人着想，这比佛心还要好。

【赏 析】 这句话出自石天基《传家宝》卷七。什么是佛心，将心比心即佛心。有大爱的人具有一个鲜明的特征，就是有换位意识，凡事总是站在他人的角度看问题，时刻替他人着想，这好比菩萨心肠一样。但将心比心，好说难做，难就难在真正将心比心，难在真正换位思考，难在真正付诸行动。如果在平凡的生活中能做到这一点，我们大家就会幸福许多，一切关系也都融洽了。

一谦而四益。

——（汉）班固

【大 意】 拥有一种谦虚的品质，会得到多方面的益处。

【赏 析】 此句出自班固《汉书·艺文志》。谦虚是优秀品质之一，是为人处世的策略。谦虚才能好学、博学，谦虚有益反思、才能改过，谦虚才能进步、成才，谦虚受人尊重、有益交往，谦虚好处多多。

大着肚皮容物，立定脚跟做人。

——（清）弘一大师

【大意】 人要有包容万物的肚量，还要有做人的原则。

【赏析】 你看那大海，不拒绝任何污泥浊水，才成就了它的深；不排斥任何细流微泉，才成就了它的广。无论为人为佛，都讲求一个"容"字，应当效法海纳百川，包容宇宙万物，包容别人的过失。肚皮能容五脏六腑，身体才能健康安和；心胸能容日月星辰，就能与万物融为一体。做人要把脚跟立在坚硬的泥土上，而不是松软的沙滩上。人生在世做人处事，要脚踏实地，立场坚定，心行端正，才能成就人格节操。如果漫无原则，随波逐流，立足点不明确，必定沦为一个庸人，又何谈成功？

无羞恶之心，非人也。

——《孟子》

【大意】 如果没有羞耻之心，简直就不是人。

【赏析】 孟子认为：凡是人都应有耻辱之心，只有兽类才不具备这些天然的善性。应当说，羞耻感是大自然对人的最大恩惠之一，因为它可以使人与其他动物区别开来。有了羞耻心，就能有所为，有所不为。小至个人，大至整个民族、国家和社会，树立正确的荣辱观都是十分重要的。

仰不愧天，俯不愧人，内不愧心。

——（唐）韩愈

【大意】 仰头看天，无愧于天之公理；俯首看人，无愧于世间每一个好人；扪心自问，无愧于自己的良心。

【赏析】 此句出自韩愈《与孟尚书》，其实说的就是四个字：问心无愧。常言道：头顶三尺有神灵，人在做，天在看，人们心中如明灯，谁好谁差看得清。如果做人处事品行端正，光明磊落，所作所为问心无愧，就会无所畏惧，不怕他人攻击与报复。内心无愧者，坐也安逸，躺也舒坦，所以快活；那些心中有愧者，总是忐忑不安，惶惶不可终日，心理压力极大，哪有快活可言？

> 人不可以无耻，无耻之耻，无耻矣。
>
> ——《孟子》

【大意】 一个人不可以没有羞耻之心，不知羞耻，是最可耻的。

【赏析】 孟子的这段话指出，人如果到了不知"羞耻"的地步，就是人间最可耻、最不幸的人了。此言含有极深刻的告诫之意，发人深省。羞耻就是不光彩、不体面。羞耻心就是懂得什么是高尚，什么是低贱；什么是荣，什么是辱；什么是美，什么是丑。有了羞耻心，就能自律、自爱、自尊、自重；没有羞耻心，就厚颜无耻、胡作非为、没皮没脸、人格卑劣。知羞耻是优秀人的特征，也是人能够进步的根基。一个人最可怕的是，明明知道自己已经很无耻了，却安于羞耻不以为然，甚至以耻为荣，那就不可救药了。

> 私怒决不可有，公怒决不可无。
>
> ——陈确

【大意】 为了私利而发怒，不应出现；出于公心而发怒，不可不发。

【赏析】 此句出自陈确《陈确集·别集·治怒》。为私事勃然大怒，未免被人耻笑；为公事、国事拍案而起，却令人钦佩。倘若该怒不怒，则与木偶无异。现实社会中的一些人却恰恰与此相反。如果触犯了私利，就会大发雷霆，争得不可开交，甚至闹上法庭；而集体或国家的利益受到损害，却置若罔闻，似乎和自己一点关系都没有。这和正确的道德观是背道而驰的。社会上应多一些善于公怒的人，多一些包拯式的人，坏人、坏事就会逐渐消失，社会风气就会不断好转。

虚心竹有低头叶，傲骨梅无两面枝。

—— （清）郑板桥

【大意】 竹子内心谦逊才向人虚心低头，梅花高傲不屈从不仰面拍马逢迎。

【赏析】 此句是一副对联，以物喻人，托物言志。人性是固执的，做到低头也是困难的，如果不懂得在现实面前适时低头，人生也就不会有太大的成就，懂得适时低头，是一种巧妙的智慧、沉稳的成熟。谷子成熟了，就低下了头。向日葵成熟了，也低下了头。昂头是为了吸收正面的能量，低头是为了避让危险的冲撞。事实亦是如此。

一日行善，福虽未至，祸自远矣；
一日行恶，祸虽未至，福自远矣。

——《明心宝鉴》

【大意】 做一天好事，福气虽然还没到来，但灾祸自然就会远离了；做一天坏事，灾祸虽然还没到来，但是你的福气就已经远离了。

【赏析】 此名句教育我们：行善之人，如春天的草，表面看不见生长却每天都有所长高；作恶之人，如磨刀之石，表面看不到减少却每天都有所损耗。福祸无门总在心，人心不善祸相侵。行善之人福自来，作恶之人祸自到，福祸报应只是早晚的事。因此，我们要像古人说的那样："勿以恶小而为之，勿以善小而不为。"这样，福气就会越来越多，灾祸就会越来越少。

三、求 学 篇

满招损，谦受益。

——《尚书》

【大 意】 自满会招来损害，谦虚则会得到益处。

【赏 析】 这句话告诫人们要养成谦虚的美德，杜绝骄傲。此名句言简意赅，揭示了一个颠扑不破的真理，至今仍使人受益匪浅，可用作座右铭。它点明了自满和谦虚的利与弊，自满使人沾沾自喜，停滞不前；谦虚让人不断进步，不断有所得。谦虚，不仅应成为一种学习态度，更应该成为一种做人的原则。我们每个人都要有一种"谦虚谨慎、戒骄戒躁"的精神，用有限的生命时间去探求更多的知识！

知之为知之，不知为不知，是知也。

——《论语》

【大 意】 知道就是知道，不知道就是不知道，这才是聪明的态度。

【赏 析】 这是一句广为流传的孔子名言，讲的是学习态度。告诫人们，探求学问或了解事物，应采取极其诚实的态度，懂得就是懂得，不懂就是不懂，切不可不懂装懂。只有这样做，才是智慧的做法，也只有这样的人，才是真正的智者。学习知识来不得半点虚伪和骄傲。学问越深，未知越重；越是学识渊博，越要虚怀若谷。

— 30 —

三人行，必有我师焉，择其善者而从之，其不善者而改之。

——《论语》

【大 意】 几个人一起走路，其中必有值得我学习的老师，应当选择他们的优点加以学习，对他们的缺点则参考自己的情况加以改正。

【赏 析】 这是孔子论述学习的一句名言，表达了一种极为谦虚的学习态度。孔子的这句话，受到后代知识分子的极力赞赏。他虚心向别人学习的精神十分可贵，但更可贵的是，他不仅要以善者为师，而且也以不善者为师，随时注意学习他人的长处，随时以他人的缺点引以为戒。这样，无论同行者善与不善，都可以为师，这其中包含深刻的哲理，对于指导我们处事待人、修身养性、增长知识，都是有益的。

疾学在于尊师。

——《吕氏春秋》

【大 意】 要想很快学到知识，首先在于尊重老师。

【赏 析】 尊师是一种美德，也是一种智慧。此名句告诉我们一个浅显而朴素的道理，学者尊敬老师是学业成功的前提条件，也是必要条件。学者尊敬老师，老师就会更加喜欢你、赏识你、关注你。这样，老师会把他所有的知识毫无保留地传授给你，有利于你更快、更好地学到知识，增长才干。从古至今有很多名人都是尊师的典范，如北宋的杨时、汉初"三杰"之一张良、现代伟人毛泽东等。

头悬梁，锥刺股。

——《战国策》

【大意】 汉朝的孙敬读书时把自己的头发拴在屋梁上，以免打瞌睡；战国时苏秦读书每到疲倦时就用锥子刺大腿，以防困倦。

【赏析】 这两个典故都是提神醒脑的办法。孙敬提神醒脑的办法是头悬梁，后来成为汉朝最受欢迎的大学问家；苏秦提神醒脑的办法是锥刺股，后来成为战国时期最受欢迎的大学问家。两个典故给人的启示：人的智商本都差不多，只不过有的人更勤奋，所以才能出类拔萃，如果一个人不勤奋的话，再聪明的大脑也会变得迟钝。现代社会是一个充满竞争的社会，我们只有勤奋努力，刻苦学习，才能让自己更优秀，才能跟上时代的步伐。

敏而好学，不耻下问。

——《论语》

【大意】 聪明又好学的人，不以向不如自己的人请教而感到羞耻。

【赏析】 这是孔子治学一贯提倡的方法。学问是两件事，一是要学，二是要问。要想获得真知，好学和善问缺一不可，而要做到这两点，都需要有谦虚的态度。一个人总会有自己不懂的事，那就必须得问。请不要让虚荣心堵住了自己的嘴，堵住了嘴就是堵住了开启知识的大门。只有在学中问，在问中学，才能求得真知。

学而时习之，不亦说乎？

——《论语》

【大意】 学到的知识适时实践练习，不也是一件很快乐的事吗？

【赏析】 孔子把经常不断地温习作为学习的基本要领。在他看来，人获得知识和技能的过程是一个"学"加"习"的过程。"学"

是知道概念掌握方法，"习"是按方法反复去练，两者结合谓之学习。"学"重要，而"习"更重要，因为世界上还没有哪个人聪明到学习一次就真正学会。知识是无穷尽的，每一次的重新温习，都会有更深、更新的认识，增强对知识的记忆并铭刻在心。通过"学"和"习"，使不懂的变成懂，不会的变成会，继而有所创新，不断进步。

学而不思则罔，思而不学则殆。

——《论语》

【大意】 只学习却不思考就会迷惑，只思考却不学习就会精神疲倦。

【赏析】 这句话是孔子所提倡的一种读书方法，精辟地论述了"学"与"思"的关系：一味读书而不思考，就会被书本牵着鼻子走，而失去主见；而如果一味空想却不去进行实实在在的学习和钻研，则终究是沙上建塔，一无所得。学习与思考是相辅相成的，缺一不可，只有把学习和思考结合起来，才能学到切实有用的真知，要在学中勤于思考，在思考中努力学习。

吾尝终日不食，终夜不寝，以思，无益，不如学也。

——《论语》

【大意】 我曾经整天不吃、整晚不睡地去想，没有益处，还不如去学习。

【赏析】 此句具有鲜明的实用理性的特色。孔子并不反对思考，但是对于那种毫无实际意义的空想，则认为是浪费时光，因而坚决反对，主张人们进行脚踏实地的学习。孔子的见解，对于建立严谨的学风，端正求实的态度具有很大影响，在中国文化史上产生过巨大作用。这里并没有否定"思"的重要性，而是说一个人如果好高骛远，终日沉于幻想之中，而不坐下来好好读书学习，要想有所成就是不可能的。

尽信书，则不如无书。

——《孟子》

【大意】 完全相信书，那还不如没有书。

【赏析】 "书籍是人类进步的阶梯"，这是一句真理。但是，如果我们完全信书，唯书本是从，轻则使人成为书呆子，重则形成所谓"本本主义""教条主义"和"唯书"的作风，误人子弟，贻害无穷。因此，读书时要加以分析，要善于独立思考，结合实际灵活运用书本中的知识，决不能生搬硬套。我们提倡"开卷有益"，多读书，读好书；但也要提倡批判精神，要敢于怀疑，学会独立思考。

学至乎没而后止也。

——《荀子·劝学》

【大意】 学习到生命的最后一刻才终止。

【赏析】 荀子的这句话体现了终身学习的思想。此句勉励人们一生都要坚持学习，毫不懈怠，用今天的话说就是"活到老，学到老，改造到老"。学习使人进步，学习的过程是一个不断解放思想、不断发展的过程。只有不断地用新的知识武装头脑，不断地接纳新事物和新观念，才能抓住新的发展机遇，才能跟上时代前进的脚步，才能获得新的成绩。学海无涯，学无止境。社会在发展，时代在进步，即使退休以后到了老年，也不能停止学习的脚步，这样才能跟上时代的步伐。

博学之，审问之，慎思之，明辨之，笃行之。

——《礼记》

【大意】 广泛地学习各种知识，详细地向别人询问，慎重地进行思考，明确地分辨是非，踏踏实实地去践行。

【赏析】 这句话把做学问分成紧密相连的五个环节。"博学"，强调学习首先要广泛涉猎各种知识，做到"海纳百川，有容乃大"；"审问"，即对知识要详细地询问，彻底搞懂，有所不明就要追问到底；"慎思"，就是通过认真缜密的思考来消化，使所学知识真正变成自己的东西；"明辨"，是对所学知识要加以分辨，去粗取精，去伪存真；"笃行"，为最后阶段，就是要学以致用，使所学知识最终得到很好的落实，做到"知行合一"。如果能够循序渐进地这样做，那么"虽愚必明，虽柔必强"。

读书破万卷，下笔如有神。

——（唐）杜甫

【大意】 读书的数量多了之后，写起文章来就像有神佑助一样得心应手。

【赏析】 这是唐代大诗人杜甫的名句，也是他自己的亲身体会，多读书是杜甫成为"诗圣"的重要原因。此名言阐明了读书与作文有着密不可分的关系。读书可以开阔眼界，积累素材；读书可以丰富思想，提升境界；读书可以借鉴方法，学习表达。读的书多了，自然就理解其中的含义了，形成了自己的思维，自己就能灵活运用，在写作时就会像有神仙的帮助。古今中外，任何一个有杰出成就的学者，无一不是博览群书者。

圣人无常师。

——（唐）韩愈

【大意】 被称为圣贤的人，都没有固定的老师。

【赏析】 此句出自韩愈《师说》。圣贤之所以能成为圣贤，就在于他们不只是向一个人学习，而是广泛地向所有人学习，只要有一技之长的人，即使地位或水平比自己低，都可以作为自己的老师。此语强调：学习不能固定于一师一派，那样会使自己局限于某一天地。就像鲁迅给颜黎民的信中说的："只看一个人的著作，结果是不大好的：你就得不到多方面的优点。必须如蜜蜂一样，采过许多花，这才能酿出蜜来，倘若叮在一处，所得就非常有限，枯燥了。"

> 古之圣王未有不尊师者也，
> 尊师则不论其贵贱贫富矣。
>
> ——《吕氏春秋》

【大意】 圣贤的君王没有不尊敬老师的，而尊敬老师不论他们的贵贱贫富。

【赏析】 古今圣贤尊敬老师，是圣贤之所以成为圣贤的重要原因，翻开史册，尊师的范例举不胜举。毛宇居，是毛泽东主席小时的私塾老师。1959 年 6 月 25 日，已是国家主席的毛泽东来到阔别 32 年的故乡韶山，特意邀请自己在私塾读书时的老师毛宇居一起用餐，席间毛泽东亲自向毛宇居老师敬酒。毛宇居老人不胜荣幸，感慨地说："主席敬酒，岂敢岂敢！"毛主席却笑盈盈地回答："敬老尊贤，应该应该！"

> 学贵得师，亦贵得友。
>
> ——（明）唐甄

【大意】 学习贵在得到老师的指导，也贵在有好友相伴交流。

【赏析】 此名句出自唐甄《潜书·讲学》，强调为学过程中"师"与"友"的重要性。没有良师指点，将惑于一个又一个迷津；没有益友切磋，也不可能进步得快。因此，"学"既贵得师，又贵得友，"师"为指航灯，"友"犹共济者。无"师"无"友"，则难渡学海。孔子有那么多贤良的弟子，固然是因为有孔子这样的名师，而弟子之间的互相辩论、互相激励，也是学业得以长进的重要因素。《诗经》"如切如磋，如琢如磨"，就是说的这方面。

讯问者智之本，思虑者智之道也。

—— （汉）刘向

【大意】 好问是增长智慧的根本，思考是增长智慧的途径。

【赏析】 这句话出自刘向《说苑·建本》，指明了学习过程中质疑和勤思的重要性。有智慧的人一般都有两个明显的特点：一是爱问为什么。向高人去学、去问，是用来增长知识的方法。就像爱因斯坦所说："我没有什么特别的才能，不过喜欢寻根究底地追究问题罢了"；二是善于思考。爱因斯坦还说："学习知识要善于思考，思考，再思考，我就是靠这个学习方法成为科学家的。"质疑是发现问题、深入理解的必要条件，勤思是形成正确认识的根本保证，所以它们是"智之本"和"智之道"。

孔子不耻下问，周公不耻下贱，故行成名著，后世以为圣。

—— （三国）诸葛亮

【大意】 孔子不把向不如自己的人请教当作耻辱，周公不把与地位低的人共事看成低贱，所以他们能够名声昭著，后人把他们尊崇为圣人。

【赏析】 "不耻下问"和"不耻下贱"，正是圣人之所以能成为圣人的重要原因，表现了圣人们"好学若饥，谦卑若愚"的学习态度。"一切真正的伟大的东西，都是淳朴而谦逊的"，凡有真才实学的贤达才俊，在追求科学与真理的态度上，无不虚怀若谷，谦虚谨慎。京剧大师梅兰芳，不仅在京剧艺术上有很深的造诣，而且还是丹青妙手。他拜名画家齐白石为师，虚心求教，总是执弟子之礼，经常为白石老人磨墨铺纸，全不因为自己是著名艺术家而自傲。纵观历史长河，从每位伟人身上都会发现"谦虚好问"这个亮点。

> 少而好学，如日出之阳；
> 壮而好学，如日中之光；
> 老而好学，如炳烛之明。
>
> ——（汉）刘向

【大意】 少年好学如同初升的太阳那么鲜亮，壮年好学如同中午的阳光光芒四射，老年好学如同烛光照明。

【赏析】 这段话采用比喻手法，说明人在不同阶段的学习效果是不一样的，以年轻时学习效果最佳。年轻的时候，记忆力好、接受力强，应该抓紧读一些对自己终身成长具有关键性作用和决定性影响的好书。中年的时候，精力旺盛、视野开阔，应该努力拓展读书的广度和深度。年老的时候，时间充裕、阅历丰富，要有常读常新的态度，在读书中感悟人生。同时也告诉我们要有终身学习的理念，鼓励人们要活到老、学到老。

> 非学无以广才，非志无以成学。
>
> ——（三国）诸葛亮

【大意】 不学习就难以增长才干，不立志就难以学有所成。

【赏析】 这是诸葛亮劝诫子女的名言，讲述了学习与成才的关系，简约而深蕴哲理，通俗而易于接受。其要义是：学习是使人增长才干的先决条件，志向是使人获得成功的首要前提。这话是慈父教诲儿子的，字字句句是心中真话，是他人生的总结。一代伟人毛泽东的本领，更得益于善于学习。他不仅善读有字之书，而且善读无字之书，善于总结经验，从而运筹帷幄，决胜千里。

行成于思，毁于随。

—— （唐）韩愈

【大意】 做事情是因为反复思考而成功，而毁灭于不经大脑的随性中。

【赏析】 这句名言出自韩愈的《劝学解》，是一篇专门谈学习的文章。当时韩愈是国子监的老师，这是一篇给当时大学生入学的训诫。此句是说，做事情要想成功，需要反复思考、深思熟虑，勤思是成功的关键；而随随便便行事，做事不经过大脑，必然招致失败。

博观而约取，厚积而薄发。

—— （宋）苏轼

【大意】 只有博览群书，才能择其精要而取之；只有知识积累丰厚，才能慢慢用于实践中。

【赏析】 此句出自苏轼的杂说《稼说送张琥》。历观中外读书经验，如果说博览群书重要，那么慎取、精取则更重要。有些书，即使是佳作，也并非字字珠玑，句句真理，而是瑜瑕共存，精粗混杂。因此要取其精华，去其糟粕。否则，不加分析、盲目滥取，轻则无益，重则有害。真正有学识者，是积累了知识精粹的人。爱因斯坦在谈到读书时有段很精辟的话："在阅读的书本中找出可以把自己引到深处的东西，把其他一切统统抛掉。"

故书不厌百回读，熟读深思子自知。

—— （宋）苏轼

【大意】 读过的好书，还应不厌其烦地反复熟读；读书后再精心思考，书中的要义你自然就会领会。

【赏析】 此诗句是诗人为安慰和勉励考试失败的安敦秀才而作，劝他回家再去安心读书，说"故书"不嫌多读，越品味越有意思。"百读不厌"这个成语就出自这里。"故书"指的是经典，所以要"熟读深思"。经典作品文字简短，意思深长，要多读、熟读，仔细品味，才能了解和体会。所谓"子自知"，读的遍数多了，其内容自然而然就懂了。这个句子用来表达对经典之作的赞美，也可以用来说明"多读""重读"对学习的重要作用。"书读百遍，其义自见"，历来如此。

循序而渐进，熟读而精思。

—— （宋）朱熹

【大意】 学习要按照一定的步骤逐步深入，并且要反复阅读，认真思考。

【赏析】 这是南宋理学家朱熹在《读书之要》一书中的一句话。循序、渐进、熟读、精思是朱熹对读书方法的科学总结，对后世治学有重要的指导作用。学习是一个长期积累的过程，不能苛求在短期内有明显的提高。如果不了解这一点，那么只会增加自己的负担。学习应根据自己的实际情况和能力，安排学习计划，并切实遵守；要扎扎实实打好基础，不可囫囵吞枣、急于求成；遵循"无疑—有疑—解疑"的过程，即发现问题和解决问题的过程。那么你就不会再为自己缺少知识而苦恼了。

读万卷书，行万里路。

—— （明）董其昌

【大意】 博览群书积累知识，并把知识应用于社会实践。

【赏析】 "读万卷书"和"行万里路"，是人生不可或缺的两个重要组成部分，二者相辅相成，缺一不可。只能"读万卷书"却不知如何"行万里路"，最终只是纸上谈兵，缺乏经验最终难成大事。只"行万里路"，不"读万卷书"，那就更难成大事。尤其在现代社会，"读万卷书"是我们所需要的，"行万里路"更是我们所需要的。只有把"读万卷书"和"行万里路"紧密结合起来，知识才能化为力量，书本知识才能变成财富。如果司马迁仅仅是拘于室内翻弄书简、寻章摘句，而没有云游四海、踏遍山川，走尽坊间巷陌追寻历史，又哪来流传千古、记录翔实的《史记》呢？

君子不隐其短，不知则问，不能则学。

—— （汉）董仲舒

【大意】 君子从不隐瞒自己的短处，不懂的就请教，不会的就学习。

【赏析】 此句出自董仲舒《春秋繁露》。孔子被人们尊称为"圣人"，他有弟子三千。孔子学问渊博，可是仍虚心向别人求教。有一次，他到太庙去祭祖。一进太庙，就觉得新奇，向别人问这问那。有人笑道："孔子学问出众，为什么还要问？"孔子听了后说："每事必问，有什么不好？"圣人都能做到善学好问，何况我们一个凡人呢？"问"常常是打开知识殿堂的金钥匙，是通向成功之门的铺路石。做到学和问结合，才能使自己不断进步。

书山有路勤为径，学海无涯苦作舟。

—— （唐）韩愈

【大意】 勤奋是登上知识高峰的唯一途径，刻苦是通向知识海洋的唯一小船。

【赏析】 此句出自韩愈《古今贤文·劝学篇》在读书、学习的道路上，没有捷径可走，也没有顺风船可驶，如果你想要在广博的书山、学海中汲取更多、更广的知识，"勤奋"和"刻苦"是必不可少的。这句诗可以作为座右铭来激励一代又一代的年轻人。学习上哪怕不聪明，只要勤奋、坚持不懈，就会有所收获，走向成功。此句出自著名文学家、唐宋八大家之首的韩愈，是其治学名言，旨在鼓励人们不怕苦多读书，只有勤奋才能成功。

书犹药也，善读之可以医愚。

—— （汉）刘向

【大意】 书籍好像药一样，善于读书可以医治愚昧。

【赏析】 读一本好书不仅可以增长知识，还可以陶冶情操，最重要的是可以增长智慧。纵观历史，凡伟大人物，哪个不是读书人？现代伟人毛泽东最大的爱好就是读书，一生以书为伴，他说："饭可以一日不吃，觉可以一日不睡，书不可以一日不读。"书对他来说就是生命，不可须臾相离。他从少年起就勤奋好学，酷爱读书，而且他的读书欲望随着年龄的增长而愈来愈强烈，直到生命垂危时刻自己不能读了，还让别人读给他听。

人非生而知之者，孰能无惑？惑而不从师，其为惑也，终不解矣。

—— （唐）韩愈

【大意】 人不是生下来就都懂得许多道理的，谁能没有疑惑呢？有疑惑却不听从老师的教导，这个疑惑就永远不能解决。

【赏析】 这句话出自韩愈《师说》，道出了教师的伟大作用。老师用渊博的知识和创造性劳动，帮助我们学习科学文化知识和技能，教给我们思维方式和学习方法；老师不仅教给我们知识，还教给我们做人、做事的道理，因此我们每一步成长都离不开老师的引导和帮助。有了疑惑不去问老师或不听从老师的教导，就会大大影响你的进步，甚至越来越差，成为学习的失败者。

学必习，习必熟，熟必久。

—— （宋）胡宏

【大意】 学了新知识必须要练习，练习必然达到熟练，练熟了必然记忆长久。

【赏析】 此句强调，学习新知识后反复练习的重要性。知识从开始的学习到牢固的记忆，再到形成技能，要经过一个过程。学了新知识后，首先要反复练习，做到举一反三，触类旁通，在练习中得到巩固；而后还要不断地复习，这样知识在练习和复习中达到熟练，而后自然而然形成技能；知识和技能熟练了，就不容易忘掉，真正成为自己的知识。这就是所谓"没有重复，就没有记忆；没有记忆，就没有天才"。

读书百遍，其义自见。

—— （晋）陈寿

【大意】 一本书反复多次地读，书中的道理就自然明白了。

【赏析】 古人告诉我们，有些好书，需要经常读，反反复复地读，甚至一辈子都要读，这样才能融会贯通，发挥作用。这句名言不仅启发学者，也启发教者，特别是文科教师，读是语文学科的主要特色，朗读和默读是理解课文的重要方法。语文课程具有丰富的人文内涵，"读"起着不可替代的作用。而作为起始阶段的阅读教学，培养语感尤为重要。如伟人毛泽东就是一位读书大师，其中一本《共产党宣言》传到中国后，他前后读了57年，直至去世。

学源于思。

—— （宋）程颢、程颐

【赏 析】 这句话是讲学与思的关系，"学"与"思"是相辅相成的，两者必须结合起来，才能获得良好的学习效果。学习好比吃东西，思考好比消化东西，吃很重要，消化更重要。只吃不消化，营养就不能吸收；只消化而不吃东西就没有了来源。要想学有所进，学有所成，就要养成善于思考的习惯，在学习中思考，在思考中学习。

不思，故无惑；不求，故无得；不问，故无知。

—— （宋）晁说之

【大 意】 不善于思考，所以没有疑问；不努力追求，所以没有收获；不好问，所以没有见识。

【赏 析】 此句清晰地阐明了思考、求索、好问的意义。其实，思考、求索、好问，这也正是我们不断认知世界、了解世界的过程。思考、求索、好问，应该是今天的学生要具备的基本能力，这也是我们学习知识、认知世界的重要组成部分，三者缺一不可。只有具备了这些能力，才能达到无惑、有得、有知的要求。从另一个角度来说，未来的世界更需要创造性的人才，那么今天的学生就不能只是跟在老师后面充当"留声机"，应该善于思考、善于求异，不耻下问，成长个性，这也是新世纪对人才的根本要求。

人之为学，不可自小，又不可自大。

—— （明）顾炎武

【大 意】 在学习过程中，不可自卑，也不可自傲。

【赏 析】 这句话出自顾炎武《日知录》。指的是一种学习态度，学习过程中，既不能因暂时的落后而自卑，又不能因暂时的进步而骄傲。不可自小，盲目认为自己一无是处，其实是一种极端的自我否定心理，当被卑微、懦弱、压抑等负面消极情绪所笼罩时，你便丧失前进的信心和动力，因此屡战屡败，一落千丈；不可自大，当取得一点点成绩之时，不能沾沾自喜、得意忘形，过分自信、自大，使你刚愎自用、自以为是，因此导致故步自封、停滞不前，甚至是走下坡路，最终一败涂地。

纸上得来终觉浅，绝知此事要躬行。

—— （宋）陆游

【大意】 从书本上得到的知识终归是浅显的，要想真正认识事物就要亲身去实践。

【赏析】 这句名言出自陆游的一首教子诗——《冬夜读书示子聿》。孜孜不倦、持之以恒地学知识固然很重要，但仅此还不够，因为那只是书本知识，书本知识是前人实践经验的总结，不能纸上谈兵，要"亲身躬行"。只有经过亲身实践，才能把书本上的知识变成自己的实际本领。一个既有书本知识，又有实践经验的人，才是真正有学问的人。诗人的意图非常明显，旨在激励儿子不要片面满足于书本知识，而应在实践中夯实基础和进一步获得升华。

读重要之书，不可不背诵。

—— （宋）司马光

【大意】 重要的书或书的片段，一定要能背诵下来。

【赏析】 这句名言说的是背诵的重要性。从小学到高中，仅语文课本中要求背诵的课文或片段就不计其数，这就看出背诵的重要性。记住的才是知识，记住的知识才能灵活地应用于实践中，才能使知识发挥作用。再好的书，记不住书的内容，更不领会其内涵，就像没读一样。

> 为学莫重于尊师。
>
> —— (清) 谭嗣同

【大意】 求学过程中，最重要的是尊敬老师。

【赏析】 在中国文化的道统中，无论是贵胄天子，还是寒门学子，内心对教师的感情，都是尊之又尊、重之又重。因为教师，代表的是知识，代表的是智慧，代表的是命运的改变。因此，对于教师，不可不敬重，不可不感恩。尊敬老师是一个学生最基本的道德。尊敬老师的学生，更能得到老师的赏识，自然会得到老师的重点培养，这是一个很浅显的道理。尊师应体现在平时的各个细节中，随时随地都要保持对老师的尊敬和谦恭。

> 学贵专，不以泛滥为贤。
>
> —— (宋) 程颐

【大意】 学习知识或某种技能贵在专一，而不能认为学的专业或技能越多越有才华。

【赏析】 人的精力是有限的，没有人能样样都行，只要我们把精力集中在某一个问题上去努力，就可以在某方面做出一番成绩。年轻时最重要的是把自己的专业弄通了，就有了一个扎实的基础，再求广博也容易。这需要钻深，就是有耐心，肯下苦功夫，通过反复琐碎、枯燥、单调的学习，在某一方面有所建树。不能今天学这个，明天学那个，朝三暮四；也不能同时学习多方面的知识与技能，这样什么都学不精。

> 学问二字，须要拆开看，学是学，问是问。
>
> —— (清) 郑板桥

【大意】 学问两个字，必须拆开来理解，学是吸取知识，问是提出疑问。

【赏析】 真正的学习是学和问相结合，"学、问"二字在学习过程中缺一不可。读书就要好问，一问不得，不妨再三问；问一人不得，不妨问数十人，要使疑窦释解，精理透露。一则谚语说得好："学问学问，又学又问；又学又问，才有学问。"教育家陶行知说得更为具体明白："做学问就是要学要问。光学不问，只做到一半；光问不学，也只是一半；又学又问，才是完整的学问。"问的学问有四点：一要敢于去问，二要不耻下问，三要学会巧问，四要一问到底。

日习则学不忘，自勉则身不堕。

—— （汉）徐幹

【大意】 每日温习，所学的东西就不会忘记；时时自我勉励，思想就不致堕落。

【赏析】 此句出自徐幹《中论·治学》，主张学习应依照孔子的教导："学而时习之"，这是一条行之有效的学习方法，强调了温习的重要性。有些人抱怨自己脑子不好，学过的东西记不住，其实不是脑子不好使，而是因为学过的东西没有及时的温习。做人首先要树立自强不息的观念，在思想上绷紧一根"弦"，而仅有"弦"还不行，还要时时以自勉的形式，使之不致松懈，这是防止人走向堕落的行之有效的方法。此句强调了人的主观努力在学习中的重要作用，在今天的教育实践中仍有其现实意义。

不自满者受益，不自是者博闻。

—— （宋）林逋

【大意】 不自满的人，会给自己带来益处；不自以为是的人，会使自己知识渊博。

【赏析】 此句出自林逋《省心录》。骄傲自满和自以为是是学习的大敌，"学习的敌人是自己的满足，要认真学习一点东西，必须从不自满开始"。"骄傲自满是一个可怕的陷阱，而且这个陷阱是我们自己亲手挖掘的"，谦虚是学习的朋友，自满是学习的敌人；谦虚是智慧的引路人，自满是求知的拦路虎；谦虚的人学十当一，自满的人学一当十。诺贝尔文学奖获得者泰戈尔有这样一句话："当我们大为谦卑的时候，便是我们最接近于伟大的时候。"

非读书，不明理；要知事，须读史。

—— （清）李光庭

【大意】 不读书，就不明白做人的道理；要想明白事理，就必须读历史书籍。

【赏析】 欲知大道，必先知史。在中国的史籍书林之中，蕴含着十分丰富的成与败、兴与衰、安与危、正与邪、荣与辱、义与利、廉与贪等方面的经验与教训。多读一点历史，从历史中汲取更多的精神营养，历史是最好的教科书，历史是最好的老师。读史书能以史为鉴，以史为镜，以史为师，很多事都可以未卜先知。中国历史浩如烟海，要全面了解非常不容易，可以先读一些小故事，久而久之，就是一种积累。

为学患无疑，疑则有进也。

—— （宋）陆九渊

【大意】 学习最担忧的是提不出疑问，有了疑问就有了进步的基础。

【赏析】 这是一条劝学格言。它警示学者应带着怀疑的眼光治学，不能使学问停留在前人的水平上，而应该在怀疑中发现问题、解决问题，有所创新、有所前进。在学习中养成质疑的习惯，使自己从无疑到有疑，从少疑到多疑，让问题成为知识的纽带，才会学有长进，才能成为新世纪的创新人才。"有疑"与"无疑"是衡量学者是否学会了学习、是否学有所成的一个标尺。正如大科学家爱因斯坦所说："提出一个问题，往往比解决一个问题更重要。"

吾生也有涯，而知也无涯。

——《庄子》

【大意】 我的生命是有限的，但知识是无限的。

【赏析】 庄子这句话的本意体现了他的人生观。他认为人吃饭饱了就行，没必要追求奢华；穿衣别冻着就行，实在无须与人攀比。同样，学问也是如此，学够了就行，关键是学以致用。一个人再厉害，也不能全部用到这世间所有的学问，用有限的人生追求无限的知识，是必然失败的。读书是必须的，掌握一定的知识也是必须的，但要把握好度。如果时间都被拿来学习了，还怎么有时间把学到的东西拿来用呢？强调在有限的时间里，学习最有用的知识。

独学而无友，则孤陋而寡闻。

——《礼记》

【大意】 独自学习，无人切磋，则必然会导致知识狭隘，见识短浅。

【赏析】 这句话实际上是强调了学友之间的交流切磋、相互取益的重要性。古今中外凡善于读书且成大器者，大多十分重视结交学友，在讨论与交流中获益，使知识不断升华。一个人的能力是有限的，"三人行，必有我师焉"，多和别人讨论、交流，才能获取更多的知识。朋友是你了解外部世界的桥梁，也是你不断完善自己的标尺。一个人学习，而不接触外部环境，好比闭门造车，是行不通的。只有与朋友共同学习，集思广益、取长补短，才能弥补自身的缺憾，并获得更多的知识。

务学不如务求师。

——（汉）杨雄

【大意】 努力学习，不如努力求得一位好老师。

【赏析】 此句强调求得一位老师指教，比自己独自闷头学习更重要。一个人独立钻研的习惯是重要的，也是必要的。但是有些疑难问题，如果独自钻研要耗费很大的精力和时间，不如请教一位有经验的老师，而不是自己盲目探索，这样就会迅速得以解决，使自己进步得更快。老师会给你有效的指导，给你指明方向，你再由此努力钻研，可以少走很多弯路。我们应该拿出勇气，张开嘴巴，多向老师求教。

学如逆水行舟，不进则退。

——《增广贤文》

【大意】 学习就像逆水行船，不奋力向前必然后退。

【赏析】 为什么不前进就会后退呢？有一个前提条件，就是"逆水"。当今时代知识日新月异，频繁更替，如果自己只停留在原地不动，满足于现状，就跟不上时代的步伐，被社会淘汰，因此，不进步就是退步，这句话并不矛盾。也许你不费力就考上了大学，但若你不再努力学习，也许你就难以毕业，也找不到理想的工作。所以，学习必须要刻苦努力，稍一松懈就会退步，甚至会一泻千里。就像老一辈革命家董必武所说："逆水行舟用力撑，一篙松劲退千寻。"

学者贵于行之，而不贵于知之。

——（宋）司马光

【大意】 对于学习来说，重要的是实践它，而不是知道它。

【赏析】 此名句体现了儒家的"知行"观。这里所说的"不贵于知之"，并不是说"知"不如"行"重要，"知之"很重要，但最重要的则是"行之"。"知"与"行"相比，应该更注意培养"行"（实践）的能力。学习知识的目的是为了付诸实践，如果学习了许多知识却一点不会运用，那么这种"知"再多也不珍贵。就像伟人毛泽东所说："如果有了正确的理论，只是把它空谈一阵，束之高阁，并不实行，那么，这种理论再好也是没有意义的。"

> 学者非必为仕，而仕者必为学。
>
> ——《荀子》

【大意】 做学问的人不必都去做官，而为官者必须要学习。

【赏析】 此句有两层意思：第一层，劝诫学者的志向不一定是做官，官位毕竟是有限的，大多数学者都要从事第一线的工作。第二层，强调了为官者学习的重要性。荀子认为，君子出仕做官，能通过自己的政绩让国家的声誉更好，同时减少百姓的愁苦。如果做不到这一点，还窃据高位，那就形同欺骗；而尸位素餐之徒还享受着丰厚的国家俸禄，则无异于盗窃。因此，为官者学不学习、学习得好不好不仅是自己的事，而是关乎党和国家事业发展的大事。通过持续学习，不断提高自己的工作能力，为国家、百姓做实事，真正做到不负所学。

> 今日之责任，不在他人，而全在我少年。少年智则国智，少年富则国富，少年强则国强，少年独立则国独立，少年自由则国自由，少年进步则国进步。
>
> ——（清）梁启超

【大意】 今天的责任，不在于他人，全在我们年轻人的肩上。年轻人聪明智慧，国家的科学就发达；年轻人富有，国家就富强；年轻人强盛，国家就强盛；年轻人独立，国家就独立；年轻人自由，国家就自由；年轻人进步，国家就进步。

【赏析】 这段话选自梁启超的《少年中国说》，这篇散文是梁启超先生于 1900 年所写，距今已 100 多年了。时代在变，但是它所表达的精神不会变，中国人的强国之梦不会变。一个世纪过去了，斯人已去，精神尤在，为了实现这一梦想，有多少英雄豪杰为之流血牺牲。梁启超的《少年中国说》，不只是单单写与某个人，写与某代人，而是写给一代又一代的中国少年，是对中国少年的一种永远的激励。少年是一个国家的未来和希望，少年的未来，就是国家的未来；少年的希望，就是国家的希望！少年朋友们，不要辜负梁启超先生对我们的期望，托起明天的太阳，让祖国雄立于世界之巅！

四、惜时篇

少壮不努力，老大徒伤悲。
——《长歌行》

【大意】 年少时不努力学习，到老了悲伤也没用了。

【赏析】 这一千古名句劝导人们，要珍惜青春年华，发愤努力，不要等老了再后悔。由眼前青春美景想到人生易逝，鼓励青年人要珍惜时光，出言警策，催人奋起。是啊，同学们，请你们把握好现在的时机，勤奋学习，别让自己终身遗憾。人最宝贵的东西是生命，每个人只有一次生命。因此，一个人的一生应该这样度过：当他回顾已逝的年华时，不因虚度时光而悔恨，也不因一事无成而羞愧。这样，在他即将离开人世的时候，就可以坦然地说：我把整个生命和全部的精力都奉献给了人世间最壮丽的事业。

一寸光阴一寸金，寸金难买寸光阴。
——《增广贤文》

【大意】 一寸光阴就像一寸金子那样宝贵，而一寸金子也无法买回一寸的光阴。

【赏析】 时间和金钱是不能等同的，金钱没了还可以通过努力劳动赚回来，但是时间没了，无论用多少金钱都买不回来。光阴似箭，日月如梭。时间都是在你不经意间就匆匆而逝，当你蓦然回首想挽留，要珍惜，它却已不在了。那些人、那些事，都已经成了回忆。时间就是生命，浪费时间就等于浪费生命，也可以说是慢性自杀。人的一生在历史的长河中只是短暂的一瞬间，谁不希望在历史的长河中留下辉煌呢？

盛年不重来，一日难再晨。
及时当勉励，岁月不待人。

—— （晋）陶渊明

【大意】 好年华不会重来，一天难有两个早晨。趁着年轻赶紧努力，岁月可是不等人啊。

【赏析】 有人说，青春是一首不老的歌谣，但千万不要让歌词写满辛酸。面对浮躁的社会，很多人急于求成，到头来输得一塌糊涂，反而借口一大堆。很多年轻人耐不住寂寞、禁受不住诱惑，被外面的花花世界所扰，浪费了大好的光阴，过了而立之年，仍旧一事无成。怎能不让人寒心、让人哀叹？青春是美好的，青春又是易逝的。年轻的朋友，或许你对明天充满了憧憬，或许你对未来充满着希望，可是，如果没有今天的努力和奋斗，理想就可能成为永远的梦想。

莫等闲，白了少年头，空悲切。

—— （宋）岳飞

【大意】 不要虚度光阴，等到头发白了却一事无成，只有空自悲伤了。

【赏析】 此句出自南宋民族英雄岳飞的《满江红》，是岳飞的自勉之辞，也是一句传诵千古的名句。此句在当时是为了表达收复失地、建功立业的紧迫愿望。后来被广为传颂，激励年轻人要珍惜生命和时间，珍惜生命的每一分每一秒，只有抓住今天，才能不丢失明天，才能创造出有价值的人生。等到年老体弱时，才懊悔自己年轻时虚度光阴，已悔之晚矣！希望青少年朋友，每一天都是一个新的起点，让我们从"新"开始，一步走出一个踏实的脚印，用进取书写青春，用拼搏迎接未来，用创新描绘新世纪的光彩。

少年易老学难成，一寸光阴不可轻。

——（宋）朱熹

【大意】 少年很容易变老，学东西却很难，所以一点时光都不可以浪费。

【赏析】 这句出自《偶成诗》，是朱熹用切身体会告诫年轻人的经验之谈。说明人生到老，学问难成，因而必须爱惜光阴。因其"易老"，故"不可轻"，可见惜时之重要。这两句语重心长的话，劝导我们应该珍惜自己美好的年华，努力学习，切莫让可贵的时光从身边白白地溜走。年轻时学习效果好，时光容易逝去，少年的时光如果不珍惜，一晃就要慢慢走向衰老，如果老了才想起学习，就困难多了，哪怕是一点点的光阴都不要轻视。

明日复明日，明日何其多！
我生待明日，万事成蹉跎。

——（明）文嘉

【大意】 明天之后还有明天，明天是多么多呀！如果每天都在等待明天，那么所有的事都会成为泡影。

【赏析】 这首诗是对人的惰性的一种极好的描述与批评，诗歌通俗易懂，很有教育意义。这首诗歌给人的启示是：世界上的许多东西都能尽力争取和失而复得，只有时间难以挽留。不要今天的事拖明天，明天拖后天。要"今日事，今日毕"。诗人告诫和劝勉人们，今天能做的事一定要在今天做，不要把任何计划和希望寄托在未知的明天。今天才是最宝贵的，只有紧紧抓住今天，才能有充实的明天，才能有所作为。否则，一事无成，追悔莫及。

少不勤苦，老必艰辛。

——（宋）林逋

【大意】 年少时不勤奋刻苦，年老了就必然生活艰辛。

【赏析】 不经一番寒彻骨，怎得梅花扑鼻香。青春最厚重的底色是奋斗，最可贵的精神是拼搏，别在最好的时光里选择安逸，人生越懒、越安逸，你就越可能错过美好的风景。扛得住艰难，才能配得上梦想。趁年轻，努力别怕苦，怕吃苦的人，往往是吃苦一辈子。年轻人要以古代"凿壁偷光"的匡衡、"引锥刺股"的苏秦、"悬梁苦读"的孙敬等为榜样，从小培养勤奋与吃苦的精神，为一生平安幸福打下良好的基础。

少而不学，长无能也。

——（春秋）孔子

【大意】 年少时不学习，长大后就没有才能。

【赏析】 青春是一首壮丽的曲谱，如何把它演绎得更加震撼人心，全靠你自己，每分每秒都在尽全力诠释它的节奏，跳跃的、欢快的，时而欣喜若狂，时而悲愤无奈，无论如何，都是一曲。我们可以找出一千条理由将今天的事留到明天，我们同样也可以在希望中把梦愈做愈圆。如果年少时不努力，终于有一天，当我们觉察到自己的器官变得迟钝、不能随心所欲的时候，方才惊觉，中年已过，老境将至，昔日的美梦已成为痛苦的回忆。

书到用时方恨少，船到江心补漏迟。

——（元）关汉卿

【大意】 用到知识时，才悔恨当年学得太少已经晚了；船行到江心时，才发现船有漏洞想补已经太迟了。

【赏析】 这是一副劝勉联，对联虽浅显易懂，却蕴含着深刻的哲理，告诉还在求学的每一位学子，把握机会，认真学习。青少年时期正是求学的大好时期，我们不能挥霍青春，"人生能有几回搏，何不趁着青春搏一搏"。所以你一定要在人生的春天里播下理想的种子，勤奋耕耘，待到金秋时节，方能尽品硕果之香；切莫虚度岁月、蹉跎光阴，以免老大无成，悔恨终生。此名句用词平淡，不事雕琢，语言自然却韵味无穷，故千百年来成为劝勉联中的精品。

黑发不知勤学早，白首方悔读书迟。

—— （唐）颜真卿

【大意】 年轻时不抓紧时间勤奋学习，等到头发白了后悔再想读书已经晚了。

【赏析】 这句出自唐代名臣、著名书法家颜真卿的《劝学诗》。句子中"黑发""白首"是采用借代的修辞方法，分别借指青少年和老年。一"黑"一"白"两个鲜明激烈的对比，突出了诗人劝学的主题，即读书要趁早。提醒世人要抓紧时间读书学习、修身养性，只有年年月月刻苦坚持，才能真正学到立业、兴家、报国的本领。现在，人们常用这两句诗提醒小朋友要趁年少时多学习，多用功。

机不可失，时不再来。

—— 《晋书》

【大意】 机会到来时一定要抓住，等机会失去了就不会再来了。

【赏析】 凡是懂得做事之道的人都善于把握时机，在机遇来临时当机立断。一旦对事情考察清楚，并制订了周密的计划后，他们就不再犹豫、不再怀疑，而能勇敢果断地去做，往往都能做到驾轻就熟，马到成功。成功的秘诀，就是随时随地把握时机，要把握时机，需要眼明手快地去"捕捉"，而不能坐在那里等待。告诫我们：要注意留意任何有利的瞬间，机会来了，切莫失之交臂，要成为一个卓越的人，就应该懂得利用所有的机会。

花有重开日，人无再少年。

——（宋）陈著

中华古典名言赏析

·惜时篇

【大意】 花儿谢了有重开的日子，人老了却永远不能再回到年少时。

【赏析】 此句先言他物以引起所咏之事，通过"花"与"人"的对比，表现出莫大的遗憾。花草本非有价值的东西，但凋谢后还有"重开"之日，然而，作为万物灵长的人，青春一去，却再无年少之望，该是何等的悲哀！此句语言精粹，对比鲜明，感情浓重，先由花及人，又由人而连及人生的感想。今年你来赏花，花开、花落、花残，即便是你觉得它不够美丽，明年还是可以看到它青春般的容颜。但人的青春却只有一次，过去了就不再回头，所有的惋惜和懊悔都会陪同落花飘散。

一年之计在于春，一日之计在于晨。

——《增广贤文》

【大意】 一年要做的事情，要在春天做好计划；一天要做的事情，要在早晨做好计划。

【赏析】 这句话是中国劳动人民在千百年的生产实践中总结出来的一条经验，它强调了春在一年四季中所占的重要位置，早晨在一天中的重要位置。比喻凡事要早做打算，开头就要抓紧。正如名人柏拉图所说："良好的开端，等于成功的一半。"要在一年（或一天）开始时多做并做好准备工作，为全年（或全天）的工作打好基础。人的青春也是人一生中的春天，珍惜宝贵青春的人，就能创造出奇迹；反之，浪费青春年华的人，除了惭愧之外，将一无所得。

枯木逢春犹再发，人无两度再少年。

——《增广贤文》

【大意】 枯木到了春天还有再发新芽的可能，人不可能再有第二个少年时代。

【赏析】 这是将两种情况作为对比，强调了青春一去不再回来的残酷性。即便是已枯之树，到了春天它还会有重新长出新芽的可能；而人却不可能再有一次少年时光。人的一生短暂而又漫长，到了古稀之年，回首往事，才发现自己一生如此平淡，竟一无所成，恨不得时光倒流，重新演绎精彩一点的人生。但是，世上没有后悔药，后悔也是枉然。奉劝衮衮后生、莘莘学子，珍惜青春，珍惜时光，热爱生命，把握韶华。

志士惜年，贤人惜日，圣人惜时。

——（清）魏源

【大意】 有志之士珍惜每一年的光阴；贤德之人珍惜每一天的光阴；而圣人则会珍惜每一寸的光阴。

【赏析】 这句话意思是说：珍惜时间的程度与人的成就成正比，越是有作为的人，越是珍惜时间；越是珍惜时间的人，才越有作为。就像德国著名哲学家叔本华所说："平庸的人关心怎样耗费时间，有才能的人竭力利用时间。"也如鲁迅所说："时间，每天得到的都是 24 小时。可是一天的时间给勤勉的人带来智慧与力量，给懒惰的人只能留下一片悔恨。"聪明者利用时间，愚蠢者等待时间；有志者获得时间，无为者放弃时间；勤奋者珍惜时间，懒惰者藐视时间；科学者创造时间，无知者糟蹋时间。

时来易失，赴机在速。

——（唐）房玄龄

【大意】 机会来了很容易失去，要想抓住机会出手要快。

【赏析】 每个人的一生中都有许多机遇，当机会来临时，赶快伸出你的双手抓住它，创造属于自己的辉煌，决不让机会从身边溜走。在生活的紧要关头，需要当机立断，敢作敢为，不然就会错失良机，留下遗憾。草原上的豹子只知道一件事，只有盯住一只羚羊，认准时机，在适合的时刻果断出击，拼命追赶，才有填饱肚子的可能。又如同射飞靶一样，只有注意力高度集中，抓住命中率最高的时刻，作出正确的判断，果断地扣动扳机，才能成功地命中靶心，犹豫只能留下失败。

不勤于始，将悔于终。

——（唐）吴兢

【大意】 做一件事开始不勤奋，到最后必然会后悔。

【赏析】 这句话是强调事情开始的重要性，正像柏拉图所说："良好的开端，等于成功的一半。"任何事情有一个良好的开端，对最终的成功是至关重要的。这就好比是百米跑步比赛，运动员的起跑和开始的关键几步至关重要，一旦把握不好，之后再赶上会很艰难，最后往往以失败而告终。学生的学习也是如此，从新学期的第一节课开始就要努力上好每一节课，决不能落课，一旦落下就很难追上，要尽最大努力赢在起跑线上。

人无千日好，花无百日红。

——（元）杨文奎

【大意】 人不可能总是一帆风顺，花不可能常开不败。

【赏析】 这句话比喻好景不长或友情难以持久。告诉人们，当我们达到人生巅峰时，要牢记"月满则亏，水满则溢"的道理。现指人生不是一帆风顺的，会遭受大大小小的挫折与磨难。好好珍惜今天已经拥有的生活，美好的日子总是短暂的，世间万事万物只可暂时受用，任何有贪占之心都是烦恼生起的根源。安慰人们，在生活或工作中，遇到困难和挫折是正常的现象，要正视挫折和失败。

白日莫空过，青春不再来。

—— （唐）林宽

【大意】 每一天都不要虚度，青春一旦逝去就不会重来。

【赏析】 此句出自林宽的诗《少年行》。我们未来的航向，取决于青春时代脚下走出"第一步"的方向，这一走就是一生。青春的脚步，似行云流水；生活的道路，靠我们追求。莫叹息，莫停留，要思考，要奋斗，为了梦想与信念，莫让年华付流水。生命是无尽的享受，而那最享受、最快乐、最令人陶醉的一段时光就是青春。请让青春多一些拼搏，少一些虚度；多一些从容，少一些慌乱；多一些阳光，少一些阴霾；多一些内涵，少一些空白。时间不是可以失而复得的物质，你一旦把它轻易失去，它就永远同你无情地分别。

学问在早年，光芒如初旭。
晚年则已迟，夜行如秉烛。

—— （清）归庄

【大意】 年轻时做学问，就好像早晨升起的太阳一样光芒四射；年老时做学问，只能像拿着蜡烛照路一样昏暗无光。

【赏析】 学习知识，必须在青少年时期下苦功，这时人的记忆力好，接受能力强，重要的是青少年有了知识，可以受用一辈子。

早年像早晨七八点钟的太阳一样，阳光明媚、光芒四射，照得自己整个人生光彩四溢、流光溢彩；而如果到了晚年才学习知识的话，则显然"有些迟"了。晚年时的记忆力、精力，都显然不如年轻时充沛，所以好像秉烛夜行。再有，即便晚年学到知识，也基本上是无用武之地了。

年年岁岁花相似，岁岁年年人不同。

—— （唐）刘希夷

【大意】 每年的花还是那些花，但是人却不是原来的那些人了。

【赏析】 这两句诗优美、流畅、工整。"年年岁岁""岁岁年年"的颠倒重复，不仅排沓回荡、音韵优美，更在于强调了时光流逝的无情事实和听天由命的无奈情绪，真实动情。"花相似""人不同"的形象比喻，突出了花卉盛衰有时而人生青春不再的对比，耐人寻味。同时，以花喻人，比喻精当，令人警醒，鲜花盛衰可以更替，而人的青春却不能与花相比。从中我们可以读到诗人那种自哀自伤的惆怅之情，表现出作者对青春易老、世事无常的感叹，富于诗的意境，且具有哲理性，历来广为传诵。

光阴似箭催人老，日月如梭趲少年。

—— （元）高明

【大意】 时光就像离弦之箭催人衰老，日月就像飞梭一样追赶着少年。

【赏析】 光阴无始无终。它既是世界上最充裕最不值钱的东西，同时又是世界上最稀缺最珍贵的东西。光阴是虚幻的，它看不见摸不着，同时又是实实在在的，日月交替在我们空中，阳光月影在我们脚下。世界上再没有比光阴更变幻莫测、更难以驯服的东

—— 62 ——

西了。

人之百年，犹如一瞬。

———（唐）王勃

【大 意】 人一生近百年时间，但快得就像一瞬间。

【赏 析】 人生一世，草木一秋。光明一去难再见，水流东海不回头。浪费时间等于浪费生命，消磨时间就是消磨青春。对于"青春"来讲，"时间"永远给予足够的支持，可一旦不去珍惜"时间"的给予，一味地消磨，等"时间"渐渐远去，流年不待人，去去如飞梭，追悔亦莫及。

五、自强篇

> ## 天行健，君子以自强不息。
>
> ——《周易》

【大意】 天体的运行刚健有力从不停息，君子应像天体运行那样自强不息。

【赏析】 古人发现，自然界中的日月星辰运行很有规律，细观天地万物，为了生存，无不表现出自强不息的精神。看看宇宙天地，千百万年来，它按照自己运行的规律运转不止，一年四季，周而复始；太阳东起西落，春夏秋冬，非常准时；山河巍然，不管世间风风雨雨；春天来了，万物复苏，碧绿一片，具有强劲的生命力，小草可以从石缝里长出，树根可以碎石。它们周而复始，刚健有力，永不停息。人乃万物之灵，应以自然界中的天体为榜样，发愤图强，自强不息。这句名言自古以来激励着中华民族多少仁人志士，努力拼搏，为祖国和人类的自由与进步献出自己的毕生，才使伟大的中华民族生生不息，巍然屹立。

> ## 眼前多少难甘事，自古男儿当自强。
>
> ——（唐）李咸用

【大意】 眼前有很多不如意的事，作为男子汉应当自立自强。

【赏析】 天地分阴阳，人间有男女。男人有阳刚之猛，女人有阴柔之美。生为男人，理应奋发进取，自强不息，成为家庭与国家的脊梁。作为一个男人，面对人生困境，不能消磨意志，丧失信心，哪怕千辛万苦，也要勇敢面对。自强自立，才能提升人格境界，从而创造出人生的崭新乐章。自强，意味着要承受巨大的压力。但只要微笑着面对生活，就能在压力和困难之中走出低谷，迈向成功；只有从容不迫地拿出勇气，不灰心、不气馁，才能在人生的道路上越走越远。

欲穷千里目，更上一层楼。

—— （唐）王之涣

【大意】 要想看到更远、更广阔的地方，应当再登上一层楼。

【赏析】 此诗句出自王之涣《登鹳雀楼》。借描述登高远望的情景，倡导一种不断攀登、积极进取的精神。这两句比喻想学到更多更深的知识，你就要比原来更努力；要取得更大的成功，也要付出更多的努力；要想在某一个问题上有所突破，可以在一个更高的角度审视它；也表达了只有积极向上才能高瞻远瞩。社会在不断地发生变化，每一个人要想跟上社会前进的步伐，就必须不断地充实自己、提高自己、更新自己。这两句包含朴素哲理的议论，成为千古传诵的名句，也使得这首诗成为一首千古绝唱。

天生我材必有用。

—— （唐）李白

【大意】 既然上天生下我，一定会有用到我的地方。

【赏析】 这句话充分体现了李白乐观、自信的性格，也流露出怀才不遇和渴望用世的积极思想感情。水滴虽小，却可以组成大海；沙粒虽小，却可以组成宇宙；绿叶虽小，却可以组成森林……不管你是什么，上天创造了你，总有你的用处。告诉我们，每个人都是有用之才，应当自我珍视，不可妄自菲薄。也告诉我们人存在的价值是"有用"，而关键在于能给自己正确的定位。这世上本没有天生无用的人，也没有天生失败或者天生成功的人，关键是你选择了什么样的道路。所以不要说自己一无所能，只不过你就像那株佛兰一样，还没有被发现而已。那么，我们何不换一个角度看自己，充分展现自己的长处，在"平庸"中挖掘亮色，从"无用"中寻找价值，将生命推向极致！

路漫漫其修远兮，吾将上下而求索。

—— （战国）屈原

【大意】 尽管道路漫长而艰难，我还是要为追求真理上天入地去探索。

【赏析】 此句出自战国诗人屈原的《离骚》，《离骚》是一首宏伟壮丽的抒情诗，它在中国文学史上享有崇高的地位。屈原写作《离骚》时已度过了大半生。为了实现政治理想，他不断遭到腐朽贵族集团的排挤、打击和放逐，已到了救国无路的地步。这篇名作写于屈原被放逐江南之时，屈原痛感自己的治国之道不能为楚王所接受，他只好悲愤地走开了，去寻求那理想中的人生之道。后人经常引用这句诗表达自己对真理和事业不懈探索和追求的决心。此名句千百年来一直鼓舞着后人为追求真理，为正义事业不畏艰险，勇于进取。

不积跬步，无以至千里；
不积小流，无以成江海。

——《荀子》

【大意】 不一步一步地积累，就走不到千里远的地方；不积累小河流，就不能汇成大江大海。

【赏析】 人在世上，无论做什么事情，都要脚踏实地，一步一个脚印，一小步、一小步地循序渐进，逐渐去完成。要胸有大志，做事都要有计划，有目标。不能盲干、瞎干、乱干，要坚持不懈、朝着目标努力，并且在前行的路上，不畏艰辛，不怕坎坷、崎岖，最终才能达到目的。"千里之行，始于足下"。任何人急于求成，不想吃苦，想投机取巧、走捷径达到自己的人生目标，都只能是事与愿违。任何成大事者，在成功的路上都会步步为营，每一个计划、每一个步骤、每一个环节都会缜密考量，然后逐一付诸行动，并且时时摸索经验，总结教训，日积月累，从小做大，再做强，最后达到辉煌的顶峰。

千里之行，始于足下。

——《老子》

【大意】 千里远的路程，是从脚下的第一步开始的。

【赏析】 合抱的大树是细小的幼苗长成，九层的高台是一筐一筐泥土砌成的，千里远的行程是从脚下开始的。这句名言比喻事情的成功是从小到大逐渐积累起来的。翻开历史我们便知道，每一位成功人士，无不是历经千辛万苦，经历了无数失败的考验，一点一滴地积累才品尝到成功的喜悦。李时珍花了27年编出了《本草纲目》，马克思用了40年写出了《资本论》，大发明家爱迪生在寻找灯丝尝试了1000多种材料，等等。他们无不具有坚强的毅力、踏实的作风，无不是从最小的事情做起，才取得了辉煌的成就。

百尺竿头，更进一步。

——（宋）朱熹

【大意】 即使到了百尺竿子的顶端，也还要继续向上攀登。

【赏析】 这句话形容学问、成绩等已经达到了很高的程度，但还是继续努力，争取取得更大的进步。昭示人们，不能满足于现状，不论取得了多大的成就，都应该继续保持积极向上的精神，继续用心去做，仔细去做，才会取得更大的进步。学习的时候，也不能取得了一点成绩就满足，从而故步自封，要知道知识的海洋是没有穷尽的，唯有坚持不懈地学习，才能更接近真理的彼岸。有了这种精益求精、不断追求进步的精神，才会取得更大的成就。

知而好问者圣，勇而好问者胜。

—— 《文字·自然》

【大 意】 聪明而虚心请教的人，能成为圣贤；勇敢而虚心请教的人，能取得胜利。

【赏 析】 这句话表明，虚心生智慧，虚心生才干，虚心生成功。法国文豪巴尔扎克说："打开一切科学的钥匙，毫无异议的是问号。""学贵多问"，好问，是一门学问，也是一种美德，更是一种智慧。自己的努力再加上"好问"，就能成为"圣者"和"胜者"。一个人即使再聪明也有失误的时候，即使再勇敢也有力所不能及的时候。所以，只有不断地向他人虚心学习、请教，才能使自己的水平更高、能力更强，登上属于自己的高峰。

不入虎穴，焉得虎子。

—— 《三国志》

【大 意】 不进老虎窝，怎能捉到小老虎。

【赏 析】 提示我们要想得到自己想要的东西，在必要的时候应敢于冒险。日本谚语："有牺牲之精神，就有成功之希望。"的确，偶尔也要冒点必要的风险，才能赢得一些东西。英国人表达这一观念，也有自己的谚语："不冒险，无所得。"《智取威虎山》中解放军派出了杨子荣为卧底打入敌人内部，骗取了土匪头子坐山雕的信任，杨子荣与小分队相约在百鸡宴这天，里应外合，一举捣毁坐山雕的老窝，全歼了这股实力最强的土匪。

大丈夫当雄飞，安能雌伏。

——《后汉书》

【大意】 大丈夫应该像雄鹰一样展翅高飞，怎么能像雌鸟一样卧在那儿不动呢？

【赏析】 男人不能像雌鸟那样，胆小怕事，缩手缩脚，真正的男子汉要有信心，甚至有野心，而往往野心就是成就大业的源头。有野心的男人不管长相如何，身材高低，在气势上能够压倒一切，令人敬佩。东汉末年，赵温年轻时有大志，他在做京兆时很不得志，常叹息不能为国家立功。有一次，他感慨地对朋友说："大丈夫当雄飞，安能雌伏！"不久，赵温弃官回家，在灾荒之年，他把家中存粮拿出救济穷人。后来汉献帝刘协继位，赵温被封为江南亭侯，代替杨彪做司空，实现了报国的志向。

胜人者有力，自胜者强。

——《老子》

【大意】 能战胜别人只能算是有力，能战胜自己的弱点才是真正的强者。

【赏析】 一个真正强大的人，不需要说自己胜过什么人，成功不是超越别人，而是超越自我。强者的桂冠只能戴在那些战胜自己的人头上，"破山中贼易，破心中贼难。"想要战胜自己，关键是要自信。一个人在遇到挫折时会有两种心态，一种是，我一定能行，这点失败算什么？另一种是，算了，认输吧，再拼恐怕也躲不过失败的厄运。这两种心态中自信是天使，不自信是魔鬼，而且它们也都是最真实的自己，最重要的是你要小心不要被魔鬼打败。

道虽迩，不行不至；事虽小，不为不成。

——《荀子》

【大意】 路程虽近，但不走就不能到达；事情虽小，但不做就不能成功。

【赏析】 荀子认为，任何蓝图都不会自动变为现实，实现自己的人生目标不是一件容易的事，无论士、君子，还是圣人，要达到理想的境界，必须永不停歇地努力。成功的路就在自己脚下，如果不能踏踏实实地去走，永远沉浸在美妙的幻想之中，那只会一事无成。完成小事是成就大事的第一步，伟大的成就总是跟随在一连串小的成功之后。当我们给自己定下一个目标，我们就要迈着坚定的步伐，一步一步地走向成功。如果只知道空想而不付诸行动，那么将永远无法成功。任何事，任何目标，都是这样一步一步达至成功彼岸的。

穷当益坚，老当益壮。

——（宋）范晔

【大意】 处境越穷困，意志应当越坚定；年纪虽老，但志气更应旺盛。

【赏析】 此语原是汉代马援表明心志的话，后成为激励人们经受挫折考验，坚定雄心壮志的千古名言。告诫人们，不要因年华易逝和处境困顿而自暴自弃。失意时，常有壮志难酬、英雄无用武之地的感慨，这时一定要坚定志向，为达到自己的目的锲而不舍。同样，人到了老年，决不能消极颓废，应该在有生之年发挥余热，不吃老本，再立新功，以体现生命的价值。古往今来有多少有志之士，面对一切艰难险阻，总能执着地追求自己的理想，即使在郁郁不得志的逆境当中也不消沉、不放弃。

生于忧患，死于安乐。

——《孟子》

【大意】 处在忧患中可以使人或国家生存，处在安逸享乐中可以使人或国家消亡。

【赏析】 这句名言，无论对国家、企业还是个人都具有重要的警示作用，它提醒人们，只有心中常存忧患意识，时刻不忘隐藏的危机，采取有效措施避免和化解危机的发生，国家方可长盛不衰，个人方能永远处于不败之地。精神上或物质上的享受，往往是堕落的开端；忧愁祸患给人带来身心上的痛苦，但却是催人奋进的精神食粮。如果苦难与挫折是磨刀石，那么安乐与享乐就是慢性毒药，我们必须勇于接受磨炼，远离安逸。只有这样，我们的生命才会迸发出灿烂的光辉。"生于忧患，死于安乐"，应当成为我们一生的座右铭。

富贵不能淫，贫贱不能移，威武不能屈。

——《孟子》

【大意】 富贵不能使自己腐化堕落，贫贱不能使自己改变志向，权势、武力不能让自己屈服变节。

【赏析】 这整齐的排句，气势磅礴，铿锵有力。后来，这三句话成为立志、律身的名言，成为许多英雄豪杰、志士仁人的座右铭。这几句名言是孟子在与别人辩论什么叫作"大丈夫"时提出的做人准则，在孟子看来，真正的"大丈夫"不应以权势高低论，而是那些面对富贵、贫贱、威武时，仍能坚持"仁、义"的人。孟子这句名言，闪耀着思想和人格力量的光辉，两千多年来一直激励着中国人，不管是处在顺境还是逆境，都要有刚正不阿的精神，有自己独立的人格，能经受住各种考验，抵御各种诱惑和威胁，义无反顾地向自己的目标前进。

成人不自在，自在不成人。

——（宋）罗大经

【大意】 要成为优秀的人，就不能贪图安逸自在；贪图安逸自在的人，就不会成为优秀的人。

【赏析】 当你看到黄河滚滚东流、一泻千里的壮景时，可曾想到它经历的那"九曲十八弯"？当你看到那些人获得令人瞩目的成就时，可曾想到他们所付出的汗水和心血？是的，无论是自然界奇观的形成，还是人类成果的获得，都不可能是一帆风顺的，其中无不充满了艰难和曲折。纵观古今中外，阅遍典籍史册，那些有大成就、大功德、大名声、大造化的成功人士，哪一个不是吃尽千辛万苦，受尽百般磨难，最后才能修成正果，成名成家？正如马克思所说："在科学的道路上，是没有平坦大道可走的，只有不畏艰险，不畏劳苦的人，才有希望达到光辉的顶点。"

一心定而万事得。

——（唐）武则天

【大意】 只要志向坚定，下定决心，什么事都能成功。

【赏析】 这句话是一代女皇武则天的亲身体验。她是我国唐朝的女皇帝，也是中国历史上第一位女皇帝。她 67 岁即位做了皇帝，执政 12 年。在世俗观念和唐朝现实的重重压力下，她竟然撑起大唐的擎天柱，实现了自己一生的志向，为推动社会的发展与进步起了重要的作用。人生是一个荆棘林，处处有困难，但是只要你以乐观开放的心态，不怕吃苦，不怕困难，勇于挑战，就一定会成功。世上无难事，只要肯攀登！

知耻而后勇。

——《礼记》

【大意】 人有耻辱感，就会勇敢有为。

【赏析】 在遭受磨难与打击后，能感到羞耻、惭愧，这正是道德良知在内心中的自我反省，从而改头换面，重归正道。这种耻辱感正是勇敢的基础，能使人毫不气馁，化耻辱为力量，迎难而上。耻辱具有两重性，它既是一个挑战，又是一个机遇；既是一种障碍，又是一种锻炼。春秋时期，吴越交兵，越国兵败，越王勾践做了吴王夫差的奴隶。勾践知耻有勇，获释回国后卧薪尝胆，任用贤才，经过十年的艰苦奋斗，终于一举灭掉吴国，勾践也成为春秋霸主。

咬定青山不放松，立根原在破岩中。
千磨万击还坚劲，任尔东西南北风。

——（清）郑板桥

【大意】 竹子扎根于青山之中，原来它的根埋在破败的岩石中。尽管经受风雪雨霜的击打依然挺立，任你东南西北风吹打依旧从容。

【赏析】 这是郑板桥的《竹石》一诗，语言简洁明快，却又强劲有力，具体生动地描述了竹子生在恶劣环境下，长在危难中，而又自由自在、坚定乐观的性格。竹子在破碎的岩石中扎根，经受风吹雨打，但它就是"咬定青山不放松"。一个"咬"字，写出了竹子顽强的生命力和坚定的信念。最后一句中的一个"任"字，又写出了竹子无所畏惧、慷慨潇洒、积极乐观的精神风貌。这首诗表面上看是写竹，实际上是写人，写作者自己那种正直、刚正不阿、坚强不屈的性格，决不向任何邪恶势力低头的高风傲骨。它还是一首托物言志的诗，托岩竹的坚韧顽强，体现了爱国者的情怀。

天上若无难走路，世间哪个不成仙？

——（清）袁牧

【大意】 天上如果没有难走的道路，世上哪个人不能成为神仙呢？

【赏析】 如果在成才的路上，不经过十年寒窗苦读的历练，人人都成为大学生；如果在成功的路上，没有困难和挫折，人人都是成功者；如果在成名的路上，是那么轻而易举，人人都会成为名人；如果在创业的路上，是那么一帆风顺，人人都会成为百万富翁。此名句告诫我们，要想成为卓越之人，做出惊人的业绩，就必须具有常人不具备的坚强意志，就必须战胜常人不能战胜的困难，才能在平凡中脱颖而出，方能达到胜利的彼岸，成为鹤立鸡群、独占鳌头的佼佼者。

不受苦中苦，难为人上人。

——《西游记》

【大意】 不经受特别艰苦的奋斗，难以成为出人头地的人。

【赏析】 实现梦想的道路是坎坷而崎岖的，只有经受住层层考验，披荆斩棘，才能够破除困境，实现梦想。"不受苦中苦，难为人上人"，依然成为父母教育孩子、老师教育学生、前辈教育晚辈的警世之言、激励之言。告诉我们，人若成器，就需要磨炼。"十磨九难出好人"，"人在世上练，刀在石上磨"，"千锤成利器，百炼变纯钢"。无数事实证明，凡是事业上获得成功的人，都具有很强的吃苦精神。吃苦是成功的一个必要条件。

凡百事之成在敬之，其败也必在慢之。

——（宋）司马光

【大意】 凡事成功，在于认真地对待它；凡事失败，是因为怠慢所造成的。

【赏析】 所谓"敬"，就是小心谨慎，认真负责，一丝不苟；所谓"慢"，就是敷衍了事，马虎大意，怠慢疏忽；"敬"显示出对事业的追求，"慢"暗示了对物质生活的贪图；"敬"表现出积极的进取心，"慢"表现出消极被动的心理。很显然，"敬"与"慢"是两种截然相反的工作态度，自然也带来两种不同的结果。前者将使事业兴盛发达，后者势必导致衰落失败。可以此二句说明对工作的不同态度将带来不同后果，勉励人们勤于事业。

惟进取也故日新。

—— （清）梁启超

【大意】 只有不断地进取，才会每天有新的变化。

【赏析】 本句出自梁启超的《少年中国说》。《少年中国说》是梁启超写的一篇充满激情的杂文。"惟进取也故日新"是梁启超这位改良主义者对少年的期望，也是对中国的期望。他希望中国青少年，在这个发展迅猛的社会里，要想跟上社会的节拍，就要有一颗积极进取的心，每天都有一个新的变化，用自己的变化带动整个国家的变化。唯有不断进取，才不会被风云变幻的社会所抛弃，才不会最终因一事无成而惋惜。纵观人类社会的发展史，是一部人类不断拼搏进取的历史。万物皆因进取，才创造了欣欣向荣的社会。

不怕无能，就怕无恒。

——谚语

【大意】 人不怕没有本领，就怕做事没有恒心。

【赏析】 有恒心的人往往能够获得别人不能获得的成就，他们也许并不聪明，甚至于比别人差很多，但是他们相信只要努力就会有回报，只有努力才能够让自己成功。如果你比别人笨的话，那么你就更应该去努力，只有用你的勤奋去弥补你的不足，你才能跟上别人的步伐。如果你只是每天抱怨着各种事情，那么你就会被别人越落越远了。不要怕自己无能，就怕自己缺少恒心。毛泽东在湖南第一师范读书时，就写过一副床头联自勉："贵有恒，何必三更起五更眠；最无益，只怕一日曝十日寒"，以此提倡"持之以恒"的学风。

绳锯木断，水滴石穿。

——（宋）罗大经

【大意】 用绳当锯子，能把木头锯断；水滴不停地滴，也能把石头滴穿。

【赏析】 为什么微不足道的水能把石头滴穿？柔软的绳子能把木头锯断？说透了，就是坚持的力量。一滴水的力量是微不足道的，然而许多滴的水不停地冲击石头，就能形成巨大的力量，最终把石头冲穿。同样道理，绳子才能把木头锯断。古今中外，所有成就事业的人，不都是靠着这种"滴水穿石"的精神，才"滴穿"一块块"顽石"，最终取得成功吗？掀开历史画卷，我们可以看到许多古人"绳锯木断，水滴石穿"的故事。我国著名书法家王羲之临池练字，池水变黑；专注练字，误食墨汁；揣摩比画，划破衣服三件事，成为历史佳话。

野火烧不尽，春风吹又生。

——（唐）白居易

【大意】 野火是烧不死野草的，春天一到它们又能长出来。

【赏析】 这句诗热情赞颂了野草虽备受摧残，但枯后复荣，顽强坚韧的生命力。野草是一年生植物，春荣秋枯，岁岁循环不已。此句不但写出"草"的性格，而且写出一种从烈火中再生的理想，一句写枯，一句写荣，"烧不尽"与"吹又生"是何等唱叹有味，对仗亦工整天然，故卓绝千古。极为形象、生动地表现了野草顽强的生命力。而在我们的生活中，也有人如同这顽强的野草，永不放弃，永不服输。此名句借物喻人，激励了无数人奋发向前，生命不止，奋斗不息。

愚而自专，事不治。

——（战国）荀子

【大意】 愚蠢而又自以为是的人，就办不好事情。

【赏析】 愚笨的人之所以愚笨，一是他自己不觉得自己愚笨，二是不善于向高人求教。有些人本来没有知识，没有智慧，甚至于很笨，但却一意孤行、刚愎自用，听不进别人的意见，这样的人必然带来灾祸。秦末的楚霸王项羽力拔千斤、英雄盖世，是推翻秦朝的第一功臣。然而，他目中无人、刚愎自用、用人多疑，听不进别人的意见，连唯一的谋臣范增也因失去信任而离他而去。项羽最终败在了刘邦手上，落得个乌江自刎的下场。凡成大事者，都具有虚心好学的特点，也都是借力的高手，他们敢借力、能借力、会借力、善借力，借出了一片新天地！

功到自然成。

——《西游记》

【大意】 只要下了足够的功夫，事情自然就会成功。

【赏析】 在走向成功的路上，既无捷径，也没有宝葫芦。任何一朵鲜花的盛开，都需要长期孕育；任何一枚勋章都要成功者付出相应的代价。成功是公正的，它绝不会将辉煌施舍给懒汉；成功又是公平的，它会将满天的星光照在坚持不懈的奋斗者身上。如果成功很容易，那成功就会变得廉价，成功就失去了它原有的耀人的色泽。晋代大书法家王羲之，20年临池练字，洗笔把池水都染成黑色了，才有在书法上炉火纯青的造诣。李时珍跋山涉水，遍尝百草，数十年如一日地收集整理，笔耕不息，才有药学巨著《本草纲目》的问世。

笨鸟先飞。

——（元）关汉卿

【大意】 行动笨拙的鸟要先飞，才不会落后。

【赏析】 "笨鸟先飞"，比喻才力不如人的人，凡事比人赶先一步，多用于自谦。一群鸟，每天都要从自己的鸟巢飞到另一个地方觅食，有一只鸟总是最后一个到达，被众鸟嘲笑。一天，它突发奇想，不想再被嘲笑。一天早上，这只笨鸟比平时要早得多出发，它还是飞得很慢，但当其他鸟到达时，却惊奇地发现，它居然第一个到达了。这说明了一个道理：做事慢、能力差的人，如果比别人先走一步，就不会落在别人的后面，甚至能超过别人。

日日行，不怕千万里；常常做，不怕千万事。

——（清）金缨

【大意】 天天走路，不怕路途遥远；不停做事，则不怕事情繁多。

【赏析】 干什么事情，都要有毅力。只要坚持不懈地努力，即使再难的事情也可以做到。看马拉松比赛的时候，大家可能有种特别强烈的感受，发令枪响时冲在前面的人不一定能夺冠，中途放弃的人肯定与冠军无缘，胜利者会在坚持到最后的人中产生。要在马拉松比赛中获胜就必须坚持，坚持，再坚持。坚持不仅是一个过程，而且是一种力量，是一种可贵的力量。但坚持到底并不是一件很容易的事，而成功与失败也往往因此而定。当我们给自己定下一个坚定的目标，我们就要迈着坚定的步伐往前走，这样就会一步一步达至成功的彼岸。

慎终如始，则无败事。

——《老子》

【大意】 做事自始至终一直谨慎认真，就不会失败。

【赏析】 老子的这句名言告诫人们，办事应有始有终，始终如一，这样才不致把事情办糟，这是很有教育意义的。大凡人们办事时，容易虎头蛇尾，开始时认真、细致、谨慎、严肃，久之则敷衍、马虎、粗心、草率，这样往往办不好事情。行百里者半九十，只要还有一步没走到位，也相当于仅仅走了一半而已，不看见最后的胜利，就不要粗心大意，越是最后的关头，越要拼尽全力。

天下难事，必作于易；天下大事，必作于细。

——《老子》

【大意】 难事必须从最容易的事开始做起，大事必须从小事开始做起。

【赏析】 大生于小，多起于少，老子非常智慧地看到了事情的真相。处理问题要从容易的地方入手，实现远大理想要从细微的地方入手。天下的难事，一定从简易的地方做起；天下的大事，一定从微细的部分开端。因此，有"道"的圣人始终不贪图大，所以才能做成大事。只要从细处着手、从实处用力，一步一个脚印往前走，就一定能达到"水滴石穿、绳锯木断"的境界。海尔集团总裁张瑞敏说："什么是不简单？把每一件简单的事做好就是不简单；什么是不平凡？把每一件平凡的事做好，就是不平凡。"从细微之处入手，认真做好每个细节，伟大却不期而至，这也就是细节的魅力。

> 天下无难事，只怕有心人；
> 天下无易事，只怕粗心人。
>
> —— （清）袁牧

【大意】 事情再难，只要用心做也能成功；事情再简单，如果粗心大意也会失败。

【赏析】 人的一生像是在雾中行走，远远望去，只是迷蒙一片，分辨不出方向和吉凶。可是，当你鼓起勇气，放下忧惧和怀疑，一步一步向前走去的时候，你就会发现，每走一步，你都能把下一步路看得清楚一点。世界上没有什么难的事，只要用心去做，就会成功。往前走，别站在远远的地方观望，你就可以找到你的方向。人生只有走出来的美丽，没有等出来的辉煌。世界上肯下决心的人比比皆是，但是能将决心付诸行动的人却不多，而能将行动坚持下来的人就寥寥无几了。拿破仑说："我成功，因为我志在成功，从不犹豫。"

> 只要功夫深，铁杵磨成针。
>
> ——《方舆胜览》

【大意】 比喻只要肯下功夫，多么难的事也能做成功。

【赏析】 唐朝著名诗人李白小时候不认真读书，有一天他逃学到河边，正巧碰到一个老婆婆拿着一根粗铁棒在石头上磨来磨去。李白看了觉得好奇，问老婆婆在做什么，老婆婆自信地回答："我要把它磨成一根针，用来缝补衣服啊！""磨针？用这么粗的铁棍磨成绣花针，这什么时候能磨成啊？"李白好奇地问。老婆婆抬起头，停下手中的活，亲切地对李白说："孩子，铁棒虽粗，可挡不住我天天磨，滴水能穿石，难道铁棒就不能磨成针吗？"李白听了老婆婆的

—— 80 ——

话，很受感动。心想："是呀，做事只要有恒心，不怕困难，天天坚持做，什么事都能做好。读书不也是一样吗？"李白转身跑回学堂。从此以后，他刻苦读书，终于成为一名著名的诗人。

山重水复疑无路，柳暗花明又一村。

—— （宋）陆游

【大意】 山峦重重水道弯弯，疑似无路可行；忽然柳树成荫鲜花怒放，又出现了一个山村。

【赏析】 这句出自陆游《游山西村》，脍炙人口，读完令人回味无穷，表现了诗人与众不同的思维与精神——在逆境中往往蕴含着无限的希望。诗人描述了山水萦绕的迷路感觉，而突然又见新景的喜悦之情；人们可以从中领悟到蕴含的生活哲理——不论前路多么难行，只要坚定信念，勇于开拓，人生就能"绝处逢生"，出现一个充满光明与希望的新境界。这句诗鼓励人们不要轻言放弃，只要坚持不懈，总会有转机。

根深不怕风摇动，树正何愁月影斜。

—— 《增广贤文》

【大意】 树根扎得深就不怕大风摇动，树干长得直就不怕地上的影子斜。

【赏析】 这句贤文启迪我们要注重固本强基，培养浩然正气，任何邪恶也难以动摇其本性；正直的品格是做人的基石，只要行得端，做得正，还怕他人的非议与责难？脚正不怕鞋歪，身正不怕影斜。到什么时候都要记得，做个好人，修颗善心。能够无视种种诱惑，自始至终都保持一颗平静的心，才是制胜的秘诀。生活在社会中的人难免会有多种议论，面对议论甚至流言蜚语，我们需要做的是认真反省自己是否有不合适的言行，如果存在差错就及时改正，如果问心无愧就不用在意，继续走自己的路，让时间来证明一切。

能胜强敌者，先自胜者也。

——《商君书》

【大意】 要想战胜强大的敌人，首先应能够战胜自己。

【赏析】 这句话强调与强敌战斗的人，必先要战胜自己，即一个人最大的敌人恰恰是自己，只有战胜自己的人，才能无往不胜。牛顿小时候读书不用功，是班里成绩最差的学生。一次，他把自己精心制作的漂亮小风车带到学校，同学们讽刺他虽然会造风车，却不懂其中的道理，还打碎了他的风车。从那以后，牛顿变得肯动脑筋，爱钻研问题了。他要让那些瞧不起他、嘲笑他、侮辱他的人知道，自己在学习上也是强者。牛顿战胜了自己的弱点，成了学习上的强者，终于成为一名举世公认的科学巨人。

天将降大任于斯人也，必先苦其心志，劳其筋骨，饿其体肤，空乏其身，行拂乱其所为。

——《孟子》

【大意】 上天将要把重大的使命交给一个人的时候，就会先让他的内心感到苦恼，身体感到劳累，让他感到饥饿，身体消瘦乏力，做事情总是不如意。

【赏析】 孟子认为，一个人自身价值的实现不可能一帆风顺，总是一个艰苦磨炼的过程。他总结出，在历史上出身穷困，最后在忧患中建功立业的圣君贤相，全靠自己努力，从社会底层冲破种种艰难险阻，最终脱颖而出，成就大业。所以，天将要把重任落到这个人身上时，一定要让他在恶劣环境中经受磨炼，锻炼他的意志，增加他的才干，促成他实现宏伟志向的决心。后人多用此语激励人们勇于接受苦难挑战，战胜困厄，在逆境中奋起。

中华古典名言赏析 • 自强篇

人一己百，虽柔必强。

—— （宋）何坦

【大意】 别人做一次，自己就做一百次。这样下去，即使原来很柔弱，也会变得十分强壮。

【赏析】 勤奋在人的学习和成长中是非常重要的，后天的努力和勤奋，可以弥补先天的不足，只要以百倍的努力，就能赶上别人。即使愚笨，也能变得聪明；即使软弱，也能变得坚强。此句说明"勤能补拙"的道理，多用于鼓励基础较差或能力较低的人，只要勤奋努力，花比别人更多的时间，舍得流比别人更多的汗水，就不会比别人差，甚至超过先进的人。

行百里者半九十。

——《战国策》

【大意】 走一百里路，走了九十里才算是一半。

【赏析】 此句比喻做事越接近成功越困难，越要认真对待。常用于以勉励人们做事要善始善终，坚持到最后。无论做什么事情，不到最后完成决不可以松懈，否则就会功亏一篑，前功尽弃。翻开史册，这样的教训太多了。明朝末年，农民起义领袖李自成，率领起义军经过 17 年的浴血奋战，终于打进了北京城，推翻了明朝统治，打下了江山。但由于被胜利冲昏了头脑，骄傲轻敌，忽视了关外的大敌，终于为满洲人所乘，多尔衮率八旗军与明总兵吴三桂合兵，在山海关内外会战李自成。最终，李自成战败，退出北京。刚打下的大好江山毁于一旦，李自成本人也落得个亡命天涯的结局。

知己知彼，百战不殆。

——《孙子》

【大意】 既了解自己又了解敌人，就会百战不败。

【赏析】 这是春秋末期吴国军事家孙武的一句名言，意为如果对敌我双方的情况都能了解透彻，打起仗来不会有危险。这是孙子兵法最光辉的军事思想，不仅为古今中外许多军事家所推崇，作为一种智慧，一种决策制胜方略，它的适用范围不限于军事方面，它同样适用于社会生活的各个领域，只要和他人有关的，都有一个知己知彼的问题。孙子总结了我国古代，特别是春秋时期的战争经验，从朴素唯物主义观点出发，对战争作了全面的分析，特别是战略战术的论述，有很多精辟的见解，闪烁着朴素的辩证法的光辉，在我国以至世界军事史上都占有很高的地位。

锲而不舍，金石可镂。

—— 《荀子》

【大意】 只要坚持不停地用刀刻，就算是金属、玉石也可以雕出花饰。

【赏析】 这是荀子《劝学篇》中的名句，千古流传。形容只要坚持不懈地努力，即使再难的事情也可以做到。"锲而不舍"作为一种治学精神，是极可贵的。无论是做学问还是干事业，贵在持之以恒，贵在数年乃至数十年如一日地刻苦钻研。学习也是这样，如果学学停停，最终一事无成；如果锲而不舍，再高深的学问也可以掌握。司马迁坚信锲而不舍方成大器，著出"通古今之变，成一家之言"的《史记》，流芳千古；马克思四十年埋首，著成引领世界无产阶级革命运动的《资本论》……

六、孝道篇

百善孝为先。

——《围炉夜话》

【大意】 在各种美德中，孝敬父母应该占第一位。

【赏析】 "孝"是中华民族的优良传统，孝是指儿女的行为不应该违背父母、家里的长辈及先人的心意，与父母相处要秉持恭敬的心意，保有和悦的神色，行为要合义合礼，务必努力做好一切事情。不但要很好地满足父母的物质生活，而且要尽心尽力地满足父母在精神生活、情感方面的需求，以尽量减少父母的忧患，使父母快乐幸福。人生在世父母与我们最亲，给我们的恩情也最重，努力学习侍奉父母的礼节，把孝道当成一项大事业，用心经营，才能立足于天地之间。

哀哀父母，生我劬（qú）劳。

——《诗经》

【大意】 可怜我的父母，生我养我是多么辛苦啊。

【赏析】 此句出自《诗经·小雅·蓼莪》，这是旧中国在悼念父母的祭祀活动中，子女表达哀思的一句词。表达了儿女对父母的怀念之情，抒发了失去父母的孤苦和未能终养父母的遗憾。诗人痛惜父母辛辛苦苦养育了他，而他却不能报恩德于万一，同时也歌颂了父母养育子女不畏辛劳和对子女无私的付出。这两句可用于表现子女对父母的怀念或追悼，也可用于表现子女对父母的体恤和顾念。

充分表达了诗人一片至真、至性的情感。

事父母，能竭其力。

——《论语》

【大意】 侍候父母，能做到尽心竭力。

【赏析】 这句话主要是说，孝敬父母只要是发自内心，尽心尽力就是孝，不必强求物质上的富足，如果一定要拿物质来衡量孝心，那么穷人家里就不会有孝子了。做儿女的只要将父母的一切都放在心上，心中想着让父母过得更好，即使你在物质方面显得力不从心，也问心无愧。从另一个方面来讲，绝大部分父母不愿意子女因为自己背上过重的负担，只要儿女过得好，对自己有一份孝心，就足够了。

谁言寸草心，报得三春晖。

——（唐）孟郊

【大意】 有谁敢说，子女像小草那样微弱的心意，能够报答母亲如同春天阳光一样的恩情呢？

【赏析】 此一名句出自唐·孟郊《游子吟》，是一句世代传诵的感恩诗歌，是一首母爱的颂歌。其中，"寸草"指小草，象征子女，"春晖"指春天的阳光，象征母亲的慈爱。比喻子女对父母的养育之恩是报答不完的。同时赞美了母爱是最真诚、最无私、最伟大的爱，如同春天里的阳光对待小草那样。形象的比喻，寄托着赤子对慈母发自肺腑的爱，艺术地再现了人所共感的平凡而又伟大的人性美。

孝在于质实，不在于饰貌。

——（汉）桓宽

【大意】 孝心关键是看是否真诚，不能只看外在表现。

【赏析】 孝敬长辈需要的是质朴实在的行为，需要的是实实在在的敬意与爱心，而不是追求一些表面上的花哨形式。即使给父母一幢别墅，一笔财富，这都只是物质上的，而父母真正需要的是儿女的陪伴和关爱。老年人本来就很孤独，如果只是在礼节方面做得周全，而内心缺乏敬意与爱心，还不算孝敬父母。当代社会，子女成家多半与父母分住，自建爱巢，以致亲不及时，孝不尽心。还有的子女在外闯荡，久日不归，即便归家也是年末短短数日，难尽孝心。而与父母同住者，却不思回报，不求尽孝，争端不休，埋怨不已。真正恩报父母者，又有多少呢？

父不慈则子不孝。

—— （北齐）颜之推

【大意】 如果父亲不慈爱，那么子女就会不孝顺。

【赏析】 这句话提醒我们：父亲不能慈爱地对待儿子，儿子就不知道孝敬父亲。上行下效，有其父必有其子。在一个家庭中，子女是否孝敬父母，为父为母者也负有重要责任。因此，做父母的要以自己的慈爱之心，营造出和睦的家庭气氛，上行下效，人心换人心，做子女的才更加孝敬父母。但父不慈并不意味着子可以不孝，赡养父母是一种法定义务，为人子女不得以任何理由推卸责任或是附加条件。如果父母不慈，也能够尽孝道，这才是大孝。

一日为师，终身为父。

——《太公家教》

【大意】 哪怕只当了你一天的老师，你也要终身把他当作父亲那样敬重。

【赏析】 老师对于一个人的重要性，几乎可以比肩父母双亲。

父母对我们进行先天养育，老师对我们进行后天培育；父母赐予我们人生起点，老师指引我们人生道路；父母给了我们生命，老师给了我们对未来的希望。因此，人最应感恩的，第一是父母，第二就是老师。老师对一个人的成长起着至关重要的作用，在学校上学的这段漫长岁月里，老师担负着比父母更重要的角色。老师作为人类文明的传播者，不仅引领我们走进知识的殿堂，还教给我们做人的道理，引领我们健康成长。因此，每一个人都要像尊重父母那样尊重老师，一辈子都不能忘记老师的教育之恩。正所谓"一日为师，终身为父"。

为人父者慈惠以教，为人子者孝悌以肃。

——《管子》

【大意】 做父亲的要以仁爱之心教育孩子，做子女的要以孝敬之心律己。

【赏析】 这就是各守其礼。在管子的为政、治国思想体系中，"孝悌"思想贯穿其中，认为孝悌、忠信是社会的纲常，守常则治，失常则乱。管子认为，"孝"是双向的，是互相的。父子之间的亲爱、和谐的关系，双方都有义务和责任，是互相依赖的关系，不能强调一方。父母对子女富有慈爱之心，尽到父亲的责任和义务，做子女的受父母的感染和熏陶，自然也会产生慈爱之心，没有理由不孝敬父母。国有明君才有贤臣，家有慈父才有孝子。

夫孝，德之本也，教之所由生也。

——《孝经》

【大意】 孝道是所有道德的根本，一切教化都是在孝道的基础上开始的。

【赏析】 "孝"是道德的根本，这话极对。不敢想象一个不孝之人能对另一个人有无私的帮助，能对社会做出有益的贡献。真正要教育出有德行的人，一定要从"孝"开始。我们从对父母的孝、对父母的爱延伸开来，爱兄弟姊妹、爱家族、爱邻里、爱一切的人，包含爱一切的生命，要把这个爱延伸到"凡是人，皆须爱""凡是物，皆须爱"。所以教育要从"孝"开始，"教之所由生也"，讲的就是这个道理。

人之孝行，根于诚笃。

——（宋）袁采

【大 意】 人孝敬父母的行为，关键在于是否真诚。

【赏 析】 所谓"诚笃"，意为"诚实厚道、真挚深厚"。真正的"孝"必然是发自肺腑的真情实意。对很多人来说，保障长辈"温饱"已经不成问题，可很多人所谓"孝"仅限于此而已。孝道不仅在于表面行为，更重要的是要有一颗发自内心的孝敬之心，孝心更多地蕴含在人们日常生活对待长者的点点滴滴里。特别是在我们展翅飞翔时，父母已年迈，此时正是我们反哺之时，我们没有任何理由不去尽孝，也没有任何理由再向父母索取什么，我们只有报答父母的养育之恩，尽儿女之孝，还要把这一美德传给我们的后代。

为人子者，出必告，反必面。

——《礼记》

【大 意】 作为子女，外出时，先告诉父母亲要到哪里去；回家以后一定面见父母亲，让他们感到心安。

【赏 析】 反，同"返"。"出必告，反必面"不仅是一种礼节，也是对父母的孝。这个世界上，谁最关心孩子？当然是父母，对孩子的安危，父母时刻都是惦记在心的，所以，"出必告，反必面"的一个核心点是"安危"。孩子出门的时候，告诉一下父母，父母不但知晓了你的行踪，还会考量安全程度，如果你去的地方是容易出危险的地方，家长就会阻止。因此，对于年龄不大的孩子来说，"出必告"里面意味着对孩子自己的"保护"。反之，如果不把你去的地点和时间告诉父母亲的话，让父母亲在家中着急，这就是不孝了。

千经万典，孝悌为先。

——《增广贤文》

【大意】 千万种经典所讲的道理中，孝顺父母、友爱兄弟是最应该先做到的。

【赏析】 这句名言和"百善孝为先"相近。"孝"道是孔孟之道的起始点。孔子强调"君君，臣臣，父父，子子"，国家要有明君才有贤臣，有了慈父才有孝子。家族关系的伦理纲常是双方面的，只有父慈子孝、夫唱妇随、兄友弟爱才能组成一个完美幸福的家庭。如果没有孝悌，家庭就会没有规矩；没有孝悌，就没有了上下尊卑，人类也就没有了道德，那与低级动物没什么区别了。孝道是做人之本，这一点如果做不好，其他的也就暗淡失色。

夫孝，始于事亲，中于事君，终于立身。

——《孝经》

【大意】 尽孝的开始就是要孝敬父母，长大成人要报效国家，最后要立身扬名。

【赏析】 此句是讲尽孝的三部曲："事亲—事君—立身"。"始于事亲"，这是尽孝道的开端，幼年时期，便是承欢膝下，侍奉双亲，对父母既要满足他们物质上的需求，更重要的是精神上的陪伴。"中于事君"，到了中年，便要充当公仆，替国家办事，为民众服务，进而建功立业，对社会有所建树，实现自己的梦想。"终于立身"，最终名声就会显扬，功业显扬于后世，父母、祖宗都得到荣耀，这个叫大孝显亲。到了老年，检查自己的身体和人格道德，没有缺欠，也没有遗憾，这便是立身，这才是孝道的完成。

父母之恩，云何可报；慈如河海，孝若涓尘。

——《孝思赋》

【大意】 父母的养育之恩，不知如何才能报答；父母疼爱子女恰似河海之深，子女孝敬双亲如水滴和尘埃之微小。

【赏析】 天下之父母爱子女之心可谓明若皎月，而子女孝父母之意却是暗若星辰。父母的恩情是难以回报的，长大成人的我们，应尽心尽力使父母过得开心、快乐。如果留在父母身边工作的，应该随时随地关心照顾父母；在外学习、工作的儿女应经常和父母联系，常回家看看。除了感恩和供养，我们还要理解父母望子成龙、望女成凤的心情。在学习阶段应该认真学习争取学业优异；参加工作后应该努力拼搏，争取事业成功，以满足老人家的心愿。当我们的父母老了的时候，我们要牵着他们的手，陪着他们慢慢地走，就像儿时父母牵着我们的手……

亲亲，仁也；敬长，义也。

——《孟子》

【大意】 对父母亲爱，便是仁；尊敬兄长，便是义。

【赏析】 敬爱父母、尊敬长辈是中华民族的传统美德，是现代人在家庭和社会生活中的一项基本准则。无论是敬爱父母，还是尊敬长辈，都必须以仁爱和道义为底蕴。这种恭敬，是发自内心的真情流露，是有道德、有礼貌的表现。仁义是一个人乃至一个社会的追求和提倡的目标，如果社会缺少了仁义，就会造成家庭的不和睦和社会的不和谐，所以历朝历代都在提倡仁义。亲爱父母、尊敬兄长这两种品德可以通行天下，做到这两点，就能体现一个人的仁义之心。

父母呼，应勿缓；父母命，行勿懒。

——《弟子规》

【大意】 父母叫我们，要马上答应；父母有事要我们去做，不可拖延或推辞。

【赏析】 如果父母叫我们时，拖拖拉拉、不及时回应，父母就会着急，甚至因生气伤心而得病，这就是不孝。现在通信工具先进了，父母给我们打电话要及时接，发短信或微信要及时回，即使当时因事没听到或没看到，一旦发现要马上回话。父母叫你做什么，就要立刻去做，不拖延、不推辞、不偷懒。这是在孝顺父母上首先应该做到的。

父子之间，观其孝慈；兄弟之间，观其和友。

——《逸周书》

【大意】 父子之间的感情，要看是否做到尊老爱幼；兄弟之间的感情，要看是否和睦友善。

【赏析】 孝敬父母、慈爱子女、亲善兄弟姊妹，这不仅是我国传统道德规范的一个重要内容，也是中华民族传统美德之一。父子之间和兄弟之间的关系好与不好，不能只强调一方，是互相的。父慈才会子孝，兄宽才会弟恭；同样，子孝才会父慈，弟恭兄才会宽容。孔融是我国著名的思想家、教育家，孔子的二十世孙，孔融从小在父母的教育下，对父母恭敬孝顺，对兄弟谦让友爱，对朋友热情诚恳，对奸邪疾恶如仇，因此深受人们的敬重。孔融让梨的故事，至今流传于世，成为佳话。

劳苦莫教爹娘受，忧愁莫教爹娘耽。

——《劝报亲恩篇》

【大意】 生活再苦，也不要让父母受苦受累；自己的忧愁，不要让父母替自己分担。

【赏析】 在我们小的时候，父母为我们受苦，为我们担忧，我们没有能力替代，这还算不上不孝。但是当我们成年之后，已经完全自立了，如果再让父母为我们的生活及方方面面受苦受累，再让父母为我们担心就是不孝了，甚至是大不孝了。特别需要提醒的是：当我们成家立业之后，遇到什么困难，遇到什么不好的事，或经济上遇到了困难，尽量不要告诉父母，更不要向他们求助，特别是父母无能为力的时候，知道儿女的这些事，他们会非常伤心和为难。

父母教，须敬听；父母责，须顺承。

——《弟子规》

【大意】 父母教导我们时，应该恭敬地聆听；父母责备批评时，应该虚心诚恳地接受。

【赏析】 父母教导我们做人处世的道理，是为了我们好，应该恭敬地聆听。做错了事，父母责备教诫时，应当虚心接受，不可强词夺理，使父母生气、伤心。父母的责备大部分都是出自爱心，所以即使是父母说错了，我们心里明白，也不必跟父母顶嘴，有则改之，无则加勉。我们要深深感念父母不厌其烦地教导和成就我们的苦心，所谓"爱之深，责之切"，而为人子女者，却很少能体会父母这至深至爱之情。每个人都希望自己能做一个孝子，那么就让我们先从让父母心生欢喜开始吧！

慈鸦尚还哺，羔羊犹跪足。

人不孝其亲，不如禽与兽。

——《劝孝歌》

【大意】 小乌鸦还懂得衔食喂养母鸦，小羊羔也有跪下接受母乳的感恩举动。如果人不孝敬父母，就连禽兽都不如。

【赏析】 是啊，动物尚且知道报恩父母，人们如果对父母不孝，岂不是连禽兽、草木都不如吗？一个人从出生到长大成人，不知凝聚了多少养育者的心血与艰辛。是父母用他们辛勤的汗水把我们抚养成人，把我们所需要的不计代价无私地给了我们，所以，无论是谁，第一个要感恩的就是父母。

亲所好，力为具；亲所恶，谨为去。

——《弟子规》

【大意】 父母喜好的，子女要尽力为他们准备；父母厌恶的，要谨慎地为他们去掉。

【赏析】 做子女的应反省自己，我们了解父母喜欢什么不喜欢什么吗？如果连父母的好恶都不清楚，我们还如何尽孝呢？在日常生活中我们要处处留心、时时在意，一言一行都要以父母作为主要的考虑。要从衣、食、住上细心观察，使父母的口福不缺，按四季更换衣服，卧宿安适，行动有人扶持。父母所爱之物，我必爱之，父母所爱之人，我当敬之，父母所愿意的事，我当奉行之。相反，父母所厌恶的事物，我们也要下决心回避或去掉，所以这个孝心要从这点点滴滴去养成。

听妇言，乖骨肉，岂是丈夫；

重资财，薄父母，不成人子。

——（清）朱柏庐

【大意】 听信妇人挑拨，而伤了骨肉之情，哪里算得上大丈夫；看重资产钱财，刻薄自己的父母，不配做人的儿子。

【赏析】 作为大丈夫的家长，一定要有主心骨，不能一味地听信妇人挑拨，而伤了骨肉之情，这就会偏离孝道，成为不孝之子。在钱财方面，对父母也不能吝啬，尤其父母到了老年，没有收入了，这时正是我们尽孝道之时。男子成家之后，上有父母当孝敬，中有妻子当和睦，下有子女当抚育，三方关系均应协调好，才算是尽到为人子、为人夫、为人父的责任。

时时体贴爹娘意，莫教爹娘心挂牵。

—— 《劝报亲恩篇》

【大意】 要时刻体贴父母的心意，不要让父母为自己操心。

【赏析】 在日常生活中，子女要多体贴父母的处境，用心揣摩父母的心理，尽量不让父母张嘴才去做，被动尽孝就不好了。孝敬父母的方式有多种，其中不让父母为自己操心，也是一种孝道。因为父母心中最重的就是子女，时刻为子女忧心、操心，关心子女比关心自己要重得多。子女的生活、事业、特别是子女的安全，都是父母牵肠挂肚的事。因此，我们自强要自立，不让父母操心，便是一种大孝。

亲有过，谏使更；怡吾色，柔吾声。

—— 《弟子规》

【大意】 父母有过错，要劝他们更改；但是要面带笑容，语调柔和。

【赏析】 孝顺并不是一定要对父母百依百顺，人与人之间所有的行为都要以"道义"为准则，父母、子女之间也不例外。父母也难免有过错，子女如果对此听之任之，也是一种不孝的表现。因为父母的过错会给自己和家庭带来损失、伤害，作为子女，爱父母，就有劝导、帮助父母的责任，而劝导、帮助的关键是你的态度和方式、方法。因此，我们在劝谏时绝对不可板着面孔，一派指责的言语，好似在教训父母一样，这样父母肯定是没有办法接受的。而应当见机行事，态度一定要诚恳，声音必须柔和，做到和颜悦色地把道理讲明白。

亲爱我，孝何难；亲憎我，孝方贤。

——《弟子规》

【大意】 父母疼爱我，做到孝敬没有什么困难；但是父母讨厌我，还仍尽孝道，这才是贤德的子女。

【赏析】 当父母喜爱我们时，孝顺是很容易的事情。当父母不喜欢我们或者管教过于严厉时，我们一样孝顺，体会父母的良苦用心，这种孝顺的行为难能可贵。父母即使不慈，也不应成为自己不尽孝的理由。因为父母给予生命并将自己抚育成人，这个恩德太大，做儿女的用任何方法都是无法回报的。但是父母身上可能会有缺点，作为儿女也应该感谢父母养育之恩而加以包容。我们要记住一个原则，"不管父母对不对，自己一定要做对"，要相信"精诚所至，金石为开"。

事虽小，勿擅为；苟擅为，子道亏。

——《弟子规》

【大意】 虽是小事，也不要擅自做主和行动；如果任性而为造成错误，让父母担心，有失做子女的本分。

【赏析】 纵然是小事，也不要擅作主张。如果任性而为，容易做错事情而让父母担心，也有损为人子女的本分。父母长辈不但是养育我们的人，还是我们品德上的老师，且能帮助我们积累经验，他们的经历与阅历都比我们丰富。因此，在做任何决定之前，都要听取长辈的意见，这不但是对长辈的尊重，更是我们学习的过程。

身有伤，贻亲忧；德有伤，贻亲羞。

——《弟子规》

【大意】 子女的身体受了伤，会给父母带来忧愁；子女的品格有了缺失，会让父母蒙受耻辱。

【赏析】 要爱护自己的身体，不要使身体受到伤害，让父母亲忧虑。更要注重自己的品德修养，不可以做出伤风败德的事，使父母亲蒙受耻辱。有人抱怨说："父母怎么管我这么多？"实在是因为你不能让父母放心啊！假如你知道照顾好自己的身体，生活起居、饮食有规律，进而让自己更懂事，这样父母就放心了。如果缺乏判断力，又没有理智，就会受到邪恶思想的污染从而堕落。到时候不但父母家人蒙羞，甚至连下一代也有可能蒙羞，这是大不孝。

孝有三：大孝尊亲，其次弗辱，其下能养。

——《礼记》

【大意】 孝敬父母有三点，大孝是尊重父母，其次是不让自己的言行使父母受辱，再次是能养活父母。

【赏析】 许多人认为，对父母尽孝只要今后多赚些钱给父母就行了，其实不然。父母的养育之恩并不是给钱就能报答得了的，能奉养父母只是孝行里面最下层的一种。父母在我们的成长中不仅投入大量金钱，更投入深厚的情感。所以，我们在孝顺父母时应该多给他们一些情感和尊重，而不仅仅是金钱。即使给父母很多钱，但你没有从情感上付出，不尊重他们，父母也感受不到任何的欣慰；即使你没有很多钱给父母，但是一句简单的问候，却能让父母的心灵倍感满足。孝敬父母，还应该从内心尊敬他们。

父母之年，不可不知。一则以喜，一则以惧。
——《论语》

【大意】 父母的年龄，做子女的不可不知道。一方面为他们长寿而高兴，一方面为他们衰老而担忧。

【赏析】 人要珍惜和父母在一起的时光，尤其是父母年纪大的时候。每过一年，父母又陪伴我们一年，父母还健在，这是高兴的事情；同时，父母的年龄长了一岁，身体不如从前那么健康了，是不是还能和我们长久地生活下去，心里面很恐惧。父母年岁越高距离人生的终点就越近，儿女与父母相处行孝的时间也就越短了，要趁父母还在世的时候，多拿出时间和精力来孝敬父母，以我们最深的感情对待父母，不要等到父母离开了，才知道去珍惜，为时已晚！

老吾老，以及人之老；幼吾幼，以及人之幼。
——《孟子》

【大意】 尊敬自己的老人，同时也尊敬别人的老人；爱护自己的儿女，同时也爱护别人的儿女。

【赏析】 孟子倡导的是一种大爱。孝敬父母是爱心、善心、良心的凝结，抚爱儿女是亲情、责任、天职的体现。这是每一个人理所当然、自始至终应做到的。但孟子认为，仅仅爱自己的父母、儿女是不够的，还应将爱伸延开去——爱所有的老人和儿童，再进而爱世界、爱人间，以达到爱的最高境界。

树欲静而风不止，子欲养而亲不待。
——《韩诗外传》

【大意】 树希望静止不摆，风却不停息；子女想赡养父母，父母却已离去了。

【赏析】 这是丘吾子说给孔子的话。表示客观事物不以人的主观意志为转移，或比喻形势与自己的愿望相违背。用于感叹子女希望尽孝时，父母却已经亡故。以此来比喻痛失双亲的无奈，后人便以"风树之悲"来借喻丧亲之痛。这句名言旨在宣扬孝道，从反面来告诫孝子们，行孝道要及时，要趁着父母健在的时候，而不要等到父母去世的那一天。

七、诚信篇

一言既出，驷马难追。

——《论语》

【大意】 一句话说出了口，就是四匹骏马拉的车也难追上。

【赏析】 这是对信守承诺的形象说法。古往今来，信守承诺一直是人们处世待人的根本。诚信不仅是一种品行，更是一种责任；不仅是一种道义，更是一种准则。就个人而言，诚信是高尚的人格力量；就企业而言，诚信是宝贵的无形资产；就国家而言，诚信是良好的国际形象。有一些人出尔反尔、言而无信的行为不仅损害了他人利益，最终也毁掉了自己的信誉。

失信不立。

——《左传》

【大意】 不讲信用就无法立身立国。

【赏析】 无论是个人还是国家，都要讲诚信，才能立于不败之地。对于一个国家而言，诚信是立国之本。对于一个单位而言，诚信是立业之本，是建立行业和单位之间互信互利的道德杠杆。对于每个人而言，诚信是一种立身处世、待人接物的行为品质。

轻诺必寡信。

——《老子》

【大意】 轻易向别人承诺的人，很少讲信用。

【赏析】 这句话非常具有哲理性，一方面是告诫我们不要上花言巧语的当，另一方面是让我们守信用，重诺言，不做言而无信的轻薄之徒。有些人不经深思熟虑便随便答应别人的要求，事后却忘得一干二净，其结果比当初不答应别人还要坏。所以，对别人承诺时，一定要慎重斟酌，量力而行。一旦承诺了别人，就要说到做到，一诺千金。在生活中我们听别人承诺的时候，要好好辨辨味道，推测一下是否"寡信"，否则，有时候就会给你带来麻烦，甚至带来很大的损失。

言必信，行必果。

——《论语》

【大意】 说话一定要守信用，做事一定要坚决、果断。

【赏析】 诚信是一颗种子，精心培养便会开出绚丽的花；诚信是一把阶梯，可以助你攀上道德的高峰；诚信是一盏明灯，指引你走向正确的道路。拥有诚信，会使你的人生丰富多彩；失去诚信，你的人生便黯淡无光。在古人眼里，能否做到"言必信，行必果"，不仅是为人之德，也是为官之道；不仅是做事之准则，也是治国之根本。从"商鞅城门徙木"，"刘邦约法三章"，"诸葛亮挥泪斩马谡"，到延安时期毛泽东亲批枪毙黄克功、实行精兵简政，都映鉴出"信"的价值和光芒。

精诚所至，金石为开。

——《庄子》

【大意】 人的诚心所到，能感动天地，金石也能为之开裂。

【赏析】 从字面上来看，这句是说：如果真诚努力到了一个极限，像金石这样最坚硬的东西都会被感动。常用来比喻意志坚决，便能克服一切困难。"愚公移山"，愚公的诚心感动了上帝，终于把大山移走；"程门立雪"，杨时感动了老师，最终答应收他为徒；刘玄德"三顾茅庐"，感动了诸葛亮，终于出山帮刘备打天下。此类事甚多，举不胜举，这就是所谓"心诚则灵"。

一诺千金。

—— 《史记》

【大意】 许下的一个诺言，有千两黄金的价值。

【赏析】 比喻自己说过的话，答应别人的事情，就如同千金般贵重，通俗一点的理解为：一个人说话要算话，不能出尔反尔。在当今的社会，无论你做人或做事，从事什么行业，"一诺千金"，显得尤为重要，体现了贤人君子的高风亮节。日常生活，小到一个见面约会，大到签署合约协议，必说话算数，不可随意更改、推诿而违背约定或撕毁协议。这样的"一诺"便有如"千金"般高贵，从而受到朋友乃至世人的尊重和信任。

车无辕而不行，人无信则不立。

—— （战国）孟子

【大意】 车没有车辕就不能行走，人不讲信用就没有立身之地。

【赏析】"信"字，在字形结构上是"人"和"言"结合在一起。语言是人与人沟通的桥梁，假如讲的话都欺诈不实，那做的事就更不用说了。无数事实告诉我们，不讲诚信的人可以欺骗别人一时，但是谎言总有被识破的时候，一旦谎言被识破，那么这个人就很难立足于社会。中国人历来信奉诚实守信，人无信不立，业无信不光。

小信诚则大信立。

【大意】 做小事情讲信用，当遇到大事时，也会得到人们的信任。

【赏析】 战国时，秦孝公起用商鞅变法图强。商鞅在变法前担心百姓不相信自己，为了树立威信，他下令在都城南门外立一根三丈长的木头，并许下诺言："谁能把这根木头搬到北门，赏十金。"但没人相信。于是，商鞅将赏金提高到五十金。重赏之下终于有人站起将木头扛到了北门，商鞅立即赏了他五十金。这一举动，让商鞅在百姓心中树立起了威信，接下来变法就很快在秦国推广开来。在这件事中不难看出"小信诚则大信立"这个道理，讲诚信的人才能治国安邦，讲诚信的国家才能取信于民而兴旺发达。

与朋友交，言而有信。

——《论语》

【大意】 同朋友交往，说话要诚实，恪守信用。

【赏析】 言而有信是与朋友交往的重要原则，是维持朋友间友谊的基石，是结交天下真正朋友的桥梁。朋友之间、父子之间、陌生人之间，都要讲诚信，一诺千金。俗话说得好："诚信走遍天下。"古今中外流传着无数伟大友情的故事。刘备、关羽、张飞"桃园三结义"，千古流传；李白与杜甫的浪漫之交，令人羡慕；马克思与恩格斯的伟大友谊，后世仰慕。这些传世友谊的基础就是诚信。

不精不诚，不能动人。

——《庄子》

中华古典名言赏析 · 诚信篇

【大意】 不真心诚意，就不能感动别人。

【赏析】 这句话是说，发自内心的真情实感才能打动别人。如果表面一套，心里一套，阳奉阴违，终究会露出马脚，失去别人的信任。尤其是教育工作者，教育的力量在一个"真"字，要用真理说服人、用真情感染人、用真实打动人。这一个"真"字，抓住了教育的关键所在，揭示了教育的本质精髓。当前许多教育工作者教育效果差，没有威信，其症结都在不够"真"上，失去了学生的信任，因此不能动人，教育效果不理想。

人而无信，不知其可也。

——《论语》

【大意】 做人而不讲信用，不知道他还可以做什么。

【赏析】 孔子认为，诚信与否，是衡量一个人品德好坏的标准。一个"信"字胜黄金，它镌刻在老百姓的心里，更融入中华民族的血脉中，成为中华传统伦理道德的重要内容之一。历史上，不仅留下许多告诫人们重信践诺的箴语良言，而且流传下来许多佳话，如"徙木立信""曾子杀猪""燕王招贤"等，都映鉴出"信"的位置和分量。

以诚感人者，人亦以诚应；
以诈御人者，人亦以诈应。

——（明）薛瑄

【大意】 以诚待人的人，别人也会以诚相报；以欺诈对待别人，别人也以欺诈对付他。

【赏析】 这句名言出自明代大臣、学者薛瑄的《读书录》，阐述了一个哲理：诚信是一个相互作用、相互促进的过程，同样道理，尔虞我诈也是一个相互诱导、相互强化的过程。诚信或欺诈如同作用力和反作用力一样，你自己讲诚信，才能有相同的回报；你自己不讲诚信，别人也会有同样的回报。我们想要得到真诚和信义，自己首先要做到，这是一个朴素的真理。我们应少一点机巧之心、诈伪之行，多点诚朴，添点纯真，尝试以简驭繁，返璞归真。

> **天失信，三光不明；地失信，四时不成；人失信，五德不行。**
>
> —— （唐）张弧

【大意】 天失去诚信，日、月、星都不会明亮；地失去诚信，一年四季都不会有好的收成；人失去诚信，仁、义、礼、智、信将会全部丧失，人将不成为人。

【赏析】 古人从自然环境中的"天""地"和"人"说明诚信的重要性。一个企业也是如此，一位真正的企业家万不可失信：失信于员工，必然人心涣散，战斗力薄弱，不堪一击；失信于合作伙伴，必然形象受损，处境尴尬；失信于消费者，必然市场萎缩，遭遇生存危机；失信于社会，则必然四面楚歌，难挽败局。企业要想做大、做强，就应该始终以诚信为本，先生产诚信再获取利润，要用信誉去占领市场，去赢得消费者。

> **巧诈不如拙诚。**
>
> ——《韩非子》

【大意】 巧妙的奸诈不如拙朴的诚实。

【赏析】 坚持"拙诚"而获得成功不是一日之功，习惯于"巧诈"攫取眼前利益更非一日之寒。善于"诈术"的人，即便一时可以欺骗、隐瞒别人，但久而久之，再高明的骗术也会露出马脚。"拙诚"之人，短时间可能会吃亏，却可以凭借愚直拙笨建立信任，积攒人品，涵养操守，立稳事业根基。清代中兴名臣曾国藩以"钝拙"自居，用"拙诚"破"机巧"，这使他养成了拙诚浑含的品行，也练就了深谙世事却又不为世俗所扰的超然本领。

言而不信，何以为言。

——（战国）谷梁赤

【大意】 如果说话不讲信用，那么它怎么能被称作"言"！

【赏析】 人说出的话，之所以称作"言"，是因为"信"，人字加言字成为信，所以人应当言而有信。这句话讽刺了不讲诚信的人。现实中有些人好为浮言高论，却不能落到实处，这些漂亮话越多，越是透支信任。此名句多用于斥责、讥讽说话不算数的行为，也可反其意而用之，用来保证说过的话就一定算数。

信言不美，美言不信。

——《老子》

【大意】 真实可信的话不一定美妙动听，美妙动听的话不一定真实可信。

【赏析】 诚实的话不漂亮，漂亮的话不真实。真理不会有人辩解，有人辩解的不是真理。有智慧的人并不是无所不知，什么都知道的人并不智慧。这句名言告诫人们：在日常生活中，要善于分辨"信言"和"美言"。"信言"一般朴实无华、自然质朴，虽然不中听，但"忠言逆耳利于行"；而对于表面浮华美丽的言辞，要认清言者的本意和目的，不要被美言所误导。诚实的话虽然不好听，但是一定要坚持说下去，一定不能讲假话。

布令，信而不食言。

——《史佚书》

【大意】 发布的命令要守信用，而不要说话不算数。

【赏析】 此句是对施政者来讲的，特别是担负一定职责的领导干部，一旦失信于人，不仅个人品行遭到质疑，而且会给党的威信带来损害。因而，不轻诺是一种良好的官德，"布令，信而不食言"才能赢得人民群众广泛的信赖。一位领导人的每一个承诺，百姓都会牢记在心，如果说话不算数，欺骗百姓，就会失去民心，激起众怒，以后你再说什么，百姓也不会相信，领导和百姓因此形成对立的局面，领导者也就很难立足。尧舜之时，不贵爵赏而民劝善，不重刑罚而民不犯，躬率以正而遇民信也，这就是当政者"信而不食言"的力量。

千秋青史难欺。

—— （清）张廷玉

【大意】 随意篡改历史欺骗百姓，是不会得逞的。

【赏析】 青史：史书。"千秋青史难欺"是清人张廷玉在《明史·李应升传》中的一句名言。有人说，历史是个小姑娘，你爱怎么打扮便可怎么打扮从根本上讲是错的，因为历史是用血和泪写成的史实，是任何人涂改不了的。"千秋青史难欺"实乃至理名言，是唯物史观的表现。以此句说明应尊重历史，十分恰切。

不宝金玉，而忠信以为宝。

—— 《礼记》

【大意】 不珍爱金玉，而把忠诚信义当作宝贝。

【赏析】 古人在这里把"忠信"看得比"金玉"还要贵重。古人认为，为了忠信而失去金钱与权势，所得到的东西必将会超越金钱与权势。如岳飞，为忠信而死，其后人总会骄傲地向人介绍自己是岳飞的后代；而秦桧的后代，您见过有人满脸幸福地说自己的祖先是秦桧吗？封建时代的"忠信"，自有其特定的阶级内容。今天如能赋予新义，从为人处世应信守忠诚信义的角度来理解，仍有一定的积极意义。

与人不诚，则丧德而增怨。

—— （宋）杨时

【大意】 对待别人不诚实，不仅丧失道德而且增加别人的怨恨。

【赏析】 "与人不诚"不仅是自我德行的丧失，亦能导致他人生怨，时间长了，会形成老鼠过街人人喊打的局面，陷入孤身一人的尴尬结局，遇到困难无人帮忙。"与人不诚"会令人深恶痛绝而臭名远扬，因此而失去立世之本，百事之基。在人际交往中，要特别强调以诚相待。如果走正直、诚实的道路，定会有一个问心无愧的归宿，成为一个真正的人。

口惠而实不至，怨灾及其身。

——《礼记》

【大意】 口头上许人恩惠而不兑现，就会招来怨恨和灾祸。

【赏析】 诚实是力量的一种象征，它能维护一个人的安全与尊严。答应别人的事情不能按时兑现，必然会引起对方的反感和抱怨，也会成为别人评价你的笑柄，使你的形象大大降低，甚至酿成灾祸。因此，我们不能随意许诺，如果答应别人的事确实因特殊原因而不能实现，应及时向对方道歉，并解释清楚，免得酿成祸灾。

不忠不信，何以立于天地之间。

—— （明）冯梦龙

【大意】 对人对事不忠诚不讲信义，靠什么生存于天地之间呢？

【赏析】 这句话出自冯梦龙《东周列国志》。忠实守信，守住的是人与人之间的真诚，守住的是人与人之间的信任，守住的是中华民族的传统美德。每一个人，都应该以诚信为本，把诚信内化为坚定的信念，外化为自己的实际行动。这样，在天地间才有你的立足之地！

> 信而又信，谁人不亲。
>
> ——《吕氏春秋》

【大意】 一个诚实守信的人，谁不喜欢和他亲近呢！

【赏析】 这是秦朝丞相吕不韦的一句话。诚信，是立身处世之本，是走向社会的"通行证"。如果一个人具备了诚实守信的品质，别人就会愿意与他接近、与他交往，也愿意和他成为好朋友；相反，如果一个人总说假话，办事不讲信义，就不会有人愿意和他接近，更谈不上交朋友了，甚至还将会失去亲人的信任。因此，对自己、对他人、对所从事的工作、对所面对的生活，都要全心全意、真心诚意，保有一颗赤子之心，保有一份真纯之情。

八、勤 俭 篇

> 俭，德之共也；侈，恶之大也。
>
> ——《左传》

【大意】 节俭，是善行中的大德；奢侈，是邪恶中的大恶。

【赏析】 勤劳节俭，是中华民族的传统美德，古人认为俭可以养德养志，俭朴的德行接近于仁爱，有助于防止奢侈腐化的行为，而把奢侈浪费看成是一种最大的恶行。能否做到克勤克俭，是关系到事业成败的大事。历史上，许多贪图享乐、骄奢淫逸者无一能逃脱败亡的下场，商纣和夏桀骄横奢靡导致亡国的教训，就是其中最典型的例子。这两句上古流传下来的格言，在物质较为丰富的今天，仍具有现实的教育和针砭意义。

> 取之有度，用之有节，则常足。
>
> ——（宋）司马光

【大意】 有计划地索取，有节制地消费，就会常保富足。

【赏析】 这句话出自《资治通鉴》，告诫我们：大自然中天然的物质资源总是有限的，总有匮乏绝迹的一天，因此不能随意开采利用，更不能挥霍滥用。地球就这么大，而且很多资源不能再生，即使再生，再生的时间也是很长的。如果我们用得很快，很浪费，就是把我们子孙后代的资源提前享用，我们怎么能够对得起后世子孙？人类要与大自然和睦共处，才不会有后顾之忧，才会持续发展。

一粥一饭，当思来之不易；
半丝半缕，恒念物力维艰。

——（清）朱柏庐

【大意】 一粥一饭，应当想到得来是不容易的；一丝一线，应常想到它生产出来是很艰难的。

【赏析】 此名句出自明末清初朱柏庐的《朱子家训》。告诫人们吃每一碗粥、每一碗饭时，应该想想这粥饭里有多少人的付出，来之不易；我们生活所需的每半根丝、每半缕线，其中包含几多物质能源和几多人的心血。教育人们养成勤俭节约的美德要从日常生活、穿衣吃饭做起，不要铺张浪费。当年毛主席一件普通的睡衣就穿了20年，上面打了73个补丁，给我们树立了一个好榜样。

民生在勤，勤则不匮。

——《左传》

【大意】 人民的生计在于勤劳，勤劳就不会缺少衣食。

【赏析】 此句是楚国国君对臣民的箴言。他劝诫本国臣民说，百姓生活的根基在于辛勤劳动，只要辛勤劳动就不会缺衣少食。这是迄今为止发现的"民生"一词的最早出处。这两句古训，是千百年来颠扑不破的真理。在我国悠久的历史中，任何一个朝代，任何一个地方或区域，任何一个家族，只要他们有勤劳的精神，就能创造经济和政治上的财富。千百年来，中国人民延续了勤劳致富的传统美德。

锄禾日当午，汗滴禾下土。
谁知盘中餐，粒粒皆辛苦。

——（唐）李绅

【大意】 农民锄禾锄到炎热的中午，汗珠滴进禾下的土地。谁知道碗中的饭食，粒粒都来自辛勤和劳苦。

【赏析】 此诗为《悯农》，作者李绅是唐代宰相、诗人，与白居易交游甚密。他幼年丧父，由母教以经义。青少年时目睹农民终日劳作而不得温饱，以同情和愤慨的心情，写出了千古传诵的名诗。这首诗语言浅显而内涵深邃，教育人们要珍惜劳动人民的劳动果实，提倡节约，反对浪费。其中"谁知盘中餐"一句是感叹也是责备，委婉含蓄地批评了不懂劳苦、不知勤俭节约之人。这首诗没有从具体人、事落笔，它所反映的不是个别人的遭遇，而是整个农民的生活和命运。

由俭入奢易，由奢入俭难。

—— （宋）司马光

【大意】 从节俭变得奢侈容易，从奢侈转到节俭则很困难。

【赏析】 这句贤文是司马光引述他人的话训诫子孙的。对我们多数人来说，司马光这个名字是和砸缸联系在一起的。很少有人知道他那部巨著《资治通鉴》。其实真正让司马光在历史上赢得巨大声望的，还是他一生的磊落和廉洁。司马光这十个字的名句，凝聚了中国古代治国理政、修身齐家的宝贵经验，它强调要自觉保持俭朴，防止奢侈，含有自勉、警世之意。

惟俭可以助廉，惟恕可以成德。

——《宋史》

【大意】 只有节俭才可以使人廉洁奉公，只有宽容才可以使人养成好的品德。

【赏析】"俭"和"恕"是中国古代政治家常用的两个概念。

因为古代社会生产力不发达，粮食产量低，几年的丰收才有一年的积蓄，所以特别要节俭。对于官员而言，贪污受贿，不廉洁，往往是因为贪得无厌、迷恋奢侈生活，而俭朴的德行有助于抑制这种过分的欲望。所以，节俭是富国的重要国策，也是防腐倡廉的重要途径。"恕"作为儒家的一种伦理道德范畴，要求以仁爱之心待人。对官员来说，经常能设身处地地为百姓着想，就一定会得到百姓拥护，这样才能治理好国家。

静以修身，俭以养德。

—— （三国）诸葛亮

【大意】 以"静"来修养自己的身心，以"俭"来培养自己的美德。

【赏析】 此句出自诸葛亮的《诫子书》，诸葛亮为蜀国效力，鞠躬尽瘁死而后已，没有那么多的时间教育自己的儿子诸葛瞻，因此写下《诫子书》给8岁的儿子，教育他要正直做人，今后要为国效力。传至今，对年轻人依然有很大的影响。"静"是指十分安定的精神境界，"俭"是指清心寡欲的生活。静俭结合是培养高尚品德、造就博学人才的必要条件。此名言是亘古不变的真理，也是我们处事的基本原则，做到淡泊明志、宁静致远，始终以一颗平常的心态对待功名利禄，长期坚守，永不懈怠。

居安思危，戒奢以俭。

—— （唐）魏征

【大意】 在安逸的环境中想到危难，戒除奢侈而厉行节俭。

【赏析】 这是唐朝名臣魏征劝谏唐太宗的一句话。艰苦奋斗，勤俭节约，反对铺张浪费，是中华民族的传统美德。然而勤俭这个传统的美德，当前在一部分人的思想中已日渐淡化，甚至遗忘。铺张浪费绝非小事，不仅背离优良传统文化，还败坏社会风气。

金玉非宝，节俭乃宝。

—— （明）朱元璋

【大意】 金银玉帛不算是真宝，节俭才是宝中之宝。

【赏析】 这是明朝开国皇帝朱元璋的一句名言。意思是说，金银玉帛早晚有用完的时候，而节俭的品质会给自己和国家不断地积累财富，比金山、银山还有价值。朱元璋幼时贫穷，曾为地主放牛。他统一中国建立明朝当了皇帝后，仍牢记自己的苦难历史，对臣民进行勤俭节约的教育。

克勤于邦，克俭于家。

——《尚书》

【大意】 在国家事业上要勤劳，在家庭生活上要节俭。

【赏析】 节俭对个人、对家庭、对社会的重要性不言而喻。克勤克俭是中华民族的传统美德，古代圣贤都是这样做的。他们对于国家大事尽心尽力，自己的生活却十分节俭。尧帝时期，黄河经常发洪水，舜帝派鲧的儿子禹去治水，禹告别新婚 4 天的妻子踏上治水的征途，大禹治水 13 年，曾 3 次路过家门而不回，终于取得了成就。舜认为禹克勤克俭地为人民服务，于是就让位给他。

成家之子，惜粪如金；败家之子，用金如粪。

——《明心宝鉴》

【大意】 创家的子孙，爱护粪土犹如黄金一样；败家的子孙，浪费钱财犹如粪土一样。

【赏析】 白手建立家业的人，因为所有的财产都是一点一滴辛苦得来的，所以即使是粪土，也会相当珍惜。而让家业衰败的子弟，一点也不了解祖先成家立业的困难，只会贪图个人的享受，使用金钱就好像粪土一样任意挥霍。纵观当代社会，成家之子有之，败家之子更不少，应当遏制社会攀比之风和奢侈的生活方式。

勤能补拙，俭以养廉。

——《格言联璧》

【大意】 勤奋能够弥补笨拙的缺陷，节俭可以培养廉洁的作风。

【赏析】 勤奋和节俭自古以来为人们所称颂并用于律己，也是家国长治久安之根本大计，任何时候都不过时。"勤能补拙"，勤奋能够弥补笨拙的不足。天性有些笨拙的人，不要自卑，"天才出于勤奋"，有许多科学家，小时候并不聪明，但由于他的勤奋，后来者居上，成为名人。因此，做到一个"勤"字，就能补"拙"。"俭以养廉"，节俭可以培养廉洁的作风。

俭节则昌，淫佚则亡。

——《墨子》

【大意】 生活节俭，国家就昌盛；骄奢淫逸，国家就衰亡。

【赏析】 墨子认为一个国家，从国君到百姓，整个社会风气崇尚节约俭朴，就会民富国强，走向兴旺发达。若一味追求淫逸享受，就会国弱民困，国家必然会走向衰亡。在危难之中诞生和成长的中国共产党正是做到"勤俭"二字，才以星星之火形成燎原之势，把党心、民心凝聚起来，由弱变强，建立新中国，带领人民由贫到富。

不能否认，而今随着经济水平上升，人民生活富裕，奢华腐败现象也频频出现，为人民群众所不齿，在败坏党风、社会风气的同时，更是严重破坏了党和人民群众的血肉联系，影响恶劣。因此要坚决抵制。

历览前贤国与家，成由勤俭败由奢。

——（唐）李商隐

【大意】 纵观历史，大到国家小到家庭，无不是兴于勤俭，亡于奢侈。

【赏析】 这是唐代大诗人李商隐在总结唐朝由盛世走向衰败的历史教训时写下的警世名言，同样适用于当代以及未来。艰苦奋斗、勤俭节约是中华民族的优良传统，我们之所以取得革命的胜利，是与这种传统精神分不开的。社会进步了，生活提高了，经济发展了，但这种精神不能丢，斗志不能减。但毋庸讳言，当前有些干部确实存在着铺张浪费、贪污腐化的行为，如果不及时纠正制止，不仅会腐蚀党的肌体，恶化风气，而且会脱离群众。

常将有日思无日，莫待无时思有时。

——《名贤集》

【大意】 在富有的时候要想到以后可能会过穷日子，不要到了一无所有的时候再回想以前的美好生活。

【赏析】 这两句话告诫人们要居安思危，居富思贫，勤俭持家，防患未然，不要到了穷困时才后悔。以勤俭之风修身持家，并有长远计划，方能成事兴业。老人们常说的"能省囤尖，不省囤底"也是这个意思。无论是经营家庭还是事业，这句话所昭示的人生哲理都值得我们用心品味，积极践行。

俭以成廉，侈以成贪。

——《庭训格言》

【大意】 节俭，会使人廉洁；奢侈，会使人贪婪。

【赏析】 清代康熙皇帝认为，人生一世所能享用的衣、食、财产等，都是有限的。如果注意节俭而不贪心，那就可以颐养天年而增福气，也可以使自己延长寿命。如果他是做官，节俭还可帮助他养成并保持廉洁的作风。如果为官者喜欢奢侈，追求物质享受，就会变得贪婪，去贪污受贿，最后走上犯罪的道路，这样的教训在当今中国同样存在。"俭"是防腐的第一道堤坝，筑牢这道堤坝，人生的路自然会平平安安、稳稳当当。

中华古典名言赏析 ●

勤俭篇

九、修养篇

吾日三省吾身。

——《论语》

【大意】 我每天都要多次反省自己的言行，检查其中的错误。

【赏析】 这里的"三"是概数，表示多次的意思。自我反省是一种美德，是加强自身修养的重要方法。海涅说："反省是一面镜子，它能将我们的错误清楚地照出来，使我们有机会改正。"一个人学会反省，经常检讨自己，他将时刻处于清醒状态，每一次反省，都是对自己的警醒。反省虽不能百分之百地立刻阻止你再犯，但是通过反省与回顾，会逐渐减少错误的发生，直至为零。只有具备了不断自我反省的能力，才能防微杜渐，把过错消灭在萌芽状态；才能少犯错误或不犯错误。因此，每个人都要养成自我反省的良好习惯。

岂能尽如人意，但求无愧我心。

——（明）刘伯温

【大意】 哪能完全符合他人的意愿，只求不愧对自己的内心。

【赏析】 这是明初开国元勋刘伯温写的一副自勉联，自古以来很多名人都引以为座右铭（如林则徐、邹韬奋等），也常常将此写成条幅，悬于室中，以激励自己。这句名言告诉我们一个道理，人生在世，不可能事事如人意，不可能做到尽善尽美，但要做到于心无愧。人活在世上，总要与人交往，也就必然会受到来自周围的评论。世界这么大，社会这么复杂，人的修养水平又不相同，不同的人对自己所作所为有着不同的评论和看法，正所谓"仁者见仁，智者见智"，这是十分自然的事，不必太在意。只要"无愧于心"，让人去说吧。

> **海不辞水，故能成其大；**
> **山不辞土石，故能成其高。**
>
> ——《管子》

【大 意】 大海不嫌弃任何水流，因此能成就它的大；高山不拒绝任何泥土石块，因此能成就它的高。

【赏 析】 大海之所以广阔，高山之所以巍峨，是因为它们不拒溪流、不辞泥土。自然万物皆能容纳，一个人、一个国家何尝不应如此呢？管子之意是，让人要有广阔的胸怀，包容各种各样的人，听取各种意见，兼收各种知识，这样可以博采众长。为政者有了宽阔的胸怀，国家可以兴旺发达；人民有了宽阔的胸怀，人与人之间的关系可以融洽和睦。在学习中，如能虚怀若谷，博采众长，广泛涉猎，兼收并蓄，就可以学得更多一些、更快一些、更好一些、更深一些。在事业中，想成就一番大事业，就不能计较细微小事，要有大海一样的胸怀和高山一样的气度。

> **不怨天，不尤人。**
>
> ——《论语》

【大 意】 不抱怨天，不责怪人。

【赏 析】 一些人碰到艰难困苦，遭遇了打击，总是抱怨自己情感不顺、财运欠佳、小人太多、命运不公。据心理学家分析，"抱

中华古典名言赏析 · 修养篇

怨"是影响人类心理健康的杀手之一，由于人们对现实生活境况不满，使得情绪消极、沮丧、悲观、绝望，进而还会影响生理健康。其实，我们遇事时不妨反省一下自己，了解自己的缺陷以后，加以改正就行了，也许通过努力，还会一步步走出困境。

以修身自强，则名配尧禹。

——《荀子》

【大意】 通过品德修养达到自强，名声可与古代圣贤尧禹齐名。

【赏析】 修身是儒家传统道德的一项重要要求，严格按社会道德规范要求自己，不断提升和完善自己，从而实现自强。荀子对修身的要求很高也很具体，以至于一言一行，甚至服饰、饮食、居处、容貌、态度等，一律要求合乎道德准则。他认为做到这些，就与尧、禹差不多了，实际上是强调修身可以成为自强的一种途径。名配尧禹，是人生修养的一个高级目标，一个人要有所作为，做出一番事业来，必须要树立自己的榜样，在榜样的引导下达到自强。

知人者智，自知者明。

——《老子》

【大意】 能了解他人的人聪明，能了解自己的人更明智。

【赏析】 老子认为，能知道自己的长处和短处者可谓高明。老子之所以这样说，是因为人要做到自知是很不容易的，古往今来的人们都承认这一点，而且在说到自知的不易时常以"目不见睫"这个成语作比喻。是啊，每个人都有一双眼睛，这双眼睛能观天文、识地理、看社会，唯独对眼皮上的睫毛视而不见。由此可以悟到，一般情况下，我们发现别人的短处和劣势较容易，而发现自己的短处和劣势就如"目不见睫"一样了。

圣人择可言而后言，择可行而后行。

——《管子》

【大意】 圣人选择可以说的话而说，选择可以做的事而做。

【赏析】 这句话提醒我们：在说话之前要考虑它的影响，行动之前要考虑它的后果，这样才会避免不必要的损失。反之，在说话和行动之前不能深思熟虑，就会带来不必要的误解和麻烦。告诫我们，管好自己的嘴巴，少一点负面的语言，多一些正面的好话，学会赞美别人，语言才会有分量。所以，我们说话时一定要注意说话的场合、对象、气氛，不要口不择言，张口就说。"择行"是指在行动之前，一定要充分思考，权衡利弊得失，分清轻重缓急，做到心中有数，就不至于出差错。

海纳百川，有容乃大；壁立千仞，无欲则刚。

——（清）林则徐

【大意】 大海因为有宽广的肚量，才容纳了成百上千的河流；高山因为没有钩心斗角的凡世杂欲，才如此挺拔。

【赏析】 林则徐任两广总督，查禁鸦片时，曾在自己的府衙写了一副对联："海纳百川有容乃大；壁立千仞无欲则刚。"这副对联形象生动，寓意深刻，以自然现象"海纳百川""壁立千仞"为喻，既赞美山河之雄伟挺拔、广阔深厚，又两联互文。上联谆谆告诫自己，要广泛听取各种不同意见，吸纳各方面的人才，才能把事情办好，立于不败之地；下联砥砺自己，当官必须坚决杜绝私欲，才能像大山那样刚正不阿，不倾不斜，挺立世间。林则徐提倡的这种精神，令人钦敬，为后人之鉴。

大智若愚，大巧若拙。

——《老子》

【大意】 真正聪明的人看似愚笨，真正灵巧的人看似笨拙。

【赏析】 大智若愚的人，憨厚敦和，平易近人，虚怀若谷，不露锋芒；大智若愚的人，宠辱不惊，遇乱不躁，看透而不说透，知根却不亮底；大智若愚的人，大智在内，若愚在外，将才华隐藏得很深，给人一副混混沌沌的样子。这种处世之道，在工作、生活中能与人和谐相处，左右逢源。要达到大智若愚的境界，首先不能因为小聪明斤斤计较，过于算计，在生活上让人讨厌；精明干练固然好，但锋芒毕露会给人带来压力，让人处处提防，甚至暗算。

一忍可以制百勇，一静可以制百动。

——（宋）苏洵

【大意】 忍一忍，可以抵御许多人的勇猛；静一静，可以控制许多人的躁动。

【赏析】 要学会有效地控制自己的情感，约束自己的言行，无论受到什么刺激，都能保持沉着、冷静，而不冲动。在必要时能节制自己的欲望，忍受身心的痛苦和不幸，表现出高度的忍耐性，既是一种修养，又是一种智慧。一旦情绪失控，最后只会使自己陷入自毁的囹圄。孙膑是位杰出的军事家，同时也是一个深知忍字秘诀的人。面对命运的不公，面对"朋友"的诬陷，他仍能隐忍不发，潜心等待时机的到来。这不但需要一份惊人的耐力，同时也需要有一种卓越的审视力和观察力。

知者不失人，亦不失言。

——《论语》

【大意】 有智慧的人在人际交往中，能够做到既不失去朋友，又不说错话。

【赏析】 有智慧的人，对人生、社会看得全面、透彻，在人际交往中审时度势，因人而异，谈吐得当，既要坚持原则，又要顾及他人的感受，注意场合与分寸。也不会喋喋不休，发生"失言"的事，错失人才和朋友。凡过于忙碌、愤怒、得意、悲伤、急躁、骄傲、偏执、欲望过急等时，易于失人失言；而心情平和，心内有淡淡的喜悦之时，能够较好地控制自己。我们可以不断地向智者靠近，减少"失人""失言"，从而能更好地为人、做事、处世。

> 以淡字交友，以聋字止谤，
> 以刻字责己，以弱字御侮。
>
> ——（清）弘一大师

【大意】 淡泊无求是交友的原则，装聋作哑是止息毁谤的有效方法，严以律己是修身的最佳途径，以弱御辱是息事宁人的智慧。

【赏析】 人不能离开人群而独立存在，自然会遇到各种各样的人。人际交往中有善缘有恶缘，有顺境有逆境。怎样应对纷繁复杂的人际环境，保持心态稳定，涵养德行，是每一个人都无法回避的话题。此名句是古人为我们留下的宝贵经验，也是与人交往的智慧。告诉我们，与朋友交往要淡泊无求，道义相交，恬淡久远；止息毁谤唯有装聋作哑，不予理会，时间久了，自然真相大白；约束自己要严格苛刻，避免过失，提升德行，对自己转恶为善是有必要的；面对别人的侮辱，只可以低姿态息事宁人，和平解决。如此，人群的和睦、社会的和谐、世界的和平，都是可以实现的。

> 勿怨我不如人，世间不如我者甚多；
> 勿夸我能胜人，世间胜于我者甚多。
>
> —— （民国）陶觉

【大意】 不要怨自己不如人，在这个世界上比不上我的人还有许多；不要夸自己强于人，在这个世界上比我优秀的人不知有多少。

【赏析】 这两句话是说，人既不能自卑，也不能自傲，不卑亦不亢，需要的只是固守自己的本心本色。当自卑时，可以和比自己差一点的人比较，看到世上不如己者比比皆是，便可以增加满足感，从而增强自信；当自傲时，可以和比自己更强一些的人比较，想到山外有山、天外有天、人外有人，便可以避免骄傲。现在很多人都喜欢攀比，这是一个不好的习惯。喜欢攀比的人，在发现别人比自己优越的时候，就很容易产生自卑的心理。要减少攀比的心理，自己过得好才最重要。

> 轻财足以聚人，律己足以服人，
> 量宽足以得人，身先足以率人。
>
> —— （清）曾国藩

【大意】 仗义疏财能够团结人，严于律己能够使人信服，宽以待人能够得到人心，身先士卒能够领导人。

【赏析】 曾国藩这几句话讲的是为人处世之道，更是领导之道。"聚人""服人""得人""率人"，归根结底是得人心，而得人心的前提是"其身正"。身为领导干部，只有不偏爱钱财，清廉自律，才能一身正气；宽以待人，以身作则，才能赢得人心；而能得人心者，便可成就事业。将这四句哲言引入与人交往中，也不失为一种提高自身修养素质以及人格魅力的良策。"轻财""律己""量宽""身先"是一个人必备的优秀品质，应身体力行。

处人不可任己意，要悉人之情；

处事不可任己见，要悉事之理。

——（明）吕坤

【大意】 与人相处不能随自己的意志，要体察他人的心情；做事不能固执己见，要明白事情的道理。

【赏析】 这两句话，前者体现了人的情商，后者反映了人的智商。情商源于同理心，能设身处地为人着想。智商源自穷理心，要有打破砂锅问到底的精神。教育我们：为人处事不可以自我为中心，完全按照自己的意愿去做。要首先考虑到他人的感受和利益，也就是人们所说的"换位意识"，如果多站在他人的角度考虑问题，关心他人比关心自己为重，做到将心比心，就会创造出和谐的人际环境。

我恭可以平人之怒，我让可以息人之争。

——（清）王允升

【大意】 我恭敬有礼，可以平息别人的怒气；我谦虚退让，可以平息与人的争执。

【赏析】 吵架是弱者的武器，如果人生只以获得胜利为目的，你就会失去很多东西。富贵功名皆人世浮荣，唯胸襟浩大是真正受用。不管我们与什么人相处，谦恭与礼让是与人和平相处的重要原则，如果遇到冲突时，放下自己的利益和面子，并以谦恭的态度面对，选择有意向对方示弱，这样就可以"忍一时风平浪静，退一步海阔天空"。

对失意人莫谈得意事，

处得意日莫忘失意时。

——《格言联璧》

【大意】 面对失意的人，不要说自己得意的事情；自己得意时，不要忘了自己失意时的困境。

【赏析】 无论是失意还是得意，都要淡定。人生得意，可喜可贺；人生失意，亦需善待。人生得意时切记看淡，人生失意时切记随缘；得意不忘形，是做人的品质；失意不失志，是积极的人生态度。得意时需要提醒自己，需要有一根鞭子轻轻抽打自己；失意时需要关怀自己，需要有一双温暖的手来搀扶自己。奉劝大家：得意时不要太狂妄，狂之则骄，骄之必败，是得意的祸根；失意时不要太悲伤，悲之则馁，馁则必衰，一蹶不振，是对生命的亵渎。

恶不可积，过不可长。

——（晋）陈寿

【大意】 坏事不可以积累，错误不能让它滋长。

【赏析】 事物都有从量变到质变的过程。人非圣贤，孰能无过？但是，如果犯了错误不引以为戒，而任其发展，就会积小恶为大罪，积小过为大错，最后不可收拾，引起质变。虽然犯错误不一定就是犯法，但犯错误是犯法的必经之路。所以守法必须先守纪，不犯错误才能保证不触犯法律。可见有错误不纠正，就会一步步发展，到了后果极其严重时，恐怕就难以挽回，不可逆转。因此，我们要在人生的道路上警钟长鸣，随时随地反思自己的行为，一旦发现过错及时纠正，这样才能健康成长。

彼之理是，我之理非，我让之；
彼之理非，我之理是，我容之。

——《格言联璧》

【大意】 对方有理，自己没理，要让人；对方无理，自己占理，要容人。

【赏析】 一个人的为人处事，待人接物，都得有颗善良宽容之心。当对方有理，自己无理时，不仅不要无理纠缠，还要主动道歉让步；当对方无理，自己占理的时候，不要有理不饶人，学会宽容，不去计较。如果人人都有一颗宽容的心，就会减少很多矛盾和摩擦，大家就能和谐相处，这不仅有利于事业的发展，更有利于自己的身心健康。宽容是互赠的礼品，既能恩惠他人，也能润泽自己。宽容并不是姑息错误和软弱，而是一种智慧和美德、坚强和勇敢。

修己以清心为要，涉世以慎言为先。

—— （清）弘一大师

【大意】 修身养性，以清除杂念为重；与人交往，以谨慎言语为要。

【赏析】 所谓"修己"，就是要做到内心清静，没有杂念、不被外界所迷惑，不去追求一些虚无缥缈的东西。"慎言"是一种淡定和稳重，俗话说："祸从口出，病从口入"；"说者无心，听者有意。"与人交往要谨慎，即使是与熟人交流也要避免语出伤人。在当今社会，清心和慎言则是我们赖以生存的基石。怎么才能改掉口无遮拦的毛病？第一种方法：忍 15 秒再说，想想说这话有什么后果。第二种方法：改口头表达为书面表达，如发短信、微信等，趁打字的时间思考，不要急于发出，待再三思量后再发出去。

乐不可极，极乐成哀；欲不可纵，纵欲成灾。

—— （唐）吴兢

【大意】 享乐不可极度，极度就变成悲哀；欲望不可放纵，放纵就变成灾难。

【赏析】 此句出自吴兢的《贞观政要》，此书是唐太宗李世民和臣下共同讨论隋末历史教训的汇编。《贞观政要》中列举了历代昏君、暴君误国的原因，其中重要的一条就是乐极生悲，纵欲成灾。古往今来，因为放纵欲望造成严重后果的事例比比皆是。贪官和珅深受恩宠，最终被赐死时，他一个人贪的钱都抵得上整个国家十多年的收入了。

> **不修其身，虽君子而为小人；**
> **能修其身，虽小人而为君子。**
>
> ——（宋）欧阳修

【大意】 不注重自身修养，即便是君子也会沦落为小人；注重自身修养，即便是小人将来也能逐步成为君子。

【赏析】 欧阳修认为，君子与小人并非天生注定，人格高下取决于自身的修为。事物都是辩证地存在的，矛盾在不断转化，君子和小人之间也会转化，修身和不修身便是二者转化的条件。人类社会是一个大染缸，只重做事不重做人，只想赚钱当官，不修自身品德，道德就会下滑，人格就会蜕变；相反，重视做人，注重修养，世俗小人也会成为有德君子。一个人有了正念正心，就可以以正压邪，杜绝歪风邪气的侵扰。

> **卒然临之而不惊，无故加之而不怒。**
>
> ——（宋）苏轼

【大意】 面临突发的事变不会惊慌，遇无故加之的屈辱也不会发怒。

【赏析】 苏轼认为，一个人受到侮辱，"拔剑而起，挺身而斗"，不足为勇，充其量不过是匹夫之勇；只有"卒然临之而不惊，无故加之而不怒"才算是有大勇者，因为这种人是胸怀宽阔、志向高远的人物。而"临危不乱、宠辱不惊"不是与生俱来的，那是长期修身养德的结果。作者认为，张良辅佐刘邦灭秦、兴汉的关键所在，就是他具有"忍小忿而就大谋"的大智大勇。此名句可用以形容临危不惧、遇辱不怒、从容大度的智勇人物。

防人疑众，不如自慎。

—— （清）郭嵩焘

【大意】 提防疑惧别人，不如自己谨慎。

【赏析】 经常做坏事的人，因为做贼心虚，整天提心吊胆，甚至晚上都经常做噩梦，恐怕有一天会被人揭发。与其这样活着，不如自己言行谨慎，不做违法乱纪的事，不给别人留下把柄，才会心安理得，高枕无忧。唐代医学家孙思邈长寿观的核心就是"自慎"。强调一个"慎"字，就是强调一个"畏"字，这就要求人们要慎重、有畏惧心，认真谨慎地对待身体和人生。不能随心所欲，任意妄为。

人之谤我也，与其能辩，不如能容；
人之侮我也，与其能防，不如能化。

—— （清）弘一大师

【大意】 别人毁谤我，与其和他人争论不如宽恕他；别人侮辱我，与其提防戒备他不如化解对方的敌意。

【赏析】 宽容是一种智慧的表现，遇到别人的诽谤与侮辱，与其正面冲突与其辩理，不如宽容与感化他，以解除矛盾，这样能够以人心触动人心。宽容不是软弱，宽容也不是退缩，它是一种以柔克刚的韧性。懂得包容与宽恕，就超越了自我的内心狭隘，也就铺平了超越烦恼的方向和道路。宽容和谅解，是一副使人快乐和幸福的良药，仇恨只会让人生倍加难行。只有放下仇恨选择宽容，纠缠在心中的死结才会豁然解开，心中才会安详、宁静。

小不忍则乱大谋。

——《论语》

【大意】 在小事情上不容忍，就会败坏大事情。

【赏析】 凡事要忍耐、包容一点，如果一点小事都不能容忍，脾气一来，就坏了大事。忍，乃人生大智慧，它有助于消除不可避免的潜在危机。因而，对于一个成功的开拓者来说，忍，既是实现既定目标的保证，又是取得更大成功的起点。这里讲的忍是一种等待，为图大业等待时机成熟，忍之有道。这种忍，不是性格软弱，不是忍气吞声，而是高明人的一种谋略，是为人处世的上上之策。中国历史上，越王勾践卧薪尝胆，韩信甘受胯下之辱，因为他们能忍常人之不能忍，所以后来才能为常人之不能为！

不诱于誉，不恐于诽。

——《荀子》

【大意】 不被赞扬所迷惑，也不害怕他人的诽谤。

【赏析】 人生一世，赞誉和诽谤，谁不经常碰到？"谤随名高"，人出名后，名声越高，诽谤之声越高。有些人最会赞誉人，但是赞誉是有目的的。赞誉之词，俗称"戴高帽子"，听的人必须要清楚。然而，面对赞誉不被迷惑，头脑依然清醒；耳听诽谤不为所吓，更加敢作敢为，却并非每个人都能做到。人们涵养的深浅，意志的强弱，往往在这里得到充分体现。

得意淡然，失意泰然。

——《格言联璧》

【大意】 得意的时候，能淡然处之；而失意的时候，能泰然处之。

【赏析】 人生路漫漫，一马平川处有之，崎岖坎坷处有之，得意、失意在所难免。真正难得的是得意时淡然，失意时泰然。我们只有用一种平常的心态去面对得意与失意，才能培养自己淡泊名利、荣辱不惊的品格。荣辱不惊的处世方式，并不像表面上看起来那样不知喜怒哀乐，事实上，它是通过沉着冷静把自己的智慧发挥得淋漓尽致，这样的人"胜不骄，败不馁"，必有非凡的作为。

人生至愚是恶闻己过，人生至恶是善谈人过。

—— （清）申居郧

【大意】 人生最大的愚蠢是不愿听到自己的过错，人生最大的恶习是喜欢谈论别人的过错。

【赏析】 我们应拿这句古语对照一下自己，看自己是"恶闻己过"，还是"善谈人过"，就知道自己是一个怎样的人了。心理学家发现，自尊心差的人更喜欢谈论别人的缺点、贬低别人，因为他们觉得自己不如别人，只有把别人贬低，甚至贬到比自己更低的位置，自己才舒服。同时，自信心差的人，原本就怀疑自己，再听到别人的批评就更受不了了，为了保护自尊，他们会对批评采取防御或者反攻的态度，这样的人是再愚蠢不过了，因为"恶闻己过"就等于关上了改过的大门，也就停止了前进的脚步。

喜闻人过，不若喜闻己过；
乐道己善，何如乐道人善。

—— 《格言联璧》

【大意】 喜欢听别人的过错，不如检查自己的过失；喜欢夸自己的优点，哪如说别人的善行？

【赏析】 如果我们两耳向外，喜欢听别人过失的时候，很容易

— 131 —

忘记了自己的过失，更不会改正自己的过失。而喜闻己过，能帮助我们正确认识自己，改正自己的过失，所以说"喜闻人过，不若喜闻己过"。对自己的善处津津乐道，就会骄傲自满，狂妄自大。如果我们积极讲别人的善事，对别人是一种鼓励和尊重，同时自己心中装满别人的善，不但不吃亏，其实还"占"了便宜，所以说"乐道己善，何如乐道人善"。

——《增广贤文》

【大意】 遇到着急的事冷静地忍一下，就什么事都没有；双方出现矛盾各退一步，好像一切都没有发生过。

【赏析】 "忍"，对他人来说是尊重，对自我来说是美德。有时因一时的怒气，往往会毁掉多年辛苦培养的友谊和功德。面对非议、误解，过多的争辩和反唇相讥，只能事与愿违，恶性循环。相反，如能冷静、忍耐、谅解，容时间作证，最终可以冰释前嫌，握手言和。忍字心头一把刀，可见做到容忍何其不易。西汉名将韩信，忍受胯下之辱，终成大器；孙膑装疯卖傻，最后打败了庞涓……但在大是大非面前，要勇敢地维护正义，决不能退让。

大肚能容，容天下难容之事；
开口便笑，笑世间可笑之人。

——《古今名人对联》

【大意】 心胸宽广，包容人间所难容的事情；张嘴就笑，笑社会上那些可笑的人。

【赏析】 此联是北京潭柘寺弥勒殿的一副楹联，这副妙联从弥勒的形象特点着笔，既宣扬佛法教义，又影射人生，暗含哲理，且带有修身养性的意味。它告诉人们，为人处世要宽容大度，胸怀开阔，能容天下难容之事，人世间有太多错误与丑陋，我们不妨敞开胸怀包容它，也不妨用平常心去看待它，一笑了之。笑口常开、豁达洒脱、潇洒自在，诸事皆付笑谈之中，以乐观之心行走人间。笑古笑今，凡事付之一笑；容天容地，与己何所不容。

能忍人之所不能忍，乃能为人之所不能为。

—— （清）胡林翼

【大意】 能忍受别人无法忍受的事，才能做出别人所不能做到的事。

【赏析】 人在世间必须忍，人生路上，每个人都会不可避免地遇到一些痛苦、坎坷、困难等，我们每个人也都会在某一时刻遭到命运之神的捉弄。在我们没有能力改变现状时，就必须学会"忍"。中国历史上也不乏因隐忍而成就大事的名人。有刘备低声下气，为成就大业而蓄势；有越王勾践卧薪尝胆，等待他日再创辉煌；有蔺相如不与廉颇争列，以保全国家的利益……成为佳话。这样的忍耐，不是屈服，而是在退让中另谋进取，一旦时机到了，就如同水底潜龙冲腾而起，施展才干，建功立业。

知足常足，终身不辱；知止常止，终生不耻。

——《老子》

【大意】 知足的人常感到满足，一辈子都不会因欲望而受辱没；做事有分寸有所节制，一辈子都不会蒙受羞耻。

【赏析】 "知足、知止"是中国哲学中独有的一种智慧。知足，说的是要有容易满足之心，不要一味索求、贪得无厌；有的人明明已经拥有很多了，却还是不想停下来，继续为贪念所控制，一错再错，直到泥足深陷，才发现已经无路可走，想回头为时已晚。人真正需要的东西不多，但想要的东西太多，这就是很多苦恼和悲剧的起源。做人不知收敛，得寸进尺，一味争名逐利，凶险和灾祸也会随之降临。

言而当，知也；默而当，亦知也。

——《荀子》

【大意】 在该说话的时候说话是明智的，在不该说话的时候保持沉默也是明智的。

【赏析】 语言最能暴露一个人，恰当的时候说话是智慧，沉默得恰当也是一种智慧。知道何时说话，何时不说话，是为人处世的诀窍。人是否明理，不在于说不说话，话说得多或少，而在于言语是否得当，是否恰到好处。该说的时候说，且说得恰如其分，这是明理；不该说的时候保持沉默，这也是明理。人发表自己意见要看时机，不分场合和时机随便胡言乱语是愚蠢的，但是在该说话的时刻不说话，信守"沉默是金"也是愚蠢的。

十、改 过 篇

知错能改，善莫大焉。

——《左传》

【大意】 犯了错误而能改正，没有比这更好的事了。

【赏析】 改过，是古人很看重的一种道德修养。人的伟大，并不在于他毫无过失，真正有品德的人，是能够勇敢地承认错误，并且努力及时地加以改正。可惜的是，有些人明明知道自己错了，却强词夺理而不敢承认错误，这样的人实在不少。其实，有了错误并不可耻，可耻的是知错不认错而将错就错，这才是自欺欺人。如果能在错误中吸取教训，知过而改，还能使坏事变成好事，所以古人称为"善莫大焉"。

告我以吾过者，吾之师也。

——（唐）韩愈

【大意】 能告诉我过错的人，就是我的老师。

【赏析】 人犯错误，在很多情况下往往是不自觉的。如果无人指正，可能酿成大错。所以明智的人闻过则喜，把指出自己过错的人尊之为师。如能有这种胸怀气度，在人生的征途上就可以少走许多弯路，就能做出更大的成就。人的一生中，有两种亲人会经常指出我们的错误，一种是你的父母，另一种是你的老师。他们才是最关心、最疼爱你的人，所以，一旦发现你有了缺点或错误，就会无私地给你提出来，使你在改正中健康成长。因此，人生最应该感恩的是你的父母和老师。

过而不改，是谓过矣。

——《论语》

【大意】 有了错误而不改正，这才是真正的错误。

【赏析】 自古以来，人类最不可避免的就是犯错，而最害怕的却是认错，最悲哀的是不知错，可最糟糕的是知错不改过。伟人也有出错的时候，世界上没有不可原谅的错误，只要你肯承认，你的错误就减轻了一层；若你还知道去改正，并以行动去证明你在改正，你的错误便可原谅。我们只有做到过而能改，才能让生命更有价值。"过而不改，是谓过矣。"让我们多反省，多检讨，乐于听忠言，善于讲真话，知错能改，使自己成为境界更高尚的人。

见善则迁，有过则改。

——《周易》

【大意】 见了好人好事就学习，有了过错就马上改正。

【赏析】 这是我国最早的古训之一，今天听来仍非常亲切，可引作座右铭。向着真善美的方向不断迈进，是对个人素质的不断提升；有了过错就能立即改正，也意味着个人素质能及时摆脱下滑的危险，因而也是一种智慧的提升。所以，"迁善改过"是不断提高和增强个人素质的重要手段。那种盲目自赏、我行我素且拒不迁善改过的人，是很难在素质上获得增益的。一个人如能做到迁善改过，就会离成功越来越近。

良药苦口利于病，忠言逆耳利于行。

——《史记》

【大意】 良药多数是带苦味的，但却有利于治病；教人从善的话多数是不太动听的，但却有利于改正缺点。

【赏析】 这句贤文旨在教育人们要勇于接受批评。一个人有了过错并不可怕，只要能够及时改正就无大碍，可怕的是讳疾忌医，不愿意接受别人的批评意见，从而由小错到大错，由大错到不可救药。一个人活在世上，能够得到智者的批评是一件幸事。纵观中国历史，凡是成就突出的人，大都勇于接受批评意见。他们能够从善如流，所以能够吸取众人的智慧，避免自己的失误，从而成就自己的事业。

人告之以有过，则喜。

—— 《孟子》

【大意】 别人指出自己的过错，自己感到高兴。

【赏析】 这本是孟子称赞孔子弟子子路的话。知过才能改过，改过才能免祸，所以当别人指出自己的错误时，应该觉得高兴。后人把这句话简化为"闻过则喜"，经常引用。历史给了我们很好的借鉴，闻过，就要敢于正视；闻过，就要虚怀雅量；闻过，就要知错就改。有一句话值得我们深思："智者受到批评时，字字反思；愚者受到批评时，句句反驳。"历史上的圣贤们都能做到"人告之以有过，则喜"。子路，别人指出他的过错，他就很高兴；大禹，听到有教益的话，就给人家敬礼。

千里之堤，溃于蚁穴。

—— 《韩非子》

【大意】 千里长的大堤，往往因蚂蚁洞穴而崩溃。

【赏析】 千里大堤，狂风巨浪未能移其毫厘，然而蝼蚁入侵，日削月割，最终倒塌。因此，对待事物不能忽视细节，微小的事物一旦被忽略，就会由小及大，终会造成无可挽回的后果。这句名言用形象的比喻劝诫人们，立身、处事要防微杜渐，防患未然。人的犯错过程也是如此，在犯小错时，如果不能引起足够的重视，不能及时改正，就会留下无穷的后患，最终酿成大错，甚至走上犯罪的道路。

> 以铜为镜，可以正衣冠；
> 以古为镜，可以知兴替；
> 以人为镜，可以明得失。
>
> ——《旧唐书》

【大意】 以铜作为镜子，可以端正自己的衣帽；以历史作为镜子，可以了解历朝兴衰的规律；以人作为镜子，可以知道自己的得失。

【赏析】 这是唐太宗李世民追忆大臣魏征时说的话，这一妙言，在中华民族的文化宝库里，至今仍闪烁着熠熠光辉。魏征是贞观年间的名相，以敢于直言强谏著称，常常在唐太宗有过失的时候，对他直言不讳，提出建议和批评，纠正了唐太宗不少错误，唐太宗因此把魏征比作一面镜子。公元643年，魏征病死，唐太宗痛哭失声，悲伤他从此失去了一面"镜子"。而后唐太宗下令为魏征立碑，亲自撰写碑文。唐太宗善于纳谏也成为开创唐朝鼎盛时期的原因之一，被后人传为佳话。

> 非我而当者，吾师也。
>
> ——《荀子》

【大意】 批评我批评得正确，他就是我的老师。

【赏析】 在荀子看来，要把自己修养成为有道德之人，就应当虚心听取别人的批评，而且把批评者当作老师，当作恩人，以感恩的心态对待批评者。荀子这句名言道出了对待别人的批评应持有正确的认识态度，意义深刻而现实。如果能真正做到闻过则喜、知过则改，一方面能反映其头脑清醒、是非分明、品德优良，必是一个智者；另一方面则表明其必能日日进步，长足发展，事业有成，这是一种高境界。达到这个高度，必须经过长期磨炼，但只要有决心、信心，不懈努力，必能达成目标。

人有耻，则能有所不为。

—— （宋）朱熹

【大意】 人有了羞耻心，就不会做那些不该做的事。

【赏析】 羞耻感是人之所以成为人的标志。一个人懂得羞耻，就有了对自己行为的约束；一个人懂得羞耻，才能自省、自勉；一个人懂得羞耻，才能勇敢地面对自己的错误；一个人懂得羞耻，才会有不甘落后的上进心。反过来，一个人没有羞耻感，那就非常可怕了。一个人不可以没有羞耻感，不知羞耻的那种羞耻，才真的是不知羞耻呀！社会上许多丑恶的现象，其根源就是人们羞耻之心的丧失。明朝学者吕坤认为，教育人懂得廉耻要比重刑重要。

君子之过也，如日月之食焉；
过也，人皆见之；更也，人皆仰之。

——《论语》

【大意】 君子的过错就像日食、月食一样明显，人人都能够看得见；但能及时改了，人们仍然敬仰他们。

【赏析】 "君子"，一般是指有社会地位、有威望的名人，对于他们来说，就像太阳、月亮一样，居于高处，在任何场合都会引起人们的关注。人们心里有一个期望值，总认为君子是不应该犯错误的，君子犯错误往往是无意的，或是不可自控的，所以只要愿意改正，人们都愿意谅解，仍然敬仰他们。人们一般对老师、领导、社会名流等，都会有这样的期望值，所以这些人一旦有错，往往也很容易被无形放大，所以君子们应该特别注意自律。

言者无罪，闻者足戒。

——《诗经》

【大意】 说真话的人没有罪过，而听到的人足以引以为戒。

【赏析】 提意见的人只要是善意的，即使提得不正确，也是无罪的。对于听取意见的人来说，即使没有对方所提的缺点和错误，也值得引以为戒。一个人如此，一个集体、一个民族、一个国家也要有这种精神。当然，作为批评者，也要诚心诚意、实事求是，不能捕风捉影、上纲上线。只有批评者和被批评者坦诚相待，批评才能达到帮助同志、增进团结、做好工作的目的。但是，也不能因为"言者无罪"而信口开河，胡说八道，没有任何依据地诋毁他人。

过而不能知，是不智也；
知而不能改，是不勇也。

——（宋）李觏

【大意】 有了错误而不知道有错，是不明智的表现；知道自己有错而不改正，是缺乏勇气的表现。

【赏析】 一般情况下，人犯了错误自己都会知道，但往往因为怕丢面子，丧失威信，而缺乏改正错误的勇气，甚至一意孤行，将错就错，这是一种怯懦的表现。实际上恰恰相反，勇于改正错误不仅不会被嘲笑，而且会赢得别人的尊敬。因此，为了能及时改正错误，首先要有自我反省的能力，反省是一面镜子，它能将我们的错误清楚地照出来，使我们有机会改正。当别人给自己提出缺点或错误时，应虚心接受，快速改正。

不迁怒，不贰过。

——《论语》

【大意】 不会迁怒于人，不会犯两次同样的错误。

【赏析】 "不迁怒"，就是自己有什么不顺心的事，有什么烦恼和愤怒不发泄到别人身上去，自己心情再不好，也不要拿不相干的人当出气筒。"不贰过"，就是知错就改，不犯两次同样的错误，这更是一种可贵的修养。人们总说吃一堑，长一智，可是被同一块石头绊倒两次的人还少吗？犯了错误，不能改正错误，下次再犯同样的错误，如此恶性循环，永远也不会有进步。

闻过则喜，知过不讳，改过不惮。

——（宋）陆九渊

【大意】 听到别人说自己有错应当高兴，知道自己的过失应当不隐讳，而改正自己的过错应当毫不害怕。

【赏析】 孔子的弟子子路是个谦虚的人，孟子曾夸奖他说："子路，人告之以有过，则喜。"南宋的思想家陆九渊用这一典故，扩充了关于知过必改的含义，提出了三层意思。首先，不怕人指出错误，而且闻过则喜；其次，知道错了不掩饰自己的错误，不自欺欺人，仔细分析错误的由来；最后，坚决地改正错误，"不惮"两字很重要，是指不怕别人的议论，不怕丢面子，不怕改过的困难。做到这三点，就会不断完善自己。我们要像先贤那样，开门纳谏，敢于剖析自己，敢于改正错误。

有则改之，无则加勉。

——（宋）朱熹

【大意】 对于别人指出的缺点、错误，如果有，就加以改正，如果没有，就用来勉励自己。

【赏析】 我们不但要虚心接受别人的正确意见，还要正确对待不正确的意见，对别人的错误批评，如果能够做到"无则加勉"，对我们的成长会有帮助。毛泽东主席在中共七大所作的政治报告中指出："对于我们，经常地检讨工作，在检讨中推广民主作风，不惧怕批评和自我批评，实行'知无不言，言无不尽'，'言者无罪，闻者足戒'，'有则改之，无则加勉'，这些中国人民的有益的格言，正是抵抗各种政治灰尘和政治微生物侵蚀我们同志的思想和我们党的肌体的唯一有效的方法。"经这一引用，该格言广为流传，为人们所熟知。

见贤思齐焉，见不贤而内自省也。

——《论语》

【大意】 见到有德行的人就向他看齐，见到没有德行的人就反省自身的缺点。

【赏析】 这是孔子说的话，也是后世儒家修身养德的座右铭。"见贤思齐"是人们学习、修身、进学的最好方式之一。"见贤思齐"是说见到德才兼备的人而心生羡慕之心，进而驱使自己努力赶上，这就是"思齐"。"见不贤而内自省"是说见到没有德行的人，不是拂袖而去，或远远躲开，而是"内自省也"。将"不贤"当作一面镜子，反观自照，检查自己身上是否也有这种毛病，把坏的榜样当作反面教材，学会吸取教训。这句名言给我们提供了一个重要的修身方法——既要以人为镜，也要以人为鉴。

善学者，假人之长以补其短。

——《吕氏春秋》

【大意】 善于学习的人，总是取别人的长处用来弥补自己的不足。

【赏析】 这是两千多年以前吕不韦提出的短短十一字古训，关键就在这一个"假"字。靠什么主宰世界？一个字"借"，借物、借力、借势，提升自己的能力，天地万物皆可"借"来为我所用。回首历史的长河，古今多少智者莫不如此。著名科学家牛顿就说过："如果说我看得比别人更远些，那是因为我站在巨人的肩膀上。"借一把梯子，便可站得更高，看得更远。圣人言，"寸有所长，尺有所短"，"三人行，必有吾师"，每个人都有天赋所长，都有值得你学习的地方。只要你愿意，只要你善于"借"，你便将成为智者、富者和强者。

亡羊而补牢，未为迟也。

——《战国策》

【大意】 羊丢失了以后赶快去修补羊圈，还不算晚。

【赏析】 这是古人得出的一条重要古训，比喻做错了事，能及时改正还不算晚。每一次失败，都是成功的伏笔；每一次磨难，都有生命的财富；每一次考验，都有一分收获；每一次伤痛，都是成长的支柱；战国时楚襄王荒淫无度，执迷不悟，将劝谏的大臣庄辛赶出楚国。秦国趁机征伐，很快占领楚都郢。楚襄王后悔不已，派人到赵国请回庄辛，庄辛说："亡羊则补牢，未为迟也。"鼓励楚襄王励精图治、重整旗鼓。

日新之谓盛德。

——《周易》

【大意】 每天都有新变化、新进步，就是最大的德行。

【赏析】 "日新"思想，代表着中国文化的基本精神，是激励中华民族改革创新、开拓进取、不断前进的思想源泉，是社会发展、文明进步的不竭动力。"日新"，就是每天都在更新，每天都有新进步。如果一个人每天都有变化，每天进步一点点，日积月累，时间长了，就是一个大的变化，就会使自己突飞猛进。难道这还不是最大的德行吗？这里所说的"日新"，显然不止于"道德的自我完善"，而是囊括世间万物，意指一切事物都要不断革新，以求生存和发展。

不以无过为贤，而以改过为美。

——《资治通鉴》

【大意】 不是以不犯错误为贤明，而是以改正错误为美德。

【赏析】 知错就改是美德。在现实生活中，无论何人，都不可能不犯错误。明智者，不是无过，而是知错就改；糊涂者，不是有过，而且知错不改。自觉地改错是高尚的行为，是一种优良品格。从表面看，改错有伤面子，有损威信，其实不然。恰恰相反，改正错误是成熟、自信的表现，不但无伤面子，还会提高威信。知错就改要彻底，羞羞答答地改不行，半心半意地改不行，改一点留一点也不行，必须是真心实意地改，毫无保留地改。

苟日新，日日新，又日新。

——《礼记》

【大意】 如果能够一天新，就应保持天天新，新了还要更新。

【赏析】 这句格言用诗一般的语言，表达了中华先贤的宏伟气魄和开拓精神，蕴含着丰富的文化基因，对后世有深刻的影响。传说商代的开国君主——汤，把这句话作为自己的座右铭，并把这句话刻在洗澡盆上，在洗澡时对照自己的行为。文中三个"新"字，本义是指洗澡除去肌肤上的污垢，使身体每天都焕然一新，在这里引申为精神上的洗礼，品德上的修炼，思想上的改造。强调每天必须反躬自省，每天都有新变化，每天都有新作为。此名言旨在激励自己自强不息，革新不已。

德贵日新。

—— （清）康有为

【大　意】　最可贵的品德就是每天都有新的变化。

【赏　析】　康有为是我国近代著名的政治家、思想家、社会改革家，并致力于将儒家学说改造，以适应现代社会。他处在社会大变革时代，新旧交替，人们的道德准则、行为规范、社会风气都日新月异，他深感人们的思想意识、价值观念也应该赶上时代的潮流，因此提出了"德贵日新"的思想，这也是他对人民及国家的殷切希望。"德贵日新"，不仅表达了康有为主张道德、品行、志向、行为规范、社会风气都要赶上时代的潮流，跟上社会变革步伐的进步思想，更表达了他对当时中国的希望。

良药苦口，惟疾者能甘之；
忠言逆耳，惟达者能受之。

—— （晋）陈寿

【大　意】　好药往往味道很苦，只有有病的人才会情愿吃它；正直的劝告听起来不顺耳，只有明理豁达的人才会接受。

【赏　析】　这两句，劝告身体有病的人服用苦口的良药，劝告思想有病的人接受逆耳的忠言。良药虽然苦，但是对疾病的康复是有利的，忠言虽然很刺耳，但是对于自己的进步是有好处的。商汤和周武王，因为敢于面对直言的忠臣而使国家昌盛起来，夏桀和商纣因为喜欢阿谀奉承的下臣而失掉了天下。害怕批评是心虚，不让批评是自负，接受批评是自信。我们应当拥有经得住批评、容得下批评的雅量，只有关心你的人，才会对你提出忠言，促使"正能量"如泉涌般出现。

> ## 人人须日日改过，一日无过可改，即一日无步可进矣。
>
> ——（民国）陶觉

【大意】 每个人都必须天天改正过错，一天没有错可改，那么这一天就不会有进步。

【赏析】 人没有十全十美的，也永远不会没有缺点，因此改正缺点是一辈子的事。成长的过程不但是学习的过程，还是一个不断改正错误的过程，只有这样，才能不断进步。因此，只要我们活着，每一天都有一个重要的任务——改过，如果停止了改过，也就停止了进步，停止了发展。达尔文说："任何改正，都是进步"，周恩来说："活到老，学到老，改造到老"，就是这个道理。

> ## 觉后必改，改后必不复，便是勇长处。
>
> ——《观微子》

【大意】 觉察到错误就一定改正，改正后就不再重犯，就是勇敢和进步。

【赏析】 人一时改正错误也不难，但改正以后不重犯错误是很难的。因为有些错误已经成了习惯，彻底改正过来需要一个过程。因此，要想不重犯错误，必须要有勇气和毅力，每时每刻都要提醒自己，反思自己，改正自己。要学会从错误中吸取教训，避免类似的错误再次发生。俗话说："吃一堑，长一智"，"不让同一块石头绊倒两次。"如果一个人有了错误就改正，改正以后就不再重犯，就会使自己走上一条坦途。

修身以不护短为第一长进。

——（明）吕坤

【大意】 在修身过程中，以不护自己的短为最大的进步。

【赏析】 错误是普遍存在的，并且许多错误的发生是不可避免的。因此，犯错误后不必羞羞答答、遮遮掩掩。事实上，你越遮掩，越要付出更大的代价，越容易导致更多错误的发生。人，不能对自己的短处视而不见，不可护短、讳疾忌医。如果自护其短、事事护短，就无人愿揭你的短，当然也就没有人会帮你去补短。小洞不补，大洞吃苦，小患拖成大疾，最终病入膏肓、无可救药。

闻过则喜，闻善则拜。

——《孟子》

【大意】 别人指出自己的过失就高兴，听到对自己有益的话就感谢。

【赏析】 战国时期，孟子对他的弟子们谈到勇于接受批评的问题时，举出历史上三个善于接受别人意见的人：子路、禹和舜。子路是孔子的学生，别人指出他的缺点时，他都能虚心接受，并十分高兴。大禹听到有益的话，就给人家敬礼。舜更是了不得，他总是学习他人的优点，改正自己的缺点，从一个种地的农民，一直做到帝王。当今社会很多人习惯了听奉承的话，突然听到别人说自己的不是，心里就承受不了了，这样只会助长虚荣心和自我满足感，缺乏进步的动力和生机，那么整个社会也就止步不前了。

兴国之君乐闻其过，荒乱之主乐闻其誉。

——《三国志》

【大意】 兴盛国家的君主，喜欢听到别人的批评意见；荒淫昏庸的君主，只是喜欢听吹捧的话。

【赏析】 喜欢听好话、听赞扬，也是很难根治的痼疾。有些人总觉得讲问题、讲错误、讲缺点，就否定了他的成绩，驳了他的面子，就是同他过不去。于是，他周围便聚集了一群阿谀谄佞之辈。真话听不到，阿谀一大堆，在这样的"包围"之中，终究会走上败亡之路。一个个倒台的污吏，未倒之时，哪一个周围不曾颂声一片？一个人也是如此，喜欢听自己过失的人，他的过失就会一天天地减少；只喜欢听赞誉自己的人，他的过错就会一天天地增多。

中 华 古 典 名 言 赏 析 · 改 过 篇

不贵于无过，而贵于能改过。

—— （明）王守仁

【大意】 可贵的不在于没有错误，而在于能够改正错误。

【赏析】 勇于改过，才能不断修正自己的言行，完善自己的道德，才能在事业上取得更大的成就。战国时赵国名将廉颇，就是一个知过能改的典范。廉颇原来居功自傲，瞧不起因外交才能而受到重用的蔺相如，总是当面羞辱他。而蔺相如顾全大局，避免与廉颇直接冲突，他始终以国家利益为重，认为在一国之内不应该"两虎相争"，而应全力对付强敌秦国。廉颇知道蔺相如如此大度后，羞愧难当，主动登门向蔺相如"负荆请罪"，双方和好，成为莫逆之交。以后，二人精诚合作，使赵国越来越强盛，历史上把这段佳话称为"将相和"。

人须知耻，方能过而改。

—— （宋）朱熹

【大意】 人必须懂得羞耻，才能做到及时改正错误。

【赏析】 "耻"就是指言行过失而引起的羞愧之心，人若知耻，就能有所不为。可以说，"耻"是一种去恶扬善的道德情感。纵观中国传统社会，凡是丧失廉耻之人，会经常犯错误且不改正错误；反之，耻辱心强的人不会轻易犯错误，即使犯了错误也会立即改正过来，决不会让错误蔓延。因此，人不可以无耻。不廉则无所不取，不耻则无所不为。唯有知耻、明耻，方能不苟取、不乱为，方能严于律己，心存敬畏而慎独慎微。

纳谏者昌，拒谏者亡。

——《金史》

【大意】 善于接受规劝，国家就昌盛；拒绝接受规劝，国家就衰亡。

【赏析】 这句名言主要是对执政者来讲的，执政者纳谏还是拒谏，直接关系着国家的兴衰。隋炀帝是拒谏的暴君，手下便出了一批奴颜媚骨的臣子。唐太宗善于纳谏，从善如流，唐初遂涌现一群骨鲠之士。研究历史的司马光因此感叹说："皇帝不喜欢批评，忠臣变佞臣；皇帝喜欢听批评，佞臣变忠臣。"皇帝是标杆，臣子不过是随标杆移动的影子啊。历史上的君主，凡纳谏者，广开言路，就会迎来繁荣盛世；凡拒谏者，堵塞言路，只能造成万马齐喑，国家必衰。一个人也是如此，这是一条颠扑不破的真理。

君子改过，以全其名；小人文过，以益其耻。

——（清）钱大昕

【大意】 君子因善于改过，而名声不会亏缺；小人习惯掩饰过错，而变得更加可耻。

【赏析】 孔子说过："丘也幸，苟有过，人必知之。"意思是说，我真幸运，如果有错，人家就会知道。孔子坦率地承认自己并非无过，只是把不掩饰错误视作一大幸事而已。孔子还严肃地说过：

"谁指出我的过错，谁就是我的朋友。你们时常夸赞颜回和子路闻过则喜，我是你们的老师，我不更应该闻过则喜吗?!"这就是孔子成为圣人的重要原因。但对"过"的态度，君子与小人却大相径庭。君子闻过则喜，有过则改，使自己的名声越来越好；而小人掩饰过错，有错不改，使自己越来越可耻。

见人恶，即内省；有则改，无加警。

——《弟子规》

【大意】 发现别人的行为不好，就应自我反省；如果有就改正，没有也应加以警惕。

【赏析】 看见别人的缺点或不良的行为，要先反观自己有没有犯同样的错。假如有，要赶快修正；假如没有，要警惕自己将来不要犯。人生百态犹如一面镜子，镜子里的一切清清楚楚、明明白白，但智者可以借之反思警戒，而愚者却入中看戏而沉迷不悟。如果在长期的生活和学习中，以人为镜，以人为鉴，以人为师，择其善者而从之，其不善者而改之，你的优点就会越来越多，缺点就会越来越少，必定成为一个优秀人才。

君子好闻过而无过，小人恶闻过而有过。

——《意林》

【大意】 君子喜闻过错，所以没有错误；而小人恶闻其过，因此常有过失。

【赏析】 此句是富有哲理的名言。它告诉我们，越是喜欢别人给自己提过错的人，越是没有错；越是厌恶别人给自己提过错的人，越是有过错。一个明智的人，好话、坏话都应该听一听。不过，听后要认真思考，细作分析，有时好话未必好，坏话也未必坏。对待不好听的指责话，只要人家说得对，不仅要听，而且还要照着去做、去改。对待好听的赞颂话，凡是不符合实际的，不论怎样歌颂，不仅不听，而且还要敢于批评纠正。学别人好的，改自己坏的，坚持这样做，你会收到不一样的效果，你的人生境界会提高一个档次。

十一、审美篇

> 白石似玉，奸佞似贤。
>
> ——（晋）葛洪

【大意】 白色的石头外表很像玉，邪恶之徒外表很像贤人。

【赏析】 一块好的石头，晶莹剔透，看起来像一块白玉；一个大奸大恶的人，表面看起来像个大好人。这就告诉我们无论大自然还是人都可能蒙骗我们的眼睛。这就需要我们有正确的审美观，还要有较强的审美能力，才能辨别什么是真、善、美，什么是假、恶、丑。那么我们应该怎样览石断人呢？靠理性。人的理性可以使我们明辨石玉，判断奸贤。用冷静的观察和聪明的头脑去加以辨别，不能被表面现象所迷惑。

> 谦，美德也，过谦者多怀诈；
> 默，懿行也，过默者或藏奸。
>
> ——（明）徐学谟

【大意】 谦虚是一种美德，但过于谦虚礼让就显得狡诈；沉默是一种善行，但什么话都不说的人可能奸猾。

【赏析】 谦虚与沉默，都是中华民族的传统美德，赞赏这两种美德的辞藻，如"谦受益""沉默是金"等，比比皆是。但凡事都有个适当的度，否则，过犹不及。适度谦虚与沉默都是美德，但如果过度谦虚与沉默，就会起到相反的作用，容易被人认为是虚伪奸诈之人。所以，待人接物要把握好一个"度"字，适当谦虚与沉默才能恰到好处。这个名句出自明朝学者、政治家徐学谟。此语发自肺腑，如今仍有警示意义。

君子坦荡荡，小人长戚戚。

——《论语》

【大 意】 君子胸怀坦荡，小人总是忧虑不安。

【赏 析】 此句是自古以来人们所熟知的一句名言。许多人常常将此句写成条幅，悬于室中，以激励自己。这句话表明，君子心胸开阔，思想上坦率洁净，外貌动作也显得十分舒畅安定。他看透了生活的一切，看淡身边的所有事物，宠辱不惊，淡泊名利；而小人精于算计，欲念太多，心理负担很重，绝不让自己吃半点亏。整天庸人自扰，患得患失，总觉得别人在算计自己；心胸狭窄，容不得一点阳光普照自己的内心。

人不可貌相，海水不可斗量。

——《西游记》

【大 意】 不能只根据外表判断一个人，海水不可以用斗去度量。

【赏 析】 不能看到别人其貌不扬，就觉得没有什么了不起，就看不起人家。谚语中有一句话："狗眼看人低"，人的才干、能力、品质是很难从外表上看出来的。三国时的张松，五短身材，丑陋无比，但是非常有才华。他不满川中张鲁政权，于是就暗中绘了蜀中地图，原来准备献给曹操，但是曹操却因为他生得丑陋，不敬重他。他就没有拿出地图来，又转而投奔刘备。刘备开始也看不起他的相貌，但是没有表现出来。经过与张松交谈后，发现张松竟是一位了不起的天才。

君子好人之好，而忘己之好；
小人好己之好，而忘人之好。

——（汉）杨雄

【大意】 君子能称赞别人的优点，而忘却自己的优点；小人则自己有缺点而不自知，且会忘记了别人的优点。

【赏析】 此句出自杨雄《法言·君子》。"好人之好"，关键是理解"好"的含义。第一个"好"是"在意"的意思，第二个"好"可以理解为"喜好、爱好、感受"。品行高尚的人都在意照顾别人的感受、喜好，从而忘了自己的感受。比喻"舍己为人"。

眼见方为是，传言未必真。

——《醒世恒言》

【大意】 亲眼见到的才是真的，别人的传言不一定是真的。

【赏析】 此句出自冯梦龙《醒世恒言》，说的就是要多角度、全方位地了解事物、辨别真伪，不能人云亦云，要用怀疑的眼光看问题。社会上有很多别有用心的人无事生非，捏造事实，欺惑众人。随便听信小道消息、马路新闻，既伤害了别人，也有损自己的形象。特别是现在网络信息非常发达，对于一些不可靠的信息不能偏信，否则就会上当。而事实上，"眼见"也未必为真。

君子以道德轻重人，小人以势力轻重人。

——（清）宋䌹

【大意】 君子依据道德的高低衡量人，小人依据权势的大小来看待人。

【赏析】 君子和小人衡量人、看待人的标准是不一样的。看一个人的标准，应该看他道德的高尚与低劣，而不应该看他的金钱与权势。"水稻之父"袁隆平的名字品牌刚一上市就报出了一千多亿元的估价，但袁隆平却说，"最值钱的是我脑子中的知识，我的工资几千块钱，也不错了！"这样的人才是最高尚、最有价值、最成功的人，才是国家的财富。

来说是非者，便是是非人。

——《名贤集》

【大意】 前来讲他人是非的人，本身就是搬弄是非的人。

【赏析】 在生活、工作中，总有些"好心人"或"好事者"，告诉我们一些不为人知的"故事"。表面上他是仗义执言，或打抱不平，或关心关切，殊不知大多是捕风捉影，断章取义，更有甚者是添油加醋、空穴来风。这些"故事"常常会给我们造成心灵上的忧虑、愤懑、伤心、不满、犹疑和恐慌等，事后才发现天下本无事，庸人自扰之。说人是非这类人，他们能在你面前说别人的是非，转过头去，就会跟别人来说你的是非。我们对搬弄是非之人，一定要"敬而远之"。

高者未必贤，下者未必愚。

——（唐）白居易

【大意】 地位高的人不一定贤明，地位低的人不一定愚笨。

【赏析】 此句出自白居易的诗歌《涧底松》。纵观历史，很多有才能的人怀才不遇，被埋没在凡人中间；也有一些无才无德之人，不择手段爬上了高位，炫耀一时。因此，不能以身份、地位的高低来看待一个人。这句话意在为出身寒微而有才华的人鸣不平，也可用来自勉人生的不得意。

> ## 众恶之，必察焉；众好之，必察焉。
> ——《论语》

【大意】 众人都厌恶他，一定要仔细考察；众人都喜欢他，也一定要仔细考察。

【赏析】 这一名句讲了两个方面的意思：一是孔子决不人云亦云，不随波逐流，不以众人之是非标准决定自己的是非判断，而要经过自己理性的思考，然后再作出结论。二是一个人的好与坏不是绝对的，在不同的地点，不同人的心目中，往往有很大的差别。众人都讨厌的人也不一定就坏，众人都喜欢的人也不一定就好。一个人无论是受到大多数人的厌恶还是欢迎，我们都应该仔细分析其原因，才能做到明辨是非。

> ## 君子责己，小人责人。
> ——（宋）林逋

【大意】 遇到问题，君子会承担责任、责备自己；而小人会推卸责任、责备别人。

【赏析】 在两个人之间发生矛盾的时候，是一味地指责别人，还是反省自己的不足，这是两种不同的精神境界。如果只责备对方，不反省自己，就会使隔阂、怨恨越积越深，以致矛盾激化，关系破裂。人世间的许多不和谐甚至许多不幸，都是源于在矛盾发生时，当事者很少甚至没有自省、内疚和自责，而是互相抱怨、指责和互相攻击。一个人如果能经常检讨自己的不足，为他人着想多一些，就可以避免很多无谓的争吵和矛盾的激化，就能够以安静、祥和的心态，创造出幸福和睦的生存环境。

爱而知其恶，憎而知其善。

——《礼记》

【大意】 对你所喜欢的人，要知道他的缺点；对你所厌恶的人，要知道他的优点。

【赏析】 这句贤文教育人们客观评价别人，公平认知善恶。一般来说人都会受情绪左右，对人的评价会带有主观因素，产生不公正的后果。要真正做到"爱而知其恶，憎而知其善"确非易事，清雍正皇帝在历代君主中算是比较突出的一位。雍正帝能察贤辨才，并避免其短，用其所长，把人才提拔到重要岗位上，使他们各施所长，成为清一代名臣。其中，雍正帝不求全责备，大胆任用李卫，便是一个突出的例子。

我不识何等为君子，看每事肯吃亏的便是；
我不识何等为小人，看每事好便宜的便是。

——（清）弘一大师

【大意】 我不知道什么是君子，凡事肯吃亏的就是；我不知道什么是小人，凡事都占便宜的就是。

【赏析】 高境界生命正是在吃亏中逐渐长大的，低层次生命也是在利益中慢慢变小的。利与义的不同抉择，决定了生命境界的高低。所以，常人遇到的所有利益冲突，其本质都是一场人生境界的考试。世上哪有便宜占？都是用德来交换！一个人如果懂得付出，不计较"吃亏"，才能拥有一个富有的人生；相反地，如果事事只想占便宜，必定是一个贫穷的人生。自古以来，有多少豪杰因为能够忍辱吃亏，而成就了伟业啊！

听其言，必观其行，是取人之道；
学其言，不问其行，是取善之方。
——《格言联璧》

【大意】 听对方说的话，还要观察他是否能做到，这是选人的方法；听取别人有益的言论，而不过问他的行为，这是择善的方法。

【赏析】 判断一个人的好坏，不能只听他的言辞，往往越是会说的人，越不实在，表面上巧言花语，做起事来言行不一。但是，在征求正确意见时，要广开言路，只要对方说得有道理，我们可以不必过问他的品行而加以采纳，这是取善之方。世间哪有完美的人事物，因此必然要扬长避短，取其善而去其恶，取其利而去其害。

岁不寒无以知松柏，事不难无以知君子。
——《荀子》

【大意】 没有寒冬之季，显不出松柏的坚强；不经历磨难，显不出君子的品德。

【赏析】 松柏属不落叶乔木树种，其生长不择土质，可活千年以上，有很强的生命力。古人认为君子就像松树一样，具有常青不老、四时不易其叶的品质。从松树的身上，我们看到了坚贞不屈、傲然挺立、有德有才的君子形象，他们心存大义，有仁德之心，有贤能之才，不会因个人得失而失去操守，不会因为人生顺逆而改变意志。这种从松树身上折射出来的人格美，正是值得人们倾慕和效法的德行。

察其言，观其行，而善恶彰焉。
——（晋）陈寿

【大意】 了解了一个人的言和行，这个人是好人或是恶人就清楚了。

【赏析】 言和行是一个人品质的外在表现，所以了解一个人品质的善与恶，只需认真地观察他的言语和行为就行了。要想真正了解一个人，既要了解他的言论，又要了解他的行为。但是当我们和一个人初次见面，或短期交往时，我们往往是听他说得多，而了解他行为的机会少，或者没有机会，因此不能轻易下结论。

乡愿，德之贼也。

—— 《论语》

【大意】 那种从不得罪人的老好人，是败坏道德的小人。

【赏析】 乡愿，特指社会上那种不分是非，伪善欺世，处处讨好，谁也不得罪的"老好人"。孔子尖锐地指出：这种"老好人"，言行不符，实际上是似德非德而乱乎德的人，乃德之"贼"。这种人，虽然表面上看是个对乡人全不得罪的"好好先生"，其实，他抹杀了是非，混淆了善恶，不主持正义，不抵制坏人、坏事，全然成为危害道德的人。这种"老好人"，在大是大非中不偏不倚，在善恶大义上无择无从，在生死攸关上无动于衷，实际上是在祖护罪恶，庇荫坏人，伤害忠良，纵容邪恶。

知其愚者，非大愚也；知其惑者，非大惑也。

—— 《庄子》

【大意】 知道自己愚昧的人，不算是太愚昧；知道自己迷惑的人，不算是太迷惑。

【赏析】 知道自己傻的人难道还会傻吗？"愚"非真愚也！"愚"其实是一种收敛，是一种极高的智慧。那些太过聪明的人往往过于斤斤计较，小肚鸡肠，无理争三分，得理不让人，所以很容易树敌，陷入不利的环境之中。而那些"无知"的人宽容、大度，不失君子风度，所以会很好地融入集体中，看似无知，实则大智慧。人活在世上，要有所愚而不能大愚，要有所惑而不能大惑。

见义不为，无勇也。

——《论语》

【大意】 遇到应该挺身而出的事情不敢出面，就是懦弱的表现。

【赏析】 路见不平、拔刀相助，千百年来一直是中华民族的优良传统。然而，时光推移，社会在进步，却出现了很多道德"滑坡"的事例。见到不法之徒，一些人冷眼旁观，唯恐躲之不及；见到小偷，佯装未见，更有甚者还持着一种看笑话的心态，这不仅助长了坏人的嚣张气焰，更让受害者感到万分无助。说到底，这种心态是缺乏社会责任感的行为，是古人所说的"无勇之徒"。

君子和而不同，小人同而不和。

——《论语》

【大意】 君子与人和谐相处，却不与小人同流合污；小人容易苟同别人，却不能与人和平相处。

【赏析】 "和而不同"是孔子思想体系中的重要组成部分。孔子主张"和而不同"，反对"同而不和"。"和"就是和谐相处，"同"就是同流合污。君子可以与他周围的人保持和谐融洽的关系，但他对待任何事情能够独立思考，从来不愿人云亦云，盲目附和；但小人容易受别人的影响，人云亦云，阿谀奉承，随声附和，但到了利害冲突的时候，却不能与人融洽相处，这就是"同而不和"。孔子认为作为君子对于自己的上级，应该根据自己的独立思考提出意见；而对于上级的意见不管对错，一律表示赞成支持，从来不说反对的话，这种人就是小人。

十二、交 往 篇

四海之内，皆弟兄也。

——《论语》

【大意】 在这世间，到处都是我的好兄弟。

【赏析】 "四海"泛指天下即全国，表示天下的人都像兄弟一样相亲相爱，和睦共处。常用来形容无论到何处都有人愿意来帮助。这句话让我们联想到《三国演义》中的刘备、关羽、张飞桃园三结义，联想到《水浒传》中的一百单八将，草莽英雄水泊梁山大聚义！他们来自五湖四海，为了正义走到一起，成了兄弟般的朋友，甚至比亲兄弟还要亲。今天，这句话也被赋予新的含义，即全国各族人民或全世界各国人民都应该亲如兄弟，和平共处。

近朱者赤，近墨者黑。

——（晋）傅玄

【大意】 接触朱砂就会染红，接近黑墨就会沾黑。比喻接近好人，可以使人变好；接近坏人，可以使人变坏。

【赏析】 此句告诉人们，一个人生活在好的环境里会受到好的影响，生活在坏的环境里也会受到坏的影响，强调环境对人的影响。因此，我们选择居住、工作环境和交朋友时一定要谨慎。有人说，人生有三大幸运：上学时遇到好老师，工作时遇到好师傅，成家时遇到好伴侣。"孟母三迁"的故事就说明了这个道理。

海内存知己，天涯若比邻。

——（唐）王勃

【大意】 四海之内都有知心朋友，远在天边就好像近在眼前。

【赏析】 作者王勃是初唐四杰之一，英年早逝。这是王勃送别朋友时写的诗句。此句一出，千古吟诵。古代交通不方便，一旦分离，再会难期，就连通信也不是一件容易的事。所以在送别或留别的诗里，难免染上凄凉、伤感的色彩。此句表明，只要同在四海之内，就是在天涯海角也近如邻居，一秦一蜀又算得了什么呢？表现友谊不受时间的限制和空间的阻隔，是永恒的，无所不在的，所抒发的情感是乐观豁达的。

久与贤人处则无过。

——《庄子》

【大意】 经常和有德有才的人在一起，就不会有什么过错。

【赏析】 古代圣贤是非常重视身教示范的。"贤人"的言传身教，可以带动身边的人不断改过向善，久而久之，终至"无过"。此句告诉我们，一个人的修养不仅取决于内因、取决于自身，还与外因有关系，人际交往对一个人的成长是非常重要的。所以我们在交友时，要慎重，要交"高"人，也就是品德高、有才学的人。这样，一个人常与好人做朋友，在一起相处，在贤人的影响下，就不会有错误，自己的综合素质自然而然地就提高了。

爱人者，人恒爱之；敬人者，人恒敬之。

——《孟子》

【大意】 爱别人的人，别人也会爱他；尊敬别人的人，别人也会尊敬他。

【赏析】 这两句话意在说明人与人之间的感情是互动的，你关爱和尊敬别人，别人也会关爱和尊敬你。人们广泛有这样一个心理："你敬我一尺，我敬你一丈"，仿佛只有对方先"抬头"，两人才会友爱相处，否则井水不犯河水，老死不相往来。如果一方主动先低头又何妨，相处之道贵在将心比心。其实，与人相处并非难事，兴许你的一句问候、一声祝愿、一次举手之劳，就会打开你通往友善世界的大门。

与人善言，暖于布帛；伤人以言，深于矛戟。

——《荀子》

【大意】 赠人美言，比布帛还要温暖；出言伤人，比用长矛利戟刺人还要严重。

【赏析】 此名句使我们领悟到了人际交往的一大原则，那就是要"与人善言"，不要"恶语伤人"。言语可以给人带来愉悦，也可以给人带来痛苦。人们常说的"良言一句三冬暖，恶语伤人六月寒"，也是这个意思。当别人遭遇挫折，身处困境之中时，你一句充满关爱、呵护、鼓励的话语，或许能使他感受到人世间的温暖，看到新的希望，甚至能帮助他从此改变人生。相反，你的恶语相向、冷言冷语、冷嘲热讽，或许会给他人带来沉重的打击。恶言毒语对人无形的伤害，往往要比矛戟有形的伤害深得多。

君子之交淡如水，小人之交甘若醴。

——《庄子》

【大意】 君子之间的交往，像水一样的平淡纯净；小人之间的交往，像甜酒一样的浓稠。

【赏析】 君子的交情淡得像水一样。这里的"淡如水"是指君子之交不含任何功利之心，他们的交往纯属友谊，长久而亲切。小人之间的交往，包含着浓重的功利之心，他们之间存在的只是利益，很容易断绝。唐朝名将薛仁贵在未成名之前非常清苦，生活全靠王茂生夫妇接济。后来，薛仁贵参军立了大功，被李世民封为"平辽王"。一登龙门，前来送礼的人络绎不绝，可都被薛仁贵谢绝了。他唯一收下了王茂生送来的一坛子清水，别人不解地问他为什么，薛仁贵说："这就叫君子之交淡如水。"此后，"君子之交淡如水"的佳话也就流传了下来。

> 友直，友谅，友多闻，益矣。
> 友便辟，友善柔，友便佞，损矣。
>
> ——《论语》

【大意】 正直的朋友，诚实的朋友，知识渊博的朋友，对自己有益；阿谀奉承的朋友，圆滑多变的朋友，花言巧语的朋友，对自己有害。

【赏析】 孔子这段话是告诉我们交友之道。人生不可能没有朋友，交友不可不慎。与诚实守信的人交友，能以道义相许，时时看到自己过失、常常改过从善，在正确的人生道路上携手共进。与见识广博的人交友，能启发人的观念，开阔视野，使事业、知识日渐提高。若与便辟柔佞之人相处，则是花言巧语，逢迎谄媚，导致自己骄傲自满，利令智昏，走向下坡路，一直走向深渊。在人的一生中，若能碰到几个直谅多闻的朋友是一件幸事。所以交友必有选择。

> 二人同心，其利断金。
>
> ——《周易》

【大意】 比喻只要两个人一条心，就能发挥很大的力量。

【赏析】 这句话泛指团结合作。意思是团结就是力量，合作能够双赢。有这样两句歌词"一个篱笆三个桩，一个好汉三个帮"，还有一句谚语"一根筷子容易断，一捆筷子抱成团"；蒙古人说："一个人踏不倒地上草，众人踩出来阳关道。"都是说一个人的力量是有限的，一切事业都必须精诚团结、善于合作才有希望成功。只要大家心往一处想，劲往一处使，齐心协力就会所向披靡。既然是同事、同志，就要同心同德、同心同行，其力量如利刃一般斩钉截铁，无往不胜。

有朋自远方来，不亦乐乎？

—— 《论语》

【大 意】 有好朋友从远方来，不是让人高兴的事吗？

【赏析】 这句话重点强调，朋友虽远隔千山万水，亦能彼此吸引。有志同道合、远道而来的朋友登门拜访，大家相聚一起，共求真理，共求进步，自我价值得以彰显和认同，不正是值得快乐的事吗？古代交通不方便，有朋友远道而来与自己相会，要走很长的时间，实在不易，知己重逢格外亲热，再加上远方的朋友会带来许多自己不知道的见闻，使人更加感到喜出望外，所以古人把"他乡遇故知"列为人生四大喜事之一。现在这句话经常被用以对远道而来的朋友表示欢迎。

来而不往，非礼也。

—— 《礼记》

【大 意】 别人对你表示友好，你如果不作出相应的回报，就不合乎礼节。

【赏析】 孔子对此十分认同。一次，孔子的弟子子路外出办事，路上看到一个小孩掉进湍急的水里，子路立刻跳下水，将孩子救了上来。孩子的父亲感激涕零，为了报答子路对孩子的救命之恩，他把家里的一头牛送给了子路，子路收下了这头牛。事后，子路将事情的经过告诉了孔子，孔子称赞他做得对，原因是子路救人是大善举，理应得到回报，子路这样做之后，会鼓励更多的人来做好事。果然如孔子所言，一时间，鲁国的民风都得到了改善。当一个人的善举得到认可和回报时，不仅让行善之人获得了应有的尊重和报酬，也让被助之人学会了感激和报恩。这样一来，人们会更乐意行善，整个社会也变得更加和谐和温暖。

千人同心，则得千人力；
万人异心，则无一人之用。

——《淮南子》

【大意】 如果同心协力，一千个人就会发挥一千个人的力量；如果人心各异，一万个人就连一个人的力量都发挥不出来。

【赏析】 此句是说，如果大家团结一心，就会形成一股不可忽视的力量。但是如果每个人心思不同，就如同一盘散沙，人数再多也不起作用。说明人多不一定力量大，只有在思想上高度统一，在行动上目标一致，在情感上共鸣，才能形成强大的合力，达到预期的目标。因此，一个团队就需要它的成员加强团结与合作，增强集体的凝聚力，集体的力量才能变得无穷大。反之，一个团队如果丧失了凝聚力，将会不攻自破。

人有礼则安，无礼则危。

——《礼记》

【大意】 人懂礼节就会平安，没有礼貌就会有危害。

【赏析】 在生活或工作中，若不想遭人嫉妒乃至怨恨，最好的行为便是"凡事以礼为先"。一位哲人说过："眼睛所能看到的范围内的人，不仅要点头示意，还要打招呼，这是在扩大左邻右舍的人事关系圈。打招呼的话语变成润滑油，接着就对你产生信赖。"也许你一个不礼貌的行为，别人会对你产生反感，你在别人心目中的形象就此大打折扣。德国有一句流行语叫"脱帽在手，世界任你走"。要想在纷繁复杂的现代社会中走得更远、更好，就要时刻注意保持礼节。

君子和而不流。

——《礼记》

【大意】 君子对待别人宽和，但又不盲从。

【赏析】 "和而不流"是一种人生处世态度。真正有文化教养的人，能够适应环境、适应一切人；同时又有自己的人格、气节与立场，决不随波逐流。所以，能够做到"和而不流"才是一个真正的强人。他们品行和善，看似温顺，然而内心刚毅，做人坚持自己的主张和原则，这才是人们心目中真正的君子。

与君一席话，胜读十年书。

——（清）刘鹗

【大意】 和您谈一次话，胜过自己读十年书。

【赏析】 这里的"君"是指学识渊博、见解高超的人。这句贤文启示我们：在现代社会更应该多学习、多交流，接受先进观念、理念，这对于指导实践是有重要意义的。一个观念的交流，一个理念的碰撞，一声诚恳的提示，也许会使我们茅塞顿开，终身受益。经常与这样的高人谈话交流，对自己的成长是非常有益的，有时会学到书本上学不到的知识。这句话听起来似乎有点夸张，其实不然，真正有才学的人见识高远，富有哲理，有时一句话能改变你的一生。

上交不谄，下交不渎。

——（汉）杨雄

【大意】 与地位高的人交往不阿谀谄媚，与地位低的人交往不骄傲怠慢。

【赏析】"上交不谄，下交不渎"，这是我们为人的准则。人人生而平等。面对地位比自己高的人，如果你只看到其地位而曲意逢迎，你们之间的差距只会更大，失去尊严；面对地位比自己低的人，如果你因优越感而趾高气扬，你同样得不到别人的尊重。与人交往，在于沟通，沟通之要，在于真诚。无论上交或下交，过分奉承讨好或者轻慢高傲，都使沟通罩上一层隔膜，失之虚伪，这种沟通收获不到真实的信息，达不到预期的目的。

先淡后浓，先疏后亲，先远后近，交朋友之道也。

——《胡氏家训》

【大意】 感情先淡后浓，关系先疏后亲，接触先远后近，这是交朋友的原则。

【赏析】友情和爱情一样，需要时间的培养，认识一个人的人品、修养及道德，需要长时间的观察。看清楚一个人就如同品一杯好茶，是一个由浅入深、渐入佳境的过程。有多少人，第一次相遇就称一见如故，后来却因看不惯对方的行为、习惯等种种原因，分道扬镳甚至反目成仇，当初的亲密反而成为一场笑话。也有很多人，初次见面时并没有太深刻的印象，但却在慢慢相处过程中，一步步彼此互相吸引，最后的友情反而牢不可破。

染于苍则苍，染于黄则黄。

——《墨子》

【大意】 白色的丝，放在青色染缸里就染成青色，放在黄色染缸里就染成黄色。

【赏析】 一次，墨子在染坊里看见染丝的人，联想到环境和周围人群对人的影响，十分感慨，随口说出这一名句。此句强调，环境对人的成长有巨大的影响。社会环境是复杂的，好坏并存，但是选择的主动权却掌握在我们自己的手中，要主动选择有益于自己成长的自然环境和人际环境，以取得良好的熏陶和积极的影响。舜受贤人许由和伯阳的影响，武王受贤人姜太公和周公的影响，因此成为贤明的君主，称霸天下，功名盖世。反之，夏桀受小人干辛和推哆的影响，纣王受小人崇侯虎和恶来的熏陶，因此成为暴君，国破身死，为天下人所耻笑。

不知其人，视其友。

——《史记》

【大意】 不了解某个人，只要看看他所结交的朋友便可知一二。

【赏析】 正所谓"物以类聚，人以群分"，所以朋友是一面镜子，反映了交友者的思想品德以及为人处世准则。历史上莫逆之交的故事很多，如伯牙与钟子期的知音之交，管仲与鲍叔的知己之交，廉颇与蔺相如的"刎颈"之交。这些人大致上是有性情相通的一面，或者有共同的志向和兴趣，因而相互之间产生一种吸引力，互相欣赏、互相督促，共同向着选定的方向努力。

君子与君子以同道为朋，
小人与小人以同利为朋。

——（宋）欧阳修

【大意】 君子之间因志同道合成为朋友，小人之间则因私利相同而结成私党。

【赏析】 范仲淹曾说："方以类聚，物以群分。自古以来，邪正在朝，各为一党。"但是，君子结为朋党与小人结党营私不同，于国无害，不可禁止。君子交友与小人交友的本质区别在于对义与利有不同的价值取向。在欧阳修看来，"小人"本质上是"无朋"的，就是有朋也是假的，他们在利益一致时可能暂为朋友，而一旦利尽则交疏，甚至"反相贼害"。古今中外，这样的事例不胜枚举。

良言一句三冬暖，恶语伤人六月寒。

——《增广贤文》

【大意】 一句善意的话，即使在冬天里也会感到温暖；一句伤人的话，即使在夏天也会感到寒冷。

【赏析】 此句告诉我们要学习用"爱语"结善缘，很多时候，一句同情理解的话，就能给人很大安慰，增添勇气，即使处于寒冷的冬季也感到温暖。而一句不合时宜的话，就如一把利剑，刺伤人们脆弱的心灵，即使在夏季六月，也感到阵阵的寒冷。从某方面来说，语言是把双刃剑，语言用好了，能拉近人与人之间的距离，能让感情升温。但如果用它来伤人，它能伤人于无形，比刀更锋利，轻则让人心底隐隐不安，重则令人久久难以释怀。人的一生，要和各种各样的人打交道，懂得说话非常重要。

容人之过，却非顺人之非。

——《训俗遗规》

【大意】 能宽容对待别人的过错，并不是认同他的错误。

【赏析】 容人是一种美德，是一种修养，俗话说："将军额头能跑马，宰相肚里能撑船。"容人就要容人之长与短，容人之功与过。我们可以反过来认识这句名言，那就是虽然不认同他的错误，但是还是要努力地去宽容，这样才能使人际关系更加和谐。在原则问题上不能有分毫退让。不坚持原则，搞一团和气，遇事模棱两可、一味和稀泥的"好好先生"，对身边同志犯原则性错误不敢管、不愿管，会滋生各种错误倾向和不正之风。因此，在大是大非面前，站稳立场，敢于同不良风气做斗争。

千里送鹅毛，礼轻情意重。

——（宋）欧阳修

【大意】 千里之外赶来送鹅毛作礼物，礼物虽轻，但表达的情意却很深重。

【赏析】 这是唐朝的一个典故。唐朝贞观年间，回纥国派使者缅伯高带了一批奇珍异宝去拜见唐王，其中有一只罕见的珍禽——白天鹅。走到沔阳河边，忽然觉得应该停下来让天鹅喝水。不料，打开笼子后天鹅却振翅飞走了，缅伯高向前一扑，只拔下几根羽毛，却没能抓住白天鹅。缅伯高只好拿出一块洁白的绸子，小心翼翼地把鹅毛包好，又在绸子上题了一首诗，去面见皇帝。唐太宗接见了缅伯高，看到了缅伯高献上的鹅毛和那首诗，又听了缅伯高的诉说，非但没有怪罪他，还连声说："难能可贵！难能可贵！千里送鹅毛，礼轻情意重！"由此便成为我国民间礼尚往来、交流感情的写照或一种谦辞。

君子交绝，不出恶声。

——《战国策》

【大意】 有道德的人，即使绝交也不互相诋毁。

【赏析】 人与人产生矛盾之后，品格高尚的人，不会怀恨在心，事后仍然会与对方保持一贯的君子风度；而品质低下的人，则常常撕破脸皮，恶语中伤对方，觉得既然已经与对方"绝交"，那么

— 172 —

出些"恶声"以泄心头之恨。朋友绝交在所难免，夫妻分手的在当下也比比皆是，但分手后，若是咒骂侮辱对方，只会显示你自己品格的低下。因为别人都会认为，你们是志趣相同才走到一起的，若对方品格低下，你能好到哪儿去呢？何况，于背后批评或口出恶言，让对方知道后，必然加深双方的隔阂，而惹来对方的报复。

水至清则无鱼，人至察则无徒。

—— （汉）班固

【大意】 水太清澈了，鱼儿就没法生存；一个人太苛刻了，就很难交到朋友。

【赏析】 此句出自班固《汉书》。"水至清则无鱼"，这句话很好理解，特别干净的水中没有鱼需要的腐殖质以及其他微生物，鱼又怎么能生存下去呢？"人至察则无徒"，这里的"察"是指对人要求高，明察秋毫，十分严厉，不允许别人有一点过失。这样的人是不会有朋友的，在团队中这样的人是会被孤立的。我们可以严于律己，但要求别人的时候要注意分寸，否则其他人只会一天一天地远离你。所以，对别人的小过小错，不要过于认真，适度糊涂一点，宽容一点。

路遥知马力，日久见人心。

—— 《名贤集》

【大意】 路途遥远才能知道马的力气大小，日子长了才能看出人心的好坏。

【赏析】 用时间来评价朋友是正确原则。看朋友是否可靠要长时期来观察，而不应在见面之初就对一个人的好坏下结论。因为这样你会因个人的好恶观念而发生偏差，影响你与别人的交往。另外，有的人会戴着假面具，甚至在达到目的后就过河拆桥，这样的人我们要小心应对。真正的朋友不在巧言令色，贵在心灵相通。人生短短几十载，认识的朋友又有多少，但真心懂你的、疼惜你的又有几人？如果你已经有了真挚的好友，就好好珍惜吧！

与朋友交，只取其长，不计其短。

——（清）李惺

【大意】 与朋友交往，只学习他的优点，不学他的缺点。

【赏析】 再好的朋友，也会有缺点；再坏的朋友，也会有优点。在交往中，只学习朋友的优点，对于朋友的缺点不仅不学，还要给朋友提出来，帮助他改正。朋友之间如果能做到互相取长补短，就会产生一股"合力"，而这种合力更能推动你由弱而强，由小而大，从而能使朋友之间互利共赢，这样的朋友才有意义。

相知无远近，万里尚为邻。

——（唐）张九龄

【大意】 知心朋友没有远近之分，即使相隔万里也像邻居一样亲近。

【赏析】 此句以豪迈放达之笔抒写离别之情，唱出了高昂乐观的调子。作者认为，只要是知心朋友，就没有远近之分，即使相隔万里，也如邻居一样亲近。情感是无远近的，只要有真情，即使空间距离再大，也难以疏远情感的距离。距离是客观的，情感是主观的，情感才是决定心理距离的关键。情感到了，纵使千山万水也难以阻隔朋友之间的友好交往、深情厚谊。

平易近人，人心归之。

——（唐）白居易

【大意】 平易近人使人容易接近，人心就会趋向于他。

【赏析】 位居高位的人常为众人所仰视、所瞩目。如果此时能以低调的姿态面对众人，以平易随和的态度对待众人，做到华而不显、贵而不炫，就一定会赢得众人的拥戴、人心的归附。我们常常见到一些有地位、有权势的人，在人面前总是一副盛气凌人的架势，以为自己很有能耐，高高在上。其实，这恰恰是一种浅薄、庸俗的表现。瑞典前首相帕尔梅是一位十分受人尊敬的领导人。虽贵为首相，但仍住在平民公寓里。他生活十分简朴，平易近人，与平民百姓毫无二致。帕尔梅的信条是："我是人民的一员。"

赠人以言，重于金石珠玉。

—— 《荀子》

【大意】 把良言忠告赠给别人，比赠送任何珠宝都贵重。

【赏析】 自古就有"一言兴邦，一言丧邦"的明训。如何说话才能受人欢迎？一、为受窘的人说一句解围的话。有些人处在窘境时，你及时说一句帮他解围的话，也是助人的一种。二、为沮丧的人说一句鼓励的话。遇到因受挫而心情沮丧的人，给他一些鼓励，一些鼓舞信心的话，就能给他人力量。三、为疑惑的人说一句点醒的话。遇到徘徊在人生路口的人、对生命有疑惑的人，及时用一句有用的话点醒他，有时会改变他的一生，甚至挽回一条性命。四、为无助的人，说一句支持的话。面对无助的人，应该多讲给予其支持的话，让他对自己生发信心、肯定自我。

以势交者，势倾则绝；以利交者，利穷则散。

—— （隋）王通

【大意】 以权势为基础结交的朋友，权势没有了关系就会断绝；以利益为基础结交的朋友，利益没有了交情也就散尽了。

【赏析】 势利之交不长远。对此，庄子有更为深刻的论述。庄子认为，君子的交谊淡得像清水一样，小人的交情浓得像甜酒一样；君子淡泊而心地亲近，小人甘甜而利断义绝。但凡无缘无故接近相合的，那么也会无缘无故地离散。究其原因，小人之间的交往，包含着浓重的功利因素，他们把"友谊"建立在相互利用的基础上，表面看起来"甘若醴"，但倘若对方满足不了功利的需求时，就很容易断绝。所以与人交往，要找君子，勿近小人。

有过当相规，有善当相告。

—— （宋）陆游

【大意】 朋友之间，对方有过错应当互相规劝；对方有好的行为应当相互鼓励。

【赏析】 如果彼此是真朋友，就会真心希望对方向好的方面发展，因此，"有过相规，有善相告"，正是促使朋友进步的最好办法。当发现了别人存在缺点或错误时，一般人会奉行"多栽花、少栽刺"的处世哲学。因为规劝别人，让别人改正错误是有风险的，有时还会得罪人。如果你身边的人发现你的缺点或错误能够当面指出来，那他是有仁爱之心的人，是真诚善良的人，是有正义感的人，是最可贵的朋友，要特别珍惜。

君子先择而后交，小人先交而后择。

—— （隋）王通

【大意】 君子是先看准了朋友再结交，小人是先交了朋友再从中选择。

【赏析】 古人称品格端正、使人敬畏的朋友为"畏友"，称能直言规劝的朋友为"净友"，称情谊坚如金石之友为"石友"，这都属于"君子之交"的范畴。此名句告诉我们，交朋友不要"一见钟情"，顷刻之间就亲密无间，海誓山盟，这样往往会给自己带来不必要的麻烦，这种教训数不胜数。因此，交朋友宜审慎，忌轻率。不相了解，骤以利交，难免不受骗上当。对待朋友的态度，决定了朋友的价值。

让礼一寸，得礼一尺。

—— （三国）曹操

【大意】 比喻对人谦让，会得到加倍的好处。

【赏析】 在现代人际交往中，礼让是减少相互间摩擦冲突、促进安定和谐的润滑剂。遇事先退让一步，可以争取主动。礼让不仅体现了一个人的修养高尚，还能在人际交往中得到更好的人缘，"让"了别人，自己不会失去什么，反而得到的会更多。孔融让梨的故事大家都知道，他把最小的梨子留给自己，大梨子分给哥哥和弟弟，做到了"礼让一寸"，因此孔融得到了大家的肯定和赞扬，这就是得礼一尺。

朋友之道，必相教训。

——《左传》

【大意】 朋友的交往原则，必定是相互教育、相互训导。

【赏析】"世间最美好的东西，莫过于有几个头脑和心地都很正直的严正的朋友"，"最能保人心神之健康的预防药就是朋友的忠言和规谏"，"真正的良友会时常严厉地指出你的缺点和错误，而虚情假意靠近你的，反倒是毁人终身的恶友"。作为朋友，首要的是劝导对方改过向善，朋友的良言劝诫就是一味最好的药。真正的朋友不是为互相取悦，而是要真心地给朋友以提醒、忠告和批评，这样才有利于双方互勉互励，共同进步。这是朋友之间交往的重要原则。

不敬他人，是自不敬也。

——《旧唐书》

【大意】 不尊重别人，就是不尊重自己。

【赏析】 这句话与我们每一个人都有关系，它实实在在就在我们身边。"敬"一字，几乎涵盖了所有的礼仪。尊敬、敬爱、孝敬、敬语、抬敬、敬辞等，都与我们的日常礼仪息息相关。当你有不尊敬他人的言行时，不仅自己的人格受到损害，人家也会用同样的礼仪回敬你。如果我们对待他人完全不顾及他人、不尊重他人，他人又反过来报复之，整个社会岂不乱了套。所以说，"敬"不仅成人，且成国。

不有臭秽，则苍蝇不飞。

——《后汉书》

【大意】 没有腥臭污秽的东西，不会引来苍蝇围着乱飞。

【赏析】 蜜蜂总是往芬芳鲜艳的花丛中飞，而苍蝇总是往恶臭四溢的腐败物上凑，苍蝇不叮无缝的蛋。意思是说，如果自己行为不端，就会引来一些不良的人和你交往，最终会引来祸灾。如果总有一些品质恶劣的人和你交往，就要检点一番自己的行为，应立即悬崖勒马。

投我以桃，报之以李。

——《诗经》

【大意】 他送给我桃儿，我应以李子给予回赠。

【赏析】 这一千古传诵的名句，折射出中华民族传统礼仪文化的璀璨光芒。礼尚往来，知恩图报。一方自发地赠礼，另一方心怀感恩，亦自发地回馈，这也是有礼貌的体现。当你拥有"投我以桃，报之以李"的感恩之心时，你的人生定会充满温馨的花火。在现代社会中，"投桃报李"已被越来越多的人奉为必须遵循的道德规范。"投桃报李"不仅是在精神和物质上礼尚往来，更是一种饮水思源、知恩图报的感恩意识。

独柯不成树，独树不成林。

—— （宋）郭茂倩

【大意】 一根枝条成不了树，一棵树成不了树林。

【赏析】 古时候，一位农夫有三个儿子。这三个儿子经常吵嘴打架，谁也瞧不起谁，每个人都认为自己最有本事。农夫多次语重心长地劝说他们，儿子们仍然不听。有一天，农夫拿来一捆筷子叫他们折断，三个儿子先后试试都没折断。随后农夫让他们折一根筷子，兄弟三个毫不费力就折为两段。兄弟三人明白了折筷子的道理，从此他们团结友爱、互相帮助，日子过得很幸福。

立身成败，在于所染。

—— （唐）魏征

【大意】 一个人一生成败得失，看他多与什么人接触。

【赏析】 古今中外的达人圣贤们，都认为交友不慎是人生之大忌。环境对于一个人的成长是十分重要的，人这一生有什么朋友，就有什么样的人生。你对朋友应该做个筛选，你要成为什么人，就多交什么人。好朋友是一本书，"开卷有益"，让你受益终生；坏朋友是一瓶慢性毒药，慢慢浸染，贻害无穷。在中国历史的长河中，交友不慎而一失足成千古恨的例子比比皆是。

十三、生 活 篇

妻子好合，如鼓瑟琴。

——《诗经》

【大 意】 妻子儿女感情深厚，好比是鼓瑟和弹琴。

【赏 析】 家庭是社会生活的基本单位，古代把"齐家"作为"治国"的基础，夫妻感情和谐美好又是家庭和睦的关键。夫妻如天地合一、阴阳互补的共同体，你给妻子三分情，妻子就会还你七分爱。所以，要懂得疼爱与呵护妻子。该句以鼓瑟和谐比喻夫妻感情的笃厚真挚，强调家庭成员之间的和睦团结。后来，人们经常用"琴瑟调和"来比喻夫妻恩爱，感情深挚，和乐美满。

夫妇和而后家道成。

——《幼学琼林》

【大 意】 夫妻之间关系和睦融洽，家庭就会兴旺。

【赏 析】 这句话是古人从生活中总结出来的真理。夫妻为人伦之始，男子为天，女子为地，夫妻和睦就是天清地宁，夫妻不和就是天翻地覆。如果夫妻感情不和，双方势必都没有幸福感，也会对生活丧失希望，他们在各自的工作中就难以干出优良业绩。如果他们有孩子，则更影响了下一代的身心健康，对家庭和社会都是严重的损害。儒家也宣称，想要治天下，先要把自己的家庭管理好，而夫妇和睦正是好家庭的基本条件之一。

家有一心，有钱买金；家有二心，无钱买针。

——（明）徐渭

【大意】 家庭成员一条心，富得买得起金子；家庭成员不是一条心，就会穷得连针都买不起。

【赏析】 这句话告诉我们"家和万事兴"的道理。钱多钱少不重要，一家人生活开心幸福才是千金难求。还有句话叫作："人心齐，泰山移。"只要家庭团结和睦，心往一处想，劲往一处使，最终一定会家业兴旺，财源滚滚。如果家人心不齐，各怀心思，拧着劲去做事，就会使家业衰败，走向贫穷。

儿孙自有儿孙福，莫为儿孙作马牛。

——《增广贤文》

【大意】 子孙自然有他们的福分，长辈不必为子孙过度操劳。

【赏析】 子孙后代自然有他们的福分，父母不必为他们当牛做马，过分操劳。每一代人的生活道路得由自己去闯。孩子小时生活不能自理，很多都要父母的细心照料，也是应该的。但等到孩子长大成人，就应该让他们养成一种独立生活的习惯，碰到事情自己想办法解决。父母劳累半辈子，自应在孩子长大后享享清福，著名教育家陶行知有一句话："出自己的力，流自己的汗，穿自己的衣，吃自己的饭，这才是英雄好汉。"劝诫父母们，不要太溺爱自己的孩子，让他们有放手一搏的勇气。

一家之计在于和，一生之计在于勤。

——《增广贤文》

【大意】 一个家庭最重要的是和睦，一个人最重要的是勤奋。

【赏析】 家是什么？所有人都将家比喻成一个温暖的港湾，每当在外面遇到风浪，总有那么一处地方能让自己安心、温暖。夫妻组建一个家不容易，让一个家充满温馨更不容易，所以只有家和才能万事兴。现在很多农村家庭大门口的上方，镶嵌着"家和万事兴"的牌匾，好像是一家的座右铭，就是希望自己的家庭和睦，事业发达。一个人的前途与命运是和"勤"字紧密相连的，只有辛勤地付出，才会有丰厚的回报。如果懒惰，纵有万贯家业，金山银山也会吃空。

酒能成事，酒亦能败事。

——《水浒传》

【大意】 酒具有双重性，既能成事，亦能坏事。

【赏析】 酒，是一种文化。李白有"举杯邀明月"的雅兴，苏轼有"把酒问青天"的情怀。酒是好东西，高兴的时候它能助兴，悲伤的时候它能为你解忧。两国互换使者须有好酒洗尘，将士出征要用烈酒壮行，好汉聚义共饮血酒而盟誓，朋友相会敬酒传情，文人饮酒诗兴大发，民间的红白喜事也离不开酒，如此等等……但喝酒要把握好一个"度"，量力而行，适量而止。酒喝多了一是伤害身体，二是酒后失控伤德败事。所以珍惜生命，适度饮酒。

睡得好，起得早，七分饱，常跑跑。

——《不老歌》

【大意】 人要学会休息，讲究饮食，注重运动。

【赏析】 此句说明影响健康的四个因素。一、"起得早"，应养成早起的良好习惯，早晨空气新鲜，是工作和锻炼身体的好时光，早起又能杜绝懒惰的产生。二、"睡得好"，保证睡眠时间在8小时左右，还要养成午休的习惯，让身心得到充分的休息。三、"七分饱"，不要吃得过饱，做到"三分饥，三分寒"，吃饭吃到七分饱马上离开饭桌，再好吃的东西也要节制。四、"常跑跑"，生命在于运动，应根据自身情况，合理安排力所能及的运动。

父母之爱子，则为之计深远。

——《战国策》

【大 意】 父母爱子女，就得替子女作深远的打算。

【赏 析】 父母如果爱他们的子女，就应该为孩子作长远考虑。孩子小时候应该懂得的道理、应该学会的规矩，要舍得让他们切身去体会。过度的溺爱，使得孩子长大后缺乏办事能力，弱不禁风。爱孩子，就该让他们经历风雨，在风雨中锻炼出来的孩子，翅膀才坚实有力，才能在空中独立翱翔。爱孩子，就该给他们足够的生活能力，同时还有为他们作长远打算，不能只顾眼前得失。

一顿吃伤，十顿吃汤。

——谚语

【大 意】 一顿吃伤，造成一段时间内没有食欲了。

【赏 析】 这句谚语是说，无论多么好吃的食物一次也不能吃得过多，一旦吃得过量，伤了肠胃后，就不想再进食了。因为，吃得过饱，不仅会加重胃肠道的负担，引起消化不良，甚至会给身体带来诸多健康隐患。因此，要适当节制饮食，不要一次吃得过多、过饱，并要注意荤素搭配，只吃到"七分饱"最佳。特别是晚饭，要吃少一些，因为晚间活动量小，很快就要入睡，晚餐吃得多，不仅容易发胖，而且容易诱发其他疾病。

习闲成懒，习懒成病。

—— （北齐）颜之推

【大意】 闲散惯了就会变得懒惰，因懒惰缺乏锻炼而得病。

【赏析】 人不能太闲散了，俗话说："懒人多病。"平时忙忙碌碌习惯了，一旦闲下来，闲散惯了就会变得懒惰起来，像是慢性毒药在噬着你的心，然后渐渐麻木，再无反抗的力气。不知道每天要做什么好，又觉得老是不想动，成天病恹恹的。这其中的原因在于，生命不能离开活动，人不活动时则新陈代谢降低、呼吸变浅、血液循环减慢，导致肌肉松弛、胃肠蠕动减弱。长期不活动，组织器官就会发生退行性变化，机能衰退，而导致多病。

家有万贯，不如出个硬汉。

—— （清）钱大昕

【大意】 家有再多的钱，也不如出一个有骨气的男人。

【赏析】 家里的钱再多，如果不再创造财富，坐吃山空，钱就会越来越少，终有一天花没了。富人家的子弟多出败家子，家里因为有钱，对孩子百般宠爱，孩子要什么就给买什么，钱来伸手，饭来张口。这样长大了也就失去了创业的精神。而困窘的家庭，穷人的孩子早当家，如果有骨气和志气，再加上不断的努力，能创造无价的财富。

遗子黄金满籝，不如教子一经。

—— 《汉书》

【大意】 留给子孙万贯家产，不如教给他立身处世的本领。

【赏析】 北宋诗人林逋有一句名言"以德遗后者昌，以财遗后者亡"。我们看看历史，很多家族富贵起来非常快，败亡也非常快。有些家族也能延续一段时间，但后来就因为种种原因消亡了，从古至今都是这样。这些现象背后的原因就是教育没跟上。古人讲教子要严，应当一边教他道德，一边教他社会知识，两个方面一同教育，这个孩子长大了就没问题，而且还能继承祖业，发扬光大。作为父母要明白一个道理，不要把钱财作为唯一的东西留给孩子。

婴儿常病，伤于饱也。

—— （汉）王符

【大意】 婴儿时常得病，多是因为饮食过饱造成的。

【赏析】 此句出自东汉王符的《潜夫论》。大人带孩子非常精心，但孩子经常闹毛病，急得妈妈无所适从。那么病因是什么呢？常常是"伤于饱也"！婴儿经常有一种病，就是过饱引起的疳积病。像这种病普遍出现于许多家庭。小孩儿如果吃得过饱，造成胃肠道功能紊乱，消化不良，小孩子就会积食、便秘，因而就得病。此语反映了日常生活中常见的道理，常常被典籍引用。

酒极则乱，乐极则悲。

—— （汉）司马迁

【大意】 酒喝多了容易出乱子，乐过头了就变成了悲哀。

【赏析】 许多人在宴席上常常要"酒极""乐极"，不到"极点"不罢休。可惜结果常常是喜剧变成悲剧。这样的悲剧一年中何止千万件！沉痛的教训告诫人们，要懂得节制，把握一个"度"字，适可而止，恰到好处，这才是人生的哲学。在大喜大乐的节日里，一定要驾驭住自己的感情，约束住自己的举止，千万不可任性乱来。

牢记古人忠告，以免"乐极生悲"。

父爱者，子多过；母爱者，子多病。

——（明）徐祯稷

【大意】 父亲溺爱孩子，孩子容易犯错误；母亲溺爱孩子，孩子容易得病。

【赏析】 子女经常犯错误、闹毛病，背后的根源是什么？一切源于父母的溺爱。父亲一般多关注孩子的品德行为，父亲如果溺爱孩子，就不能严格地要求孩子，任其随心所欲地发展，孩子的行为就失去了规范，因此造成孩子常犯错误；母亲一般多关注孩子的生活，母亲如果溺爱孩子，孩子就会娇生惯养，失去了正常的生活规律，变得好吃懒做、弱不禁风，因此而常得疾病。

节食以去病，节欲以延年。

——（宋）朱熹

【大意】 节制饮食可以防病去病，节制欲望益寿延年。

【赏析】 人的日常饮食及其习惯，是影响其生理健康的重大因素之一。专家通过动物实验证明，如果能坚持只吃七分饱，做到营养均衡，完全可以更健康、长寿。饮食过量，有害肠胃，还会引发各种疾病。因此对自己的饮食，要有所控制，就不会得病。人有欲望是正常的，一定程度上可以说，欲望就是希望，人只要有了欲望，就有了生活、工作的目标，就会产生进取心。但是，人的欲望也需要节制，倘若欲望达到了放纵的程度，就会为满足欲望而不择手段，最终成为历史的罪人。

药之所治只是一半，其一半则不在药方，唯在心药也。

—— （清）万潜斋

【大意】 药物治病只起一半的作用，另一半作用在于人的心态。

【赏析】 此句出自万潜斋《寿世新编》，意思是说，药物治疗和精神治疗相结合才是治病的良方。所以乐观地对待自身疾病，对于治病十分关键。这也是人们常说的"三分治，七分养"。科学的养生，药补不如食补，食补不如"神补"。古时养生家把养心神、调情志作为养生益寿之本法，防病治病之良药。至于"神补"的原理，大脑与人体内部器官密切关联，人可以通过养气、陶冶情操等方法保持愉快的情绪，用意念调节的方法使内部器官活动取得平衡，最终起到治病强身的作用。

婚姻，祸福之阶也。

—— （先秦）佚名

【大意】 婚姻，是通向灾祸或幸福的阶梯。

【赏析】 婚姻，可以使人幸福，也可以给人带来痛苦和灾难。"婚姻大事，非同儿戏"，婚姻不仅需要爱情，更需要双方的冷静与理智。缺少三思而行的草率婚姻，没有牢固的基石，注定失败；为金钱、权势而出卖爱情，为结婚而结婚，更是悲剧。所以，对于婚姻大事，一定要谨慎选择，不可草率决定。结婚之后，如果双方感情契合，志趣相同，互敬互让，和睦共处，那么对于男女双方来说，都是莫大的幸福。

妻贤夫祸少。

—— （清）曹雪芹

【大意】 妻子贤惠，做丈夫的灾祸就少。

【赏析】 这句话是用太多的人生教训总结来的。妻子，就是一个家庭的后院，也是家庭的重心，后院着火，整个家都会瘫痪。因此，在家庭中妻子的作用是很关键的，就像家庭的主轴一样，起着维系家庭关系的核心作用。妻子贤惠，丈夫不仅可以放心家庭，安心于事业，更会受到妻子贤德的良性影响，规范、改善自己的行为，可以少犯错误或不犯错误。反过来，妻子如果贪图名利，挑拨是非，娇纵孩子，不孝敬老人，都会使家庭不安，甚至生出很多祸害。

本自同根生，相煎何太急。

—— （三国）曹植

【大意】 比喻兄弟本是一母所生，不能互相逼迫自相残害。

【赏析】 这是曹植《七步诗》中的两句，《七步诗》是曹操第三子曹植的名篇。曹丕和曹植都是曹操之子，是同胞手足。曹操曾一度想立曹植为嗣，因其才智高于其兄曹丕。后曹丕登基仍忌曹植之能，加以迫害，这首诗就是在这种情况下写成的。这首诗用"萁"和"豆"来比喻同父共母的兄弟，用"萁煎其豆"来比喻骨肉相残，表达了曹植对曹丕的强烈不满。这句诗千百年来已成为人们劝诫避免兄弟之间自相残杀的名句。

半酒醉，软枕头，暖盖足。

—— （唐）孙思邈

【大意】 喝适量的酒，睡比较柔软的枕头，睡觉时把脚盖暖和。

【赏析】 孙思邈是唐代著名医药学家、道士，被后人尊称为"药王"。此名句的意思是，喝酒要适度，最好喝酒量的一半为好，这样不伤害身体，又能促进血液循环，有利睡眠，起到健身的作用。枕头的软硬要适度，有利于呼吸道通畅，比较软的枕头有利于大脑的休息，使睡眠效果好；枕头高度要适中，以自己的一拳半为宜。脚是人体之根，把脚盖暖，增强睡眠质量，有利于各个器官的休息，养精蓄锐，促进身体健康。

少睡眠则神自澄。

—— （明）王守仁

【大意】 适当少睡眠，可以使人的神志自然清醒。

【赏析】 良好的睡眠不仅能够使头脑清晰，思维敏捷，而且让人心情舒畅，身心健康。但睡觉时间的多少也是一门学问，睡觉少对健康有害，但睡觉太多也无益，因此才有"少睡眠则神自澄"之说。这里的"少睡眠"，指的是不过长时间睡觉，但要保证睡眠时间的底线。一般少年儿童的睡眠时间在 9 个小时左右，成年人在 8 个小时左右，老年人在 7 个小时左右为宜。过长时间的睡眠对大脑和身体都不利，长期下去会使大脑混沌不清，还容易患上各种疾病。

若要小儿安，常带三分饥与寒。

—— （清）梁章钜

【大意】 要孩子健康，不能吃得太饱，不能穿得太暖。

【赏析】 "三分饥，三分寒"是古人总结出来的健康秘诀。小孩消化机能不健全，吃得过饱，对孩子比较弱的脾胃是非常不好的，会埋下疾病的隐患。小孩子不知道饥饱，需要大人掌控，吃七八分饱最好。孩子也不能穿得、盖得过暖，老话常说："小孩子身上有团火在烧"，小孩身上产热速度远远超过成年人。小儿肺脏娇嫩，易受外邪侵袭，若衣着过多，内热丛生，灼灼汗出，毛孔时时处于开放的状态，易为风邪侵袭而发病。

仁者寿。

——《论语》

【大意】 有仁爱之心的人容易长寿。

【赏析】 心理因素对人的健康有着极其重要的作用。具有仁德之人，问心无愧，内心平静，自我道德感的满足，减少了心理冲突，并通过大脑皮层给生理机制带来良性影响，从而有益于人的健康。因此，我们经常会看到因仁德善良而长寿的老人。他们能够做到外无贪欲、内心清净，一直处于心平气和、泰然自若的状态，这些对身心健康十分有益。而小人则为了一点儿小事耿耿于怀，终日心神不宁，这种人怎么能长寿呢？

父子不信，则家道不睦。

——（唐）武则天

【大意】 父子互不信任，相互猜忌，家庭就不会和睦。

【赏析】 武则天之所以有如此的说法，是有感于唐初李世民父子之间的不睦。唐朝初，唐高祖李渊封李建成为太子，李世民为秦王，李元吉为齐王。三个人当中，数李世民功绩最大。太子建成心里嫉妒，就跟弟弟齐王元吉结合，一起排斥李世民。唐高祖听信宠妃的话，跟李世民也疏远起来。后来，李元吉取代李世民带兵北征，想利用这个机会除掉李世民。有人把这个机密告诉了李世民，李世民觉得局势紧迫，于是发动了"玄武门政变"，杀了太子李建成和齐王。最后落得兄弟相残的悲惨结局。这个悲剧，完全是唐高祖李渊父子互不信任酿成的。

恼一恼，老一老；笑一笑，少一少。

——（清）钱大昕

【大意】 人常发脾气就老得快，保持乐观就年轻。

【赏析】 笑，不仅使人感到轻松快乐，而且还可以发散心中的积郁。笑对人来说是一种健身运动，有人把笑形象地比喻为"人体最好的体操"。笑对呼吸运动有良好的作用，它能使肺扩张，胸肌兴奋，膈肌上升，使人的呼吸运动加深，同时还对呼吸道有清除作用。笑又能消除精神紧张，使肌肉放松，从而使人头脑清醒、精神振作、体力恢复。笑还能促进食欲，辅助睡眠。总之，笑有益于健康。经常笑一笑，能有效地减缓衰老。

少欲则身轻。

—— （明）薛瑄

【大意】 少些欲望，就会觉得身心轻松而健康。

【赏析】 "少欲则身轻，知足则常乐"，才是应有的人生态度。人的欲望是无穷尽的，追逐名利本身并没有错，错在为名利而起纷争，错在为名利而不择手段，成为名利的奴隶，忘却生命的真谛不在于索取，而在于奉献。古今中外，面对名利的诱惑，很多人生活在自私、狡诈、欺骗中，生活在屈膝、媚骨、无耻中，生活在嫉妒、憎恨、愤怒中。这样的生活多么累呀，这样的身心多么沉重啊！

少欲则心静，心静则事简。

—— （明）薛瑄

【大意】 少些欲望使身心平静，一切就会变得简单。

【赏析】 这就是所谓的"清心寡欲"，如果我们能摆脱对物质的迷恋，对虚荣的渴慕，就会使生活简单起来。简单的生活方式会给我们的心灵留出更大的空间，更闲适地接纳人生的真谛。做一个简单的人，抛开世俗的烦恼，在心里给自己留一席空白之地，做自己喜欢做的事情。不必强求，顺其自然。孤单无聊的时候，就听听音乐，享受一个人的世界，陶醉在这份快乐之中。再提笔写下一段心情文字，记录下生活的美好点滴。生活，就是这么简单。

> 不极饥而食，食不过饱；
> 不极渴而饮，饮不过多。
>
> ——《劝民诗》

【大意】 不等十分饿了才吃东西，吃得不能过饱；不等十分口渴才喝水，喝水一次也不能过多。

【赏析】 这两句话是古人总结出来的健康养生之道。告诉我们，不要等到很饿的时候再去吃饭，不要等到很渴的时候才去喝水。这是因为，饿到极端，容易过食；渴到极端，容易过饮。又因为，"极饥而食且过饱，结积聚。极渴而饮且过多，成痰癖"。可见，非常饿和非常渴的时候暴饮暴食对身体很不好。因此，不饿的时候就补充些能量，做到少食多餐，不要等饿得不行了、渴得不行了再大吃大喝，容易给健康埋下隐患。

> 冬不欲极温，夏不欲穷凉。
>
> ——（晋）葛洪

【大意】 冬天不追求极度暖和；夏天不追求过于凉爽。

【赏析】 一般来说，善养生的人，顺四时而适寒温，春夏养阳，秋冬养阴。冬三月的养生之道，不可大温，以免腠理开泄而损伤阳气；夏三月的养生之道，不可太凉，以免腠理闭塞阳气内郁而伤阴。可现实生活中人们的做法却往往与之相反。在寒冷的冬季，很多人往往喜欢穿起厚厚的棉衣或皮裘，拥坐在炉火旁边，喜欢吃热气腾腾的饭菜，喝热粥、热汤。一些老年人还经常喝点酒。这些看起来很有必要，但是却使体内积蓄了过多的郁热。进入夏季以后，很多人想尽一切办法纳凉。有的人晚间喜欢在室外席地而睡，有的躺在过道通风处，有人一整晚开着空调，但醒来却常常会感到不适。冬天不求过暖，夏天不求过凉，才能保障身体的健康。

当家才知柴米贵，养儿方知父母恩。

——《中华谚海》

【大意】 当家的人才知柴米可贵，抚养孩子的人方知报答父母的恩情。

【赏析】 以前在书本读到这句话时，并没什么感觉，总是把父母的关心、爱护当作是理所应当。直到自己当家时，才深深体会到，离开了父母的保护伞，所有的一切都要自己担责任了。自己成为父母以后，才知道养孩子不容易，因而更加懂得感恩父母、孝敬父母。

睡侧而屈，觉正而伸，早晚以时，先睡心，后睡眼。

——《睡诀》

【大意】 如果睡觉时侧睡屈身，觉醒时摆正、伸开身子，起床、睡觉要有一定时间，先让心静下来，然后闭上眼。

【赏析】 仅18个字，科学地概括了睡眠的四大要点：睡姿、睡境、睡时、睡法。睡眠的姿势好坏往往影响到睡眠的质量。理想的睡姿，侧面屈身而卧，这样有利于血液循环、减轻心肺负担。睡醒时伸直身体，能调节睡眠过程中机体的疲劳，保持呼吸畅通。睡眠质量的好坏，还在于是否能做到"心无杂念"，就是入睡前应当保持"心态的静"，同时还要保持"心灵的净"。做不到睡前的"静心"与"净心"，就会心杂意乱，心理负担过重，辗转反侧，彻夜难眠。

清心而寡欲，人之寿矣。

——（宋）崔敦礼

【大意】 心态平静而减少世俗的欲望，人就会长寿。

【赏析】 科学家认为，知足常乐、淡泊名利的人会健康长寿。因为他们个人欲望不高，不在世俗中随波逐流，不为争名夺利而苦恼，防止了心理疾病，自然会延年益寿，那些高寿之人往往都是与世无争、没有什么脾气的人。可见"清心寡欲"同健康长寿有着十分密切的关系。我们所说的清心寡欲，并不是说脑子里什么都不想，什么欲望都没有，如金钱欲、权力欲应该少些再少些，而求知欲、工作欲，还有与疾病做斗争的求生之欲、健康长寿之欲，那是不可少的。

治家之道，与其失之于宽，不如宁过于严。

——《古今图书集成》

【大意】 治理家庭，宁可过于严厉而失去宽容，也不能过于宽松而失去严格。

【赏析】 圣人认为，治家要有规矩，而且规矩要早早立下。男女成家之初，就应建立好的家规。有孩子之初，也要给孩子立规矩。家里有了家规，就有了管理家庭的依据。有了家规之后，执行要严。因为只有严，才能使每个家庭成员彬彬有礼，分别履行自己的职责，使家庭稳定。相反，治家过于宽纵，将会导致家庭成员为所欲为，也就难保其家不败了。家是个组织，每个家总要有个家长，承担治家的主要责任，治家者应当以身作则，严格约束自己，并在此基础上从严治家。

积财千万，不如薄技在身。

——（北齐）颜之推

【大　意】　学会一种技能，胜于积财千万。

【赏　析】　这句名言是说，积蓄财产，不如学点技术；只要真正掌握一门手艺，就能把一辈子的饭碗端起来；掌握一门高级技术，也就掌握了未来。做家长的应引导孩子学会一项谋生的技能，鼓励他们自己创造财富，孩子们就可获得比有形资产更可靠的"铁饭碗"。中国民间有句俗语"荒年饿不死手艺人"，意思是即使是荒年，手艺人也不会被饿死，说明有了手艺，什么时候也不愁吃饭问题。钱财再多总有一天会用完，但谋生的技术却可以一辈子用之不尽，创造无限的财富。

十四、哲 理 篇

> 人见利而不见害，鱼见食而不见钩。
>
> ——《名贤集》

【大意】 人只看到眼前利益而看不到危害；鱼只看见鱼钩上的食物而看不见鱼钩。

【赏析】 面对利害得失，世人往往只关注其得和利，而忽视其失与害。就像鱼儿为贪吃而只见诱饵却看不到鱼钩一样。纵观古今中外，世间不知有多少人生悲剧大都源于这一规律。此名句告诉我们：人世间许多事情都是利害相连、祸福相关的，而见利忘害，谋福忘祸，以致因利致害，求福得祸，这也是常见的现象，不能不引起人们的警惕。这两句以"鱼见食而忘钩"比喻人见利而忘害，非常生动恰当，也很有说服力。

> 祸兮福所倚，福兮祸所伏。
>
> ——《老子》

【大意】 福与祸相互依存，祸中有福而福中又藏祸。

【赏析】 此言具有一定的辩证法思想内涵，在生活中，人们应该将"祸""福"对立统一起来，有了"祸"要想到与之对立的"福"，有了"福"要想到与之对立的"祸"，并且要从"祸"中看到"福"的希望，从"福"中看到"祸"的存在，这样才能较好地处理"祸""福"矛盾。反之，如果人们不能把"祸""福"对立统一起来，就很可能没有良好的心态和处事方法。这句话暗示人们在顺境中要谦虚谨慎，不然会由福转祸；逆境中要百折不挠，可变逆境为顺境。

好说己长便是短，自知己短便是长。

—— （清）申居郧

【大意】 好说自己的长处正是自己的短处；知道自己的短处正是自己的长处。

【赏析】 我们的骄傲多半是基于无知，越是没本领的人就越加自命不凡。我们不应该过度低估自己，也不要过高估计自己，应该实事求是地认识自己。"好说己长"，就是好夸耀自己，是一种骄傲的表现，骄傲使人落后，当然是缺点；"自知己短"，是虚心的表现，虚心使人进步，当然是优点。这句话劝告我们要正确地认识和评价自己，既看到自己的优点，也要看到自己的缺点，坚持一分为二地看待自己，才能求得真正的进步。

木之折也必通蠹，墙之坏也必通隙。

——《韩非子》

【大意】 树木折断必是里面生了蛀虫，墙壁倒塌必是墙里有了裂缝。

【赏析】 这句话强调事物发生变化时内因与外因的关系。唯物辩证法认为，外因是变化的条件，内因是变化的根据，外因通过内因而起作用。蛀蚀是木头折断的根本原因，裂缝是墙壁倒塌的根本原因。这是强调事物变化的根本在于内因。然木虽蠹，无疾风不折；墙虽隙，无大雨不坏。这是说事物变化也与外因条件有关。这句话启示我们在失误或失败面前，首先找自身的主观因素，不要强调客观因素，这才是科学分析问题的方法。

正能胜邪，邪不胜正。

——《隋唐演义》

【大意】 正义一定会战胜邪恶，邪恶终究不能战胜正义。

【赏析】 这是从隋唐这个历史阶段的史实总结出来的。隋朝末年，隋炀帝荒淫无道，陷害忠良，以致朝纲不振，民不聊生，终使天下大乱，群雄揭竿而起。以瓦岗寨众英雄为首的各路起义军，匡扶正义，反抗暴政，最终推翻了隋朝统治，建立大唐。因此，从足够长的历史来看，正义肯定是能胜邪恶。

月满则亏，水满则溢。

——（清）曹雪芹

【大意】 月亮变圆之后自然会变缺，水满之后自然会流出。

【赏析】"月满则亏，水满则溢"，讲的是两种自然现象，比喻事物发展到了极点，就要走向自己的反面。世界上的事情，最不稳固的就是十全十美，你看那天上的月亮，一旦圆满了，马上就要亏厌；树上的果子，一旦熟透了，马上就要坠落。懂得生活智慧的人会明白，世上不会有真正的完美，而且这种完美也并不能持久，稍留欠缺才是最自然舒心的生活状态。这句名言特别暗示：当取得胜利后，一定要谦虚谨慎，戒骄戒躁；如果骄傲自满，就会向它的反面转化，最终走向失败，这就是"骄兵必败"的原理。

贤而多财，则损其志；愚而多财，则益其过。

——《资治通鉴》

【大意】 贤能之人，财多会损害他的志向；愚庸之人，财多会增加他们的过失。

【赏析】 林则徐说过一段发人深省的话："子孙若如我，留钱做什么，贤而多财，则损其志；子孙不如我，留钱做什么，愚而多财，益增其过"，这话说得何其透辟又何其超脱。你若真爱自己的孩子，就不妨在金钱上对他吝啬一些，别用一把"金匕首"伤害了他。既然你把他带到这个世界上来，你就该看重他生命的尊严，把创造的权利还给他。让他流汗、流泪、流血，让他在无人撑伞的雨中奋力奔跑，让他拼力追求那个"最好的自己"，让他用自己亲手打造的"金汤匙"喝到人间至美的羹汤。

矩不正，不可以为方；规不正，不可以为圆。

—— 《淮南子》

【大意】 曲尺不正，不可以做成方形；圆规不标准，不可以画成圆。

【赏析】 这句名言的意思是：画方形的工具不准确，就不能画出标准的方形；画圆形的工具不精确，便无法画出标准的圆形。比喻作为法则的东西一定要公正准确，人们遵从起来才会顺理成章。这和"没有规矩不成方圆"意思稍有不同。此句特别强调立法机关所制定的制度与法律，必须符合事物客观发展的规律，必须符合人民的利益和实际，这样的制度才是科学的，这样的规矩才能起到应有的作用。

扬汤止沸，不如釜底抽薪。

—— （汉）司马迁

【大意】 水烧开了防止沸腾，与其扬汤防止沸腾不如把锅底的火抽掉。

【赏析】 此句比喻如果办法不对头，就不能从根本上解决问题。欲要"止沸","扬汤"只是一种应急的措施和手段，治标不治本。只有取走锅底的柴火，断其源头，"沸"才能止住。解决问题要从它的根源入手，关键是抓住主要矛盾。"釜底抽薪"的关键是要看准影响全局的关键点，恰恰是事物的弱点。在准确判断之后，抓住时机，攻敌之弱点，必然成功。如在军事方面，敌方的粮草辎重，如能乘机夺得，敌军就会不战自乱。三国时的"官渡之战"，就是一个有名战例。

鱼冲波而上，不损其鳞；
鸟逆风而翔，全用其羽。

——（清）王夫之

【大意】 鱼逆流而上，不会伤害它的鳞片；鸟逆风飞翔，才能更好地全力发挥羽翼的作用。

【赏析】 这句话出自王夫之的《美斋文集》，告诫世人：要学会在逆境中成长，学会在逆境中用力。遇到困难，面临危险，应当主动出击，勇敢地迎难而上，这样既能保全自己，还能化险为夷。如果在困难和危险面前，胆小害怕、退缩不前，就会处于被动而坐以待毙，反而加速自己的灭亡。磨难是欺软怕硬的，我们愈退缩，它就会愈猖狂，只有我们迎难而上，保持一颗勇于飞翔的心，勇敢地飞过丛林与荆棘，才能飞向属于我们自己的幸福！

逢人不说人间事，便是人间无事人。

——（唐）杜荀鹤

【大意】 见到人不说别人的是非，便是人间脱离是非干扰的人。

【赏析】 一个人活得是否洒脱，就在这说与不说上，人间多少事，都是管不住嘴惹的祸，而陷身于人事纷扰中，带来无尽的烦恼和痛苦。你在背后说人是非，自有人在背后说你是非。遇见别人议论是非时，明智的人可以点一点头，即便是不点头也无所谓，最好不要参与其中，免得祸从口出，让小人抓住把柄，给自己带来不必要的麻烦。

千里之差，生于毫端。

—— （汉）司马迁

【大意】 差之千里的大错，起于细微的开端。

【赏析】 生活中我们经常会出现各种各样的小过失，通常都不太在意，殊不知"失之毫厘而差之千里"。表面看虽是小过失，微不足道，但稍不注意亦将酿成大错。俗言道："千里之堤，溃于蚁穴。"万吨巨轮，只因小小的漏洞就能淹没于大海；翱翔宇宙的航天飞船，只因一点小小的计算误差就会造成意想不到的后果。成败往往是由细节决定的，注重细节，才是人生王道。

祸与福同门，利与害为邻。

——《淮南子》

【大意】 灾祸与福分并存，利益与危害相邻。

【赏析】 有利的事物也会有弊，有弊的事物也可能有利。人们所说的"有百利而无一弊"或"有百弊而无一利"，只不过是对某事物的夸大罢了。利弊并存地看待问题的方法，就是人们所说的"一分为二"。能否从中分清利害，权衡利弊，作出正确的、合乎事物发展规律的决定，反映着一个人的认知水平。事物都有它的两面性，没有绝对。祸与福、利与害都是互相依存、互相转化的。

不清不见尘，不高不见危，不广不见削，不盈不见亏。

——（汉）王充

【大意】 没有洁净之地作对比就看不出有灰尘，站不到高处就感受不到居高的危险，没有广阔就觉察不出狭小，没有满盈就不知有亏缺。

【赏析】 此句出自王充《论衡·自纪》，说明事物之间相互对立又相辅相成的道理。清白和尘污，高峻和危险，广阔和狭小，满盈和亏损都是相对而存在，无此即无彼。正如名人的辉煌都拖着一个黯淡的影子，名人的炙手可热的背后都掩着无以诉说的悲凉。

门内有君子，门外君子至。

——（明）冯梦龙

【大意】 主人是一位君子，他的朋友一般也会是君子。

【赏析】 这句贤文启迪我们物以类聚，人以群分。古今中外的历史实践证明，得君子成事业，亲小人招灾祸。一个正派公道、勤奋敬业的人，必定容不得品行不端、投机取巧、惹是生非的小人因此而成大事；而一个胸无大志、好听谗言的人，肯定喜欢吹牛拍马、阿谀奉承之辈，因此而败事。我国历史上的"文景之治"，得益于贤臣君子辅佐；而秦二世毁掉江山，是因为亲近小人、恶化政治生态所致。

天时不如地利，地利不如人和。

——《孟子》

【大意】 有利于作战的天气、时令，比不上有利于作战的地势，有利于作战的地势，比不上作战中的人心所向、内部团结。

【赏析】"天、地、人"三者的关系问题，古往今来都是人们所关注的。孟子在这里则主要是从军事方面来分析论述天时、地利、人和之间关系的，三者之中，"人和"是最重要的、起决定作用的因素，"地利"次之，"天时"又次之。指打仗，好的时机不如好的地理环境，好的地理环境不如人心团结。这是与他重视人的主观能动性的一贯思想分不开的，正是从强调"人和"的重要性出发，他得出了"得道者多助，失道者寡助"的结论。

人有悲欢离合，月有阴晴圆缺，此事古难全。
—— （宋）苏轼

【大 意】 人间有悲欢离合，月亮会阴晴圆缺，这种事情自古以来就很难完美。

【赏 析】 此句出自苏轼《水调歌头·明月几时有》。自古以来，人世间就没有十全十美的事，人的一生中有欢乐必有悲苦，有团聚就有离别，这就像天上的月亮有阴晴圆缺的转换一样。既然世上没有完美的事情，那么也就不用一直哀怨悲伤。此句流露出诗人悟透人生的旷达性格，也是对人生无奈的一种感叹。以大手笔从人生写到自然，包含了无数的痛苦和欢乐。劝解人们对不尽如人意的事情应抱乐观、开朗的态度。

屈己者，能处众；好胜者，必遇敌。
—— （宋）林逋

【大 意】 肯于受委屈的人能与人友好相处，而争强好胜的人容易遇到对手。

【赏 析】 这句话出自林逋《省心录》，提示我们，为人处世，应懂得委曲求全，与大家和谐相处，做人不可锋芒毕露。你能把"忍"的功夫做到多大，你将来的事业就能成就多大。忍耐可圆满人际关系，创造成功的事业，乃至于因为少恼少怒，增进身体的健康。不懂得让步和忍耐的人，就会步于荆棘之中，四面受敌，落得悲惨的结局。

山不在高，有仙则名；水不在深，有龙则灵。

——（唐）刘禹锡

【大意】 山不一定要高，有仙人居住就成为名山了；水不一定要深，有蛟龙就成为灵异的水了。

【赏析】 此句出自刘禹锡的《陋室铭》，这篇不足百字的文章，含而不露地表现了作者安贫乐道、洁身自好的高雅志趣和不与世事沉浮的独立人格。尽管居室简陋、物质匮乏，但只要居室主人品德高尚、生活充实，那就会满屋生香，自有一种超越物质的神奇的精神力量。揭示了一个普通的道理："物以人荣而非人以物显"，决定一个人的声誉高低，不是其地位，而是其德望。只有注重内质修养，惠泽于世人，才能百世流芳。

行善如春园之草，不见其长，日有所增；
行恶如磨刀之石，不见其消，日有所损。

——《格言联璧》

【大意】 做好事就好像春园中的草，虽看不见它生长，但其实它每天都在成长；做坏事就像磨刀的石头，虽然看不出它的磨损，但其实它每天都有所损失。

【赏析】 这两句话劝导人们，好的道德品质要从一点一滴做起，小善积累多了就形成大德。相反，哪怕是细微的一点坏事也不要做，小恶积累多了就形成大恶，甚至走上犯罪的道路。所以祸福都在不知不觉中移动增减。这段话和刘备临终时告诉刘禅的"勿以善小而不为，勿以恶小而为之"，是一个道理。日行一善，善虽小，积集多了便可成品德，使我们消灾免难，增福增慧。

飞尘增山，雾露助海。

—— （汉）张衡

【大意】 飞尘虽小，聚多了就能增加山的高度；雾气露水虽小，聚多了就能助长大海的水量。

【赏析】 如果你是一颗尘埃，不要沮丧，总有一天你会堆积成一座大山；如果你是一滴水，更不要灰心，慢慢积累，总有一天你会奔流入海；蝼蚁虽小，尚可以溃千里之堤。任何一个伟大的人物都不是一跃成名的，灵感和顿悟是在平常无数次的对与错之后而积累起来的经验，通过一次次量的变化，从而达到质的飞跃。所以，做好身边的小事，你就是一个了不起的人物。

所见少，则所怪多，世之常也。

—— （晋）葛洪

【大意】 见识少的人看到新鲜事物，就产生许多怪论。

【赏析】 这就是人们常说的"少见多怪"现象。表现出"所见少，则所怪多"的人，多是一些孤陋寡闻的人。这种人眼界狭窄，见识不广。因此，见到一些新生事物认识不足，往往还有抵触情绪，对不足为奇的事，过分惊讶、虚张声势，却不觉自己无知，为此常常引人笑话，令人反感。这种表现是不足取的。

橘生淮南则为橘，橘生淮北则为枳。

——《晏子春秋》

【大意】 橘子树种在淮南，能结出来甜美的橘子；种植在淮北，结的果实就是很不好吃的枳子。

【赏析】 春秋时期，齐国政治家晏子出使楚国，席间见两名士卫绑着一个犯了偷窃罪的齐国人上来。楚王故意说，齐国人都擅于偷东西的吗？晏子回答说："橘生淮南则为橘，橘生淮北则为枳"。楚王听此无话可说。此句的寓意在于：同样一件事物，由于环境的不同，其结果可能有很大的差异。人也是如此，环境对于一个人的成长是非常重要的，本质好的人到了不合适的环境会受影响而发生质变，要引起我们的高度重视。

直木先伐，甘井先竭。

——《庄子》

【大意】 笔直的树木先被砍伐，甘甜的井水先被取干。

【赏析】 这两个例子折射出朴素的哲理，有智慧的人懂得"藏锋"。许多有才华的人，因为言语行动过露锋芒，便得罪人，成为别人的眼中钉。"藏锋"，就是教你把锋芒暂时藏起来，在真正要显露时才出鞘。才华出众的人，不要过于显露自己，大智若愚，不仅是一种自我保护的方法，同时也是一种实现自己目标的智慧。

事修而谤兴，德高而毁来。

——（唐）韩愈

【大意】 事情成功了，就会有人来诽谤；品德高尚的人，就会招来恶意的诋毁。

【赏析】 此句出自韩愈《原毁》，包含了一个哲学道理——物极必反，说明完美的事物容易遇到嫉妒和非难。只要人一出名，就会有人制造你的八卦新闻，来肆意贬低你、歪曲你。中唐之时朋党纷争，官场排挤倾轧，社会风气浇薄，毁谤滋多。有感于此，作者才发出这样的感叹，颇能切中时弊。此句如同"木秀于林，风必摧之"，成功者更容易遇到非难。

峣峣者易折，皎皎者易污。

——《后汉书》

【大意】 峣峣：高而尖的样子，皎皎：洁白。高而尖的东西容易遭折损，洁白的东西容易受污浊。

【赏析】 此句出自《后汉书·黄琼传》，意思是，刚直而卓尔不群的人，往往容易横遭物议；品行高洁如玉石之白者，最容易受到污损。世事常如此。

青出于蓝而胜于蓝，冰生于水而寒于水。

——（战国）荀子

【大意】 青色是从蓝草中提取的，却比蓝草的颜色更深；冰是由水凝结而成的，却比水冷。

【赏析】 这句贤文蕴含的哲理是，许多新生事物会优于旧事物。这句话同样适用于我们的生活和学习，如教师培养的学生学成后会优于老师，而你出自妈妈的养育，将来也有可能优于妈妈。后辈将来能超过前辈，也泛指一切后来的超过先前的现象和事物。人们常说的"有状元徒弟，没有状元师傅"；"长江后浪推前浪，一代更比一代强"，就是这个道理。但若要做到"青出于蓝而胜于蓝"，也不是一件容易的事。

尺有所短，寸有所长。

——（战国）屈原

【大意】尺虽比寸长，但也有它的短处；寸虽比尺短，但也有它的长处。

【赏析】这句话是说任何人都各有长处，也各有短处。有这样一个故事：一只小羊和一只高大的骆驼相遇了，骆驼在抬头吃树上的树叶，吃得很开心。小羊十分眼红，可是树太高，怎么跳都够不着。这时，小羊和骆驼同时发现了一个木栏中有许多又鲜又嫩的小草，这回，小羊钻进木栏里吃了个饱，留下骆驼在木栏外干瞪眼。这个故事告诉人们一个道理：任何一个人都不会是十全十美的，有自己的短处，也有自己的长处，我们就应该去发现并学习别人的长处。

> 不登高山，不知天之高也，
> 不临深溪，不知地之厚也。
>
> ——《荀子》

【大意】不登上高山，就不知天多么高；不到深水里，就不知道地多么厚。

【赏析】喻指站得高才能看得远，身临其境才能感同身受，亦用来说明实践的重要性。事情只有经历过，才能更加明白；切身体会过，才更懂珍惜；不读圣人的书，就不知道学问的博大精深，就学不到渊博的知识。启示人们，一定要身临其境，才能有所感悟，有所启发，对事物才能做出正确的评价与估量。也提醒旁观者，对别人不要随意发表议论。

> 木秀于林，风必摧之；
> 堆出于岸，流必湍之；
> 行高于人，众必非之。
>
> ——（三国）李康

【大意】 高大的树木，必然招致狂风的吹袭；高于岸边的土堆，必然受到急流的冲击；才华出众的人，难免遭到他人的非难。

【赏析】 这句话的寓意是，在社会生活中，往往能力出众、成绩显著的人，容易被嫉妒，甚至受到打击、排斥，因此很多人往往会选择明哲保身而不愿做"出头鸟"。这种现象在现实生活中确实存在，无法回避。有的领导者也因不辨真伪，偏听偏信，而对傲才横加制裁，或打入"冷宫"，结果人言虽然平息了，但人才也流失了。

仁者必有勇，勇者不必有仁。

——《论语》

【大意】 有仁德的人一定会很勇敢，但是勇敢的人不一定有仁德。

【赏析】 这句话表明了"仁"与"勇"的关系。有仁爱之心的人一定会见义勇为，舍生取义，这才是真正的勇敢。如刘胡兰、董存瑞，他们为了中国人民的解放事业舍生取义，视死如归，他们的勇敢就是仁义之勇；而某些看起来勇敢的人，却不一定都是为"义"而勇，在他们的心中未必有仁爱之情。东汉末期的吕布，善于骑射，骁勇有力，天下无敌。他先后跟随过丁原和董卓，后来又杀死了丁原与董卓。自成势力之后又与曹操为敌，与刘备等人也时而友，时而敌，最后被曹操打败，身首异处。吕布虽然非常勇猛，但唯利是图，反复无常，没有仁德，正是"勇者不必有仁"的典型。

十五、提醒篇

多行不义必自毙。

——《左传》

【大意】 不义的事情干多了，必然会自取灭亡。

【赏析】 这句话像是一个诅咒，但是其中蕴含的就是一个自然规律。有句话说得好："善恶终有报，天道好轮回；不信抬头看，苍天饶过谁？"是指一个人尽干坏事上天是不会饶过你的，不知哪一天就会遭到报应。干不义之事可能得逞于一时，当时也可能会极度风光，但其结果是搬起石头砸自己的脚，都没有好下场，最终会是遗臭万年，这样的例子举不胜举。历代的奸臣，在其当政之时，权倾一时，飞扬跋扈，干尽坏事，但有几个有好下场呢？因此我们要多做好事，绝不要干不义之事。

静坐常思己过，闲谈莫论人非。

——《格言联璧》

【大意】 安静独坐时反思自己的过失，闲谈时不要议论别人的是非。

【赏析】 这是儒家倡导的提高道德修养的重要方法。随随便便说人家的短处，或揭发别人的隐私，不仅有碍别人的声望，且足以显示你为人的卑鄙。假如能在静下来的时候，把谈论别人是非的时间用来"常思己过"，每天反省一下自己的错误，既可减少伤害人的机会，又可随时改正自己的缺点，可以说是一举两得。人活着，避免是非，此乃至高境界。当你听到他人在谈论是非时，最好保持沉默或借故躲开，尽量避免背后议论别人的是是非非。

见利思义。

——《论语》

【大意】 面对利益时，要考虑是否符合道义。

【赏析】 "见利思义"是中国传统道德中处理群己关系的一条基本准则。"见利思义"并不是一味地反对"利"，而是指见到利益，应该想一想符不符合道义，该取的可以取，不该取的不应据为己有，即先义后利。利益是人人都希望获得的，但在追求利益的同时应该将"义"放在重要的位置，符合"义"的利益才是我们追求的目标，"君子爱财，取之有道"，说的就是这个道理。古往今来，是"见利思义"，还是"见利忘义"，始终是衡量人品高下的重要准则。

三思而后行。

——《论语》

【大意】 做每件事经过反复考虑后，才能行动。

【赏析】 这句古训意思非常明确，就是教我们要养成做事前多思考的好习惯。"三思而后行"并不是胆小怕事、瞻前顾后，而是成熟、负责的表现。因此决定做一件事特别是重大事情时，必须要进行全方位的考虑，拿不准的时候多听听旁人的意见，也有好处。"三思而后行"，与快速地把握时机并不矛盾，做事情要学会把握时机，同时在决策的时候还要多去思考。这样的人，才有希望达到成功的彼岸，立于不败之地。

欲速则不达，见小利则大事不成。

——《论语》

【大意】 只求速度不讲效果反而达不到目的，只顾眼前小利就做不成大事。

【赏析】 急于求成、恨不能一日千里，往往事与愿违，大多数人都知道这个道理，却总是与之相悖，从而达不到目的。在以速度取胜的前提下，很多人不再按部就班地做事，也不再脚踏实地，表现出来的只有毛躁和急功近利。应该知道，许多事都必须有一个痛苦挣扎、奋斗的过程，才能最终成功。另外，做人、做事不要贪求小利，要考虑小利后面的大弊。

人无远虑，必有近忧。

——《论语》

【大意】 如果没有长远的考虑，眼前一定会有忧患。

【赏析】 这句古老的格言告诫人们，眼前光景很好不代表以后很好，原因多半是没有长远的考虑。一个家庭即使富贵至极，它终究挡不住只消福不种福。历史上的亡国之君大多数都是穷奢极欲，如夏桀、商纣等。如一个人身体很健康，体质很好，但若他过度消耗，不注意养生，那大病总有一天会找到他。所以，做事要有长远的考虑。

凡事预则立，不预则废。

——《礼记》

【大意】 任何事情，事前有准备就可以成功，没有准备就要失败。

【赏析】 此句话说的是准备的重要性。做任何事情，首先要有充分的准备，计划好实施的步骤，降低事情的风险，那么成功概率就会大很多。事先有准备，方能应付复杂局面，不至于半途而废。如果没有准备，仓促迎战，十有八九要失败。预先想好再发言，就不致临场打蹶；做事预先有计划，办起事来就不会发愁；行动事先有方案，就不致后悔。哲学上反映的是原因和结果的关系。

居安思危，思则有备，有备无患。

—— 《左传》

【大意】 安全时要考虑到危险的隐患，考虑到危险就会有所准备，有了准备就可以避免祸患。

【赏析】 这句话的警戒意义，无论对国家、单位或个人都适用，因而广为人们引用。此句强调要"居安思危"，万事考虑周全，做到防患未然，而不可只顾眼前，贪图安逸，掉以轻心。海尔总裁张瑞敏常说："永远战战兢兢，永远如履薄冰"，这就是聪明人的一种超前忧患意识。只有牢固树立忧患意识，才能时刻保持清醒的头脑，才能把隐患消灭在萌芽状态，永远立于不败之地。

善有善报，恶有恶报；不是不报，时辰不到。

—— 《来生债》

【大意】 做善事有好的结果，做恶事有坏的报应；不是没有报应，只是时间迟早的问题。

【赏析】 此语非常明确地道出了善恶皆有报的必然关系，无非是报得早与迟。许多人对此不以为然，说这是迷信。其实不然，善恶必有所报，这是古往今来，人们通过长期的社会观察而总结出的一种人生现象。世间的善善恶恶、好好坏坏，都是由我们自己所造作，自己所造的业，一定要自己去受报。报应的机会是均等的，绝无特殊。不管达官显贵，或是贩夫走卒，做了善事就有善报，做了恶事就有恶报，绝无特权可言。警示人们要与人为善，力戒恶言恶行，不然会遭到报应，是有科学道理的。

前事之不忘，后事之师。

——《战国策》

【大意】 牢记以前的经验和教训，成为今后做事的老师。

【赏析】 历史是一面镜子，又是宝贵的遗产，有的给我们留下了成功的经验，有的给我们留下了失败的教训。历史是墨写的，也是血写的，过去的经验和教训不应只成为历史，而应成为我们前进的指路明灯。用古人的经验教训指导我们的未来，可以让未来的人生少走弯路，避免重蹈覆辙，从而取得成功。人生要学会借鉴，"以史为鉴，面向未来"，我们才能继往开来，不断前行。

傲不可长，欲不可纵，志不可满，乐不可极。

——《礼记》

【大意】 傲慢不可以滋长，私欲不可以放纵，志向不可以自满，享乐不可以过度。

【赏析】 魏征曾用此话来诤谏唐太宗，因而夯实了大唐千年基业；乾隆皇帝曾御笔题写此句，时时自省，现其真迹碑刻仍立于天津蓟州区独乐寺内，留警后人。此话对时下每个人都是一剂处世良方。人一旦骄傲，难免自以为是而变得愚蠢，骄兵必败；人一旦萌生贪欲，将日益膨胀，最终滑向罪恶的深渊。人一旦"志满"，傲、欲、乐之类就会乘虚而入，就会停止了前进的脚步，将无所作为；乐到达极点，必然丧失生命活力，乐极生悲，就会走向反面。

太刚则折，太柔则卷。

——《淮南子》

【大意】 物体太刚就容易折断，太柔软就容易弯曲。

【赏析】 人不可无刚，无刚则不能自立，不能自立也就不能自强，也就不能成就一番功业。但人的性格太刚烈，宁折不弯，到了一定的极限就要崩溃。人也不可无柔，无柔则不亲和，不亲和就会自我封闭，陷入孤立，四面楚歌。但如果太柔弱，做事总是唯命是从，就会任人宰割。因此，要刚柔相济，灵活掌握。这样，做人、做事才能游刃有余，成功率才会更高。

勿轻小事，小隙沉舟；勿轻小物，小虫毒身。

——《吴尹子》

【大意】 不要轻视小事，小的裂缝能使船只沉没；不要轻视小东西，小虫子能毒害人的身体。

【赏析】 比喻小差错能酿成大灾害，小问题不引起注意就会导致严重的后果。"大必起于小，多必起于少"，"蚁穴失察必崩大坝，小贿不拒定成大贪"。一滴水可以折射太阳的光辉，一件好事可以看出一个人高尚纯洁的心灵。小事是大事的基础，大事是小事的累积。有一首英格兰民谣："丢失一个铁钉，坏了一只马掌；坏了一只马掌，折了一匹战马；折了一匹战马，伤了一位战将；伤了一位战将，输了一场战斗；输了一场战斗，亡了一个国家。所有的损失都是因为少了一个马掌钉。"

临行而思，临言而择。

——（宋）王安石

【大意】 即将行动要认真思考，即将说话时要慎重选择。

【赏析】 纵观世界历史，每一位取得非凡成就的人物，都是抱着如履薄冰的态度去做人、做事。我们每一个挫折和失误，都是因不能谨言慎行而引起。因此，经过思考再行事，就会去掉盲目性，减少失误；经过选择再说话，就会去掉随意和轻率，避免失言。谨言不是不说，慎行不是不做，而是在说和做之前要"三思而后行"，对自己的言行负责，对他人负责。如果说话、做事把握好分寸，谨言慎行，就会减少很多烦恼。

> ## 知足不辱，知止不殆。
>
> ——《老子》

【大意】 知道满足就不会受辱，知道适可而止就不会危险。

【赏析】 这句话是强调"知足"和"知止"的重要性，"知足、知止"是中国哲学中独有的一种智慧。知足的人常能感到满足，不会被欲望所控制而辱没自己；做事有分寸的人常能有所节制，不会因为自己不恰当的行为而蒙受羞耻。老子认为，做到这两点，就可以不受辱，也不会陷于危险之中。人的祸患多源于自身的贪婪，不顾一切地追逐名利，贪得无厌，因而自行败亡，轻则屈辱，重则丧生。因此，在物欲面前，要保持克制才不会走向失败和灭亡。

> ## 事以密成，语以泄败。
>
> ——《韩非子》

【大意】 事情因守密而成功，又因不慎泄密而失败。

【赏析】 此句说明了保守秘密的重要性。要想事情成功，就要出奇制胜，行动谨慎。成大事者懂得保守秘密的重要性，事情往往因守密而成功。因说话大意泄密而导致全盘失败，历史上太多这样的教训。在《三国演义》中，汉献帝把秘密刺杀曹操的任务托付给"车骑将军"董承，并把"衣带诏"交给了他，董承却马虎大意，大白天打盹，诏书没藏好被人发现；半夜醉酒说梦话，吐露反曹心意。两度泄密透露了消息，不仅招来杀身之祸，而且还破坏了灭曹的计划。

有备则制人，无备则制于人。

——（汉）桓宽

【大意】 有所准备就能控制别人，毫无准备就会被别人所控制。

【赏析】 此句主要是针对军事方面来讲的，说明要打有准备之仗。有了准备，打击敌人时可以"攻其无备，出其不意"，一举获得成功；没有准备，就会被动挨打，被人制服。"宁可千日不战，不可一日不备。"战争的胜负常常取决于战争之前。为打赢战争，准备得越充分，预案越周全，细节越完美，到了战场上，就越能应对自如。此名句也适用于军事以外的各个方面，无论做什么事，有了充分的准备，就掌握了主动权，就能立于不败之地。

处事须留余地。

——（清）弘一大师

【大意】 做事要留有余地，不可把事情做绝。

【赏析】 在什么情况下，也不能把话说绝，更不能把事做绝，免得下不了台。给别人留余地就是给自己留余地。不让别人为难，也就是不让自己为难。断尽别人的路径，自己的路径也危险。这就是"让三分留余地"的妙处，也是圆融处世的良方。人生大舞台，有坦荡君子，也有戚戚小人，与他人发生矛盾时，你若留有几分余地，矛盾也许会迎刃而解。留有余地是人生智慧，也是生活经验。

病从口入，祸从口出。

——（晋）傅玄

【大意】 病毒一般从口入身而得病，灾祸往往因说话不慎而招致。

【赏析】 老人们常用这句话来告诫我们，要注意饮食卫生和说话艺术。这句名言是说这"病"和这"祸"都是由"口"引起的，所以，把握好自己的"口"是人生之要。古往今来，多少人就吃亏在自己的嘴上。说话口无遮拦，信口雌黄，往往酿成大祸，还可能造成终身遗憾！同时，吃东西也要谨慎，不然会引起疾病，甚至顽症。因此说话做到"三思而后言"，吃东西做到"不乱吃东西"，这样则一生平安。

待小人宜宽，防小人宜严。

——（清）金缨

【大意】 对待小人适宜忍让，提防小人适宜严密。

【赏析】 芸芸众生，千人千面，有好人，也有坏人；有君子，更有小人。面对生活中的小人，我们要宽以待之，因为小人不讲道义，如若与其对立成仇，很可能会在某一时刻被其暗算。对待小人，我们要擦亮眼睛，时刻提防，少吃小人亏！对于小人，待之不宽，必结怨；防之不严，定受害。只要不是大的原则问题，能忍则忍，能让则让。在宽待小人的同时，还必须严密地提防着他。但对于小人，过分的忍让也许会走向放纵，小人会得寸进尺，所以斗争是必要的，该出手时要出手。

哀莫大于心死。

——（秦）庄子

【大意】 最悲哀的事，莫过于丧失信心而不能自拔。

【赏析】 生活中，有人因为恋爱多次受挫，变得忧郁；有人失业在家，从此一蹶不振；有人考学失利，自暴自弃……经受打击后，出现寡言、逃避等抑郁和绝望情绪，这都是"心死"的表现。如果感到绝望时，做些小改变，你会感觉好很多。一是向最信任的人倾诉痛苦，并学习别人在遇到同样问题时是如何应对的；二是带着伤口总结过去，只有从教训中找出问题，才能有所改变；三是大胆设想美好未来，这会让你内心充满希望；四是有必要的话，寻求心理医生的帮助。

> 节食则无疾，择言则无祸。
>
> ——（宋）何坦

【大意】 节制饮食不会得病，谨慎说话不惹祸患。

【赏析】 节食，一是指饮食不要过量，一般吃到七八分饱就好；二是指不能乱吃，选择安全的食品为佳。敢想敢说是一种可贵的品格，但是"敢说"不是鲁莽，不讲场合，信口开河，甚而口出狂言，遭人忌恨而给自己招来祸害。慎言不是胆小怕事，慎言是指说话要慎重严谨，要负责任，要有根据，要实事求是。人什么时候最不容易慎言？在头脑发热的时候，在自以为是的时候。

> 书必择而读，人必择而交，
> 言必择而听，路必择而蹈。
>
> ——（清）张履祥

【大意】 书必须要在选择后读，朋友必须在选择后交，别人的话有选择地听，走路必须有选择后走。

【赏析】 无论读书、交友、倾听、走路都要有所选择，不能随便。读一本好书，就如同和许多高尚的人谈话，开卷有益；阅读一本选择不当的书，比不阅读更坏、更有害；结交一位净友，对自己成长有益，可以相互扶持；结交一个不好的朋友，就会"近墨者黑"；倾听正直的忠言，有利于改正自己的不足，使自己不断进步；要走的路，更要谨慎选择，才不至于跑偏。人生最困难的事就是选择，如果凡事不加选择，会给自己带来无穷的后患。

事后掩饰，不如慎始。

——（清）郭嵩焘

【大意】 与其做错了再掩饰，不如一开始就小心谨慎。

【赏析】 万事开头难，一开始就慎重小心，才能走得更远，走得更好。"慎始"，不论工作、学习、做事、创业，都要小心翼翼地开始，循规蹈矩地推进，开一个好头，然后形成习惯，坚持下去，就一定会成功。不能"慎始"，是走下坡路的起点，把握好了开头，则奠定了善终的基础。

害人之心不可有，防人之心不可无。

——《菜根谭》

【大意】 不可有害人之心，但是要有防范之心。

【赏析】 这句话是中华民族的一句至理名言。人心永远是难以琢磨的，对人与事不可轻信，要时刻保持警惕。对陌生人是如此，对熟人也是如此，要多个心眼，这也是我们的生存之道。如果在社交的过程中毫无防备之心，那么我们就可能会被人害得很惨。此句用于劝诫在与人交往时警觉性不够的人。

人言未必皆真，听话只听三分。

——（明）吕近溪

【大意】 别人的话未必都是真的，所以只能相信三分。

【赏析】 轻信是人生的大敌，没有主见的人，缺乏辨别能力，就容易轻信别人的话，这很容易上当、受骗，甚至给自己带来严重的后果。人们在一起说话，听话的人要有自己的分析和主见，不可随意听信，更不可随声附和。况且，这个社会上有相当一部分人，听到一些传言，不管真假就到处宣传；还有一些别有用心的人，谣言惑众。因此，别人的传言绝不能轻信，更不能像小人那样到处传播。

贪如火，不遏则燎原；
欲如水，不遏则滔天。

——（战国）韩非

【大意】 贪念如野火，不加节制就会星火燎原；欲望如江水，不加遏制就会掀起巨浪。

【赏析】 人生在世，诱惑多多，内心深处常常存在各种各样的欲念。在物欲横流、诱惑无处不在的当下，很多人因经不起金钱、权力、美色的诱惑，在"糖衣炮弹"面前"翻身落马"，败下阵来，教训极为深刻。多一份邪念，就多一分危险；少一份贪欲，就多一份超然。人一旦打开贪欲的闸门，任其泛滥，将越走越远、越陷越深，难以自拔，如果不加节制会"病入膏肓"，最终会坠入深渊而粉身碎骨。

是非窝里，人用口，我用耳；
热闹场中，人向前，我落后。

——《格言联璧》

【大意】 别人谈论是非，我只听但不参与谈论；在热闹场所，别人去凑热闹，我不盲目跟随。

【赏析】 有人的地方，就有江湖；有人的地方，就有是非。"是非窝里烦恼多，是非之外好安身。"一些无稽之谈，人们争相传布，而我们即便听到了，也应该是付之一笑，不应该再去传播，所谓"谣言止于智者"。真正品格高贵之人，不去理睬小人的风言风语，更不会传播是是非非。"有事但听君子说，是非休听小人言。"

当断不断，反受其乱。

——《史记》

【大意】 应该作出决断的时候而犹豫不决，就要产生祸乱。

【赏析】 古往今来，成大事者都有一个共同点：处事果决，当机立断。一个人处事果断是良好的心理素质，也是意志坚强的表现。处事果断的人，在遇到紧急情况的时候，能够当机立断，善于抓住时机，毫不迟疑地采取措施和行动。相反，那些遇事优柔寡断、当决不决、踌躇不前的人，往往会坐失良机。良好的机遇一旦错过，就不再来，悔之晚矣。当年项羽跟刘邦争取天下，只因项羽太优柔寡断，使本该属于自己的天下成了刘邦的囊中之物，落得拔剑自刎的下场。

人有喜庆，不可生嫉妒心；
人有祸患，不可生喜幸心。

——《朱子治家格言》

【大意】 别人有喜事不可心生嫉妒，别人遇灾难不可幸灾乐祸。

【赏析】 别人有喜庆事，这个喜庆包括很多方面：譬如道德人品、才智学识、功名富贵、一技之长，乃至美貌仪容等，这都是人所希求的。见到别人有这些，不可以心生嫉妒，嫉妒是心灵的肿瘤，对自己危害很大。三国时期的周瑜，不就常嫉妒诸葛亮的才能吗？人难免有祸患，所谓"人有旦夕之祸福"，别人有不幸，我们应该同情、怜悯才对，怎么能够还反生"喜幸之心"？如果幸灾乐祸，那灾祸就可能会随你而来了。

成名每在穷苦日，败事多因得意时。

—— （清）石成金

【大 意】 今日的成名是昔日艰苦奋斗的结果，事业失败大多是得意忘形造成的后果。

【赏 析】 一个人处于穷苦贫困之时，大多都会化悲痛为力量，发奋图强；然而一旦功成名就，却容易得意忘形，丧失困窘时的那股冲劲，再加上此时所受的诱惑和外界干扰因素较多，精力被过分地分散和耗费，最终导致失败。不甘堕落者自当力争上游，并非全因"名利"二字，实为努力实现自身价值。成功时也不能得意忘形，而应保持清醒。

喜时之言多失信，怒时之言多失体。

—— （明）陈继儒

【大 意】 高兴时的承诺大多不守信用，愤怒时说的话大多违背礼节。

【赏 析】 一个人在大喜大悲时，很难妥善处理自己的情绪，先贤正是看到了人性的弱点，故而告诫我们："每当欢喜时说的话，多数难以兑现，易失信于人；愤怒时说的话，因情绪不佳，往往言行不得体。"我们可能有过这样的经历，喜怒过甚时说的话或得意忘形，或狠戾乖张。真正有智慧的人，不会因一时兴起就表达自己、随意显露，而是知道如何自制，学会自我调节，避免让他人为你的情绪埋单。否则，激动心情下所做的一切，事后很容易让自己后悔。

天有不测风云，人有旦夕祸福。

——（宋）吕蒙正

【大意】 天气有难以预测的风云变化，人在旦夕之间也会有祸与福的变化。

【赏析】 三国时期，曹操屯兵赤壁欲进攻东吴，周瑜与孔明商量用火攻，可此时季节已过没有东南风。周瑜气得生病，孔明去看他，周瑜说："人有旦夕祸福。"孔明说："天有不测风云。"果然刮起了东风，"火烧赤壁"的计策得以成功。人的命运就如同天气一般，总是算不准下一秒会发生什么，明明大好艳阳天，转眼间便有大雨倾盆而至。人的一生当中，也总是会有各种突如其来的灾祸与磨难，令人手足无措。此句多用于劝解突然遇到不幸的人们，应面对现实，处变不惊。

非理之财莫取，非理之事莫为。

——（明）冯梦龙

【大意】 不正当的财物不要取，不合理的事情不可做。

【赏析】 面对纷繁复杂的社会环境，要强化自我约束、自我控制、自我监管的意识和能力，严守规矩，坚持原则，抗得住各种各样的诱惑；在娱乐圈中抵御"灯红酒绿"，不涉足低级庸俗的休闲活动，不为声色所迷。同时，自觉坚持慎微、慎欲、慎初、慎独，注意每一件细小的事情。要防微杜渐，谨防欲望过度，用理性控制欲求，时刻严格要求自己，做到人前人后一个样，有监督和没监督一个样。时刻警戒自己：不可做不义之事或取不义之财。

一失足成千古恨，再回头是百年人。

——（明）唐寅

中华古典名言赏析 · 提醒篇

【大意】 一旦误入歧途，再难回头；即便回头，只好等待下辈子了。

【赏析】 此语告诫人们，立身行事必须行为端正，小心谨慎，切莫因一时疏忽或贪图名利而铸成大错，抱憾终身，悔之晚矣！人生短暂，容不得半点失误，一旦误入歧途，再难回头，即便回头，也已经物是人非。很多人用自己的例子告诫人们：要万分谨慎地把握自己的行为和操守，一旦犯了严重错误，就会形成永远抹不去的污点，即便想回头也错过了大好的年华。

君子爱财，取之有道。

——《增广贤文》

【大意】 君子也爱钱财，但他们是通过合法的渠道获取。

【赏析】 这句话是老祖宗留给我们的宝贵精神财富，也是对后人的忠告。金钱无人不喜爱，无人不去求取，但是求取钱财时，必须合乎规则、通过正当渠道进行。在社会经济迅猛发展的今天，很多人都企盼着"一夜暴富"，总是把发财的梦想寄希望于"意外"而非"努力"上，于是乎，坑蒙拐骗者有之，偷盗抢劫者有之，赌博贪污者有之，行贿受贿者有之。然而，取不义之财，违法乱纪，迟早会受到国家法律的制裁。因此，靠自己辛勤劳动获得财富最保险。

前车之覆，后车之鉴。

——（汉）贾谊

【大意】 前面的车翻了，后面的车要引以为鉴。

【赏析】 比喻以往的失败，应该拿来当作教训。后人也常把这句话简化为成语"前车之鉴"，以此警示人们，切莫再犯前人犯过的错误。有了"前车之鉴"，后来者应该从中吸取教训，引以为戒，防患未然。这个教训也许是自己的，也许是别人的；也许是历史的，也许是现代的。不管是哪种情况的，聪明的人绝不会让同一块石头绊倒两次，第一次摔倒，或许是因不熟悉情况而没有足够的警惕，但是一而再、再而三地跌倒，可能因屡次摔倒而爬不起来了。

欲思其利，必虑其害；欲思其成，必虑其败。

—— （三国）诸葛亮

【大意】 欲得其利，要想所带来的危害；想要成功，也要考虑可能会失败。

【赏析】 诸葛亮是常胜军师，每一次决胜千里之外都和他深思熟虑有关。做事情一定要考虑周全，每件事都具有两面性，在权衡利弊之后才去做，成功的把握会更大。诸葛亮一生用兵谨慎，这大概是他常胜的原因。诸葛亮告诫人们，世间万事万物都是柄双刃剑，总有正反两面的意义，某个东西能够给予你快乐的同时，必然也有让你不快乐的因素；有成功的希望，也会有失败的可能。我们要一分为二地分析问题，对任何事都要有正反两方面的准备，不能顾此失彼而追悔莫及。

人必自侮，然后人侮之。

—— 《孟子》

【大意】 人必先有自取侮辱的行为，别人才侮辱他。

【赏析】 孟子讲了一个重要的道理，一切祸福皆由自取。不仅个人如此，一个家庭、一个国家，都莫不如此。一个人自重，堂堂正正做人，谁能不尊敬他？反之，说话放肆，行为轻荡，做一些不仁德的事，谁又会尊敬他？家庭不和睦，"第三者"才有插足的缝隙；国家动乱，祸起萧墙之内，敌国才趁机入侵。所有这些，都有太多的例证可以证实。我们今天说"堡垒最容易从内部攻破",其实也正是这个意思。所以,人应自尊,家应自睦,国应自强。

自高则必危,自满则必溢。

—— (宋) 胡宏

【大意】 人自高自大必然危险,水太满了必定会溢出。

【赏析】 在很早以前,草原上长着一棵茂密的大树,经常嘲笑草原上的小草说:"小草啊,你们看看自己,都那么弱不禁风,就连我也替你们脸红,你们瞧瞧我!"小草什么也没说。可在一个狂风大作的夜晚,大树被刮倒了。尔后,大树明白了两个道理:一是有时退缩比硬撑好,二是要谦虚,千万不要翘尾巴!

胜不骄,败不馁。

——《商君书》

【大意】 胜利了不能骄傲,失败了不能灰心。

【赏析】 当你取得成功的时候,决不可沾沾自喜、骄傲自满,而应该总结成功的经验,再接再厉,向更高、更好的目标而努力奋斗;当你遇到挫折与失败的时候,决不能灰心生气,破罐子破摔,而应该认真反思自己,从中找出失败的教训,就会从失败走向成功。楚汉战争初期,刘邦屡败,特别是"巨鹿之战"刘邦大败之后,项羽更看不起刘邦,多次放走刘邦。刘邦却并不气馁,最终打败项羽,建立汉朝大业。

十六、教育篇

> 教子不趁早，大来多颠倒。
>
> ——《趁早歌》

【大意】 教育子女不趁早进行，等长大了往往会走向反面。

【赏析】 古代教育家颜之推在《教子篇》里提出了一个教育子女的重要原则，就是教育子女必须从小开始，而且越早越好。孩子刚生下来，一切都是一张白纸，这个时候教他什么就是什么，最容易被接受，也最起作用。等孩子长大以后才开始教育，那就太晚了！有的家长在孩子小的时候，即使发现有些毛病，总以为"孩子还小嘛，大了就好啦"。等到孩子十几岁的时候，才发现问题严重——管不了啦，又气得不行。这样的教训比比皆是。

> 孝子不生慈父之家。
>
> ——（秦）韩非子

【大意】 溺爱子女的家庭，不会有孝子。

【赏析】 对孩子太过宠溺，就教育不出孝子。在现代社会，父亲教育孩子，需要的威严形象不应该来自棍棒，而应该来自榜样。自己做好了，才有资格教育孩子。良好的引导，会创造一个好的环境，孩子自然会跟着学。长此以往，自然会在孩子心中产生一种威严的形象，一言一行，威严自生。而这种形象，是孩子发自内心的崇拜和尊重。萨提亚说："如果孩子有问题，那一定是父母的问题。"

所以，如果孩子犯错了，大人首先应该自我反省，而不是一味地打骂。

以德遗后者昌，以财遗后者亡。

—— （宋）林逋

【大意】 把好品德传给后代的就兴旺，把大量钱财传给后代的则衰败。

【赏析】 给孩子留德还是留财，关系到孩子的前途和命运。德是立身之本，祖辈把好品德传给后代，就等于有了立足于社会的本钱，就不愁后代将来没有出息。如果只是把大量的财富留给后代，他就会失去艰苦创业的志向和意志，还会滋生好吃懒做、骄奢淫逸的恶习，迟早会败家甚至生出祸端。在国外，一些富豪不留遗产给后代，早已不是什么新闻。你若真爱自己的孩子，就不妨在金钱上吝啬一些，让他流汗、流泪、流血，让他自我奋斗。

不以规矩，不能成方圆。

——《孟子》

【大意】 不用圆规和曲尺，就画不出规范的方形和圆形。

【赏析】 这句名言，本来来自木匠术语，"规"指的是圆规，"矩"也是木工用具。没有规和矩，就无法做成方形或圆形的东西。"没有规矩，不成方圆"，这是放之四海而皆准的真理。国有国法，家有家规。圣人认为，治家也要有规矩，而且规矩要早早立下。男女成家有了孩子之初，也要给孩子立规矩。有了家规之后，引导孩子做人、做事要按规矩去做，孩子才能在规矩的约束下，形成各种良好习惯，从而培养好的品德，为孩子的成人、成才、成功打下坚实的基础。

爱人不以颂，而以规。

——（明）海瑞

【大意】 真正爱一个人不应一味地赞颂他，而是教育他按照规矩去做人、做事。

【赏析】 这句经典的格言出自明代清官海瑞，正因为海瑞懂得什么是真爱，才会有爱憎分明、执法如山的特性。这句话郑重提醒我们，怎样才算是爱一个人。特别警示孩子的家长和教育工作者，一味地赞美孩子和过度的赏识都是错误的，这样长期下去，孩子就会变得腾云驾雾，为所欲为，走上邪路。因此，从小就必须用规矩来规范孩子，"没有规矩不成方圆"，孩子在规矩的约束下，自然会向好的方面发展，向家长和老师的培养目标发展。这样教育孩子才是真爱！

孔子教人，各因其材。

——（宋）朱熹

【大意】 孔子教育学生，针对学生的不同特点，从学生实际情况出发进行教育。

【大意】 因材施教是孔子的重要教育方法之一，延续至今，这个教育理念仍是重要的教育方法。在教学中根据不同学生的认知水平、学习能力以及自身素质，教师选择适合每个学生特点的学习方法来有针对性地教学，发挥学生的长处，弥补学生的不足，激发学生学习的兴趣，树立学生学习的信心，从而促进学生全面发展。教育学生决不能都用同一种方法，不能搞"一刀切"。在教学中，人不同，则教的东西、教的方法、教的分量、教的次序都跟着不同。根据学生的不同特点采取不同的教育教学方式，多一把衡量学生的尺子，就会多出一批好学生。

爱之不以道，适所以害之也。

——《资治通鉴》

【大意】 爱的方式不对，这样的爱恰恰是害了他。

【赏析】 家庭是人生的第一所学校，父母是人生的第一位老师。家庭教育涉及很多方面，但最重要的是品德教育，也就是如何做人的教育。世界上有很多种爱，但是有一种爱是最无私的，那就是父母对孩子的爱，爱可以帮助孩子健康的成长，但溺爱却阻止他们成长。家长对孩子的爱，不应是牢笼，不应是蜜罐，不应是保险箱，只应是孩子放纵时家长严厉的目光，孩子懒惰时家长频频的叮嘱，孩子犯错时家长谆谆的教诲……因为只有这样，蛹中的蝴蝶才能飞起，稚气的少年才能成长；只有这样，爱才不是一种伤害。

道而弗牵，强而弗抑，开而弗达。

——《学记》

【大意】 要引导学生而不要牵着学生走，要鼓励学生而不要压抑他们，要教给学生学习方法而不是代替学生作出结论。

【赏析】 在今天的教学中，这样的教育经验依然焕发活力。优秀老师教育学生，靠的是引导而不是强迫服从，是勉励而不是压制，是启发而不是全部讲解。引导而不是强迫，就会使师生关系和谐；勉励而不是压制，学习就容易成功；启发而不是全部讲解，学生就会善于思考。教师在教学活动设计和组织过程中，要真正关注学生的主体地位，激发学生主动思考，促使学生自主感悟，从而增长智慧。优秀教育者教学，不是直接灌输知识，而是创设情境，让学生感悟、发现，学会学习方法，从而得到教师"举一"而学生"反三"的教学效果。

> 读书无疑者，须教有疑；有疑者，却要无疑，到这里方是长进。
>
> ——（宋）朱熹

【大意】 教学，首先教他能提出疑问，再教他解决疑问，这样学习才能有进步。

【赏析】 朱熹以"读书之疑"，说明读书要有长进须两个阶段。第一个阶段是"无疑者须教有疑"，第二个阶段是"有疑者，却要无疑"。现在的学生普遍存在一个弊端，就是不爱提问题，或者提不出问题来。这就需要教师在教学中特别注意培养学生的质疑能力。学生敢于质疑问难，是深入钻研、积极思维的表现，学生因为有疑才会有思，而有思才会使"有疑"变"无疑"。因此，质疑是非常重要的。正如大科学家爱因斯坦所说："提出一个问题，往往比解决一个问题更重要。"

> 爱其子而不教，犹为不爱也；
> 教而不以善，犹为不教也。
>
> ——（清）黄宗羲

【大意】 爱自己的孩子而不加以教育，这等于不爱他；教育孩子而不引导他向善，这等于没教育他。

【赏析】 对于子女的关心，不仅是口头上的嘘寒问暖而已。更重要的是每天抽出一点时间对子女进行家庭教育，在家庭里面营造良好向上的家风。因为父母的一言一行，对于子女而言，是最不可或缺的教育。现在不少家长对下一代的教育存在两种片面性：一种是一味地溺爱，在生活上无微不至地关心，唯独不重视严格的教育，实际是"不爱也"。另一种是比较重视对子女的教育，但只关心他们的课本作业和考试分数，而忽视对孩子人格的培养。这两种倾向都是错误的。

父母威严而有慈，则子女畏惧而生孝矣。

——（北齐）颜之推

【大意】 做父母的有威严而又不失慈爱，这样子女才会敬畏、谨慎地孝敬父母。

【赏析】 颜之推认为家庭教育应当从严入手，严与慈相结合。西方人教子，既有民主、自由的一面，还有教孩子守规矩的一面。强调要给孩子从小设定规矩，甚至呼吁守规矩要从婴儿出生就开始。教育经验告诉我们：在没有规矩的爱中长大，孩子失去了感恩；在没有爱的规矩中长大，孩子学会了自卑；在没有规矩也没有爱中长大，孩子失去了敬畏；在规矩和爱中长大，孩子学会了谦卑和自信。所以，教育孩子既需要规矩也需要爱！做到"严慈相济"，严中有爱，爱中有严，这才是最好的教育方式。

家教宽中有严，家人一世安然。

——（明）吕近溪

【大意】 家庭教育既宽放又要严格，那么家庭就会一辈子平安无事。

【赏析】 家庭教育应宽严适度，该宽时要宽，该严时要严，宽中有严，严中有宽，营造一种既有规矩又不失自由的良好家庭氛围，这样的家庭才能长治久安。如清朝的曾国藩对子女严格要求，毫不溺爱，教育孩子注重两个字：勤与俭。他要求孩子们一生铭记十六个字："家俭则兴，人勤则健，能勤能俭，永不贫贱！"爱孩子没有错，但要有原则和底线，保证孩子做事有度、有规矩。孩子小时候可能不理解家长的用心，甚至记恨父母，当他成人后才知道当时父母的良苦用心，因此倍加感恩父母当时的严格教育。

择师不可不慎也。

——《礼记》

【大意】 选择老师不能不慎重。

【赏析】 有人说，人生有三大幸运：上学时遇到好老师，工作时遇到好师傅，成家时遇到好伴侣，此话不无道理。特别是在人生的起点上，上学的时候能遇到一位好老师，是人生之大幸！教师和医生是专业性很强的职业。庸医害人性命，庸师误人终身。老师对一个人的成长起着非常关键的作用，老师对一个人的影响甚至超过父母。一名好的老师不仅注重教书，更重要的是教学生如何做人，为其一生奠定了坚实的基础。因此，在求学的过程中，没有比选择良师更重要的了。

经师易遇，人师难遇。

——《资治通鉴》

【大意】 找一位传授知识的老师很容易，但是找一位教孩子如何做人的老师却很难。

【赏析】 现代著名教育家徐特立曾经指出："教师是有两种人格的，一种是经师，一种是人师。""经师是教学问的，人师是教行为的。"既能传授知识，又能弘扬道德的，当然是最完美的教师。但无论是古代还是当今，往往"经师"易见，而"人师"难逢。现在许多老师只把眼光盯在学生的分数上，忽略道德教育。这是一种非常严重的错误教育倾向，亟待扭转。凡是成功的教师，都是把教会学生如何做人放在首位，坚持"以德为先"，使孩子能够全面发展，在其成年后立足于社会。

子弟童稚之年，父母师父严者，异日多贤；
宽者，多至不肖。

——（清）张履祥

【大意】 在孩子幼年时期，凡是父母老师要求严格的，将来大多能成为贤人；而要求宽放的，大多品德差而不孝敬长辈。

【赏析】 此句出自张履祥《训子语》，告诫父母，孩子在年幼的时候，父母老师就应对其严格要求。凡成才的孩子，在小时候家长或老师必然是要求严格的，在严格的教育下，不会出现偏差。就像一棵小树，小时候就是去掉没用的枝杈，使树干正常发育成材；如果不加修剪和精心管理，就会枝杈丛生，长成一棵废树。"严师出高徒"也是古代流传下来的一句教育名言，这句话却是一个教育真理。

小时偷针，大时偷金。

——谚语

【大意】 小的时候偷针，长大以后就可能偷金子。

【赏析】 这句话是一个比方，事实确实是这样。在小时候有了坏毛病，如果教育不及时，小毛病就会滋长蔓延，犯的错误就会越来越大，胆子也越来越大，犯错的频率越来越高，最后走上了犯罪的道路。一些罪犯的悲剧就是这样形成的。因此，作为孩子的家长们、孩子的老师们，对孩子的教育要从小处着眼，孩子一旦有了小毛病，要及时纠正，决不能放纵，不然就会毁了孩子！

孔子家儿不知骂，曾子家儿不知怒，
所以然者，生而善教也。

——《苏氏家语》

【大意】 孔子家的孩子不知道骂人，曾子家的孩子不会发怒。之所以这样，是因为在孩子出生后受到良好的家庭教育。

【赏析】 这句话强调了家长的示范对孩子的影响极其重要。俗话说，父母是孩子的第一位老师，家庭是孩子的第一课堂。由于孩子幼时的可塑性大，模仿性强，父母的一言一行、一举一动都无时无刻不在潜移默化地对孩子施加影响。"榜样的力量是无穷的"，家长苦口婆心地给孩子讲一些大道理，不如自身做出示范，身教重于言教。因此，作为父母应当特别注意孩子的审美教育，让孩子懂得什么是真正的美，父母在循循善诱的同时，以身作则才会起到好的作用，才会使孩子的身心得到全面健康的发展。

见兔而顾犬，未为晚也；
亡羊而补牢，未为迟也。

——《战国策》

【大意】 见到兔子回头叫狗去追，不算晚；羊丢失了再去修补羊圈，也不算太迟。

【赏析】 见到兔子再回头叫狗去追，虽然时间急迫，还来得及；羊已丢失了马上修补羊圈，虽不能找回已丢的羊，但以后就不会再丢失了。作者以形象的比喻，说明应及时修正错误，总结经验，以减少损失。这句名言对于教育有重要的启示作用，无论是家长还是老师，发现孩子犯了错误之后，应及时给予教育纠正，决不能任其发展，教育得越及时，效果越好，孩子改正得也越快。如果认为孩子有点毛病无所谓，这毛病就会越来越大，时间长了再纠正就难了。

父否母然，子无适从。

——（宋）宋祁

【大意】 母亲要孩子这样，父亲却要孩子那样，孩子就不知道该怎么做了。

【赏析】 父母教育孩子有一个重要的原则，就是保持教育的一致性，这是一条重要的教育经验。特别是当着孩子的面，父母对孩子的态度各执己见，互不相让，出现了"父母互否"的局面，是很不明智的。这样孩子就无所适从，不知道是谁说得对，不仅降低了父母的威信，更导致孩子难辨是非，索性谁的话也不听了。因此，如果父母教育观点不一致，在孩子背后交流探讨为上策。"一个管，一个护，孩子必定不走正路"。不仅父母之间要保持教育的一致性，父母更要和老师保持教育的一致性，这是非常重要的教育观点。

以身教者从，以言教者讼。

——（南朝）范晔《后汉书》

【大意】 用自己的行动教育孩子就会服从，只用空话教育孩子容易引起争吵而不从。

【赏析】 该名句反映了我国传统的教育思想——身教重于言教，它强调教育者要从自身的德化与自身的行动做起。这句贤文启迪教育者，教育的效果不取决于教育者的说教，而在于自身的示范作用。"榜样的力量是无穷的"，教育者本身做得正、行得端，孩子就会看在眼里，记在心上，潜移默化地起着熏陶作用，孩子自然而然就会形成好品质。如果教育者说一套做一套，就无法教育好孩子。

母欺子，子而不信其母，非以成教也。

——（秦）韩非子

【大意】 如果母亲欺骗子女，子女就不再相信母亲，这不是教育孩子的好方法。

【赏析】 母亲是孩子的第一任老师，也是最好的老师，她给孩子的教育比所有学校加起来还要多。孩子的未来掌握在母亲手中，孩子的教育从坐在母膝上就开始了，母亲所说的任何一句能被孩子听到的话，都影响着孩子的品德。因此，如果母亲撒谎欺骗了孩子，就等于叫他学撒谎，孩子就会不知不觉地学得不诚实了。再说，母亲哄骗小孩，小孩就不会相信他的母亲，以后母亲再在孩子面前说什么都不灵了，这就给孩子种下了一颗危险的种子。这样教育孩子是要不得的，其后果是不言而喻的。

孝于亲则子孝。

—— （宋）林逋

【大意】 家长孝敬自己的父母，你的子女也会孝敬你。

【赏析】 究竟什么是"教育"？古人说："上行下效，然谓之教。"这是说，教育就是在"上位"的人，其行为对在"下位"的人以影响，在"下位"的人跟着在"上位"的人学。在家庭里，做父母的如何做，子女就会跟着怎么学，这就是"家庭教育"。家长的一言一行、一举一动，在子女心目中都有不可估量的分量，都会影响孩子。父母对上辈人孝敬与否，对自己的儿女乃是一种无言的熏陶，直接感染于孩子，如果做父母的不孝敬上辈，子女也不会孝敬你。这就是"种瓜得瓜，种豆得豆"，往往自己吃的苦果都是自己种下的。

富贵子弟无成者，失于姑息也；
贫贱子弟易成者，习于严束也。

—— （明）陈荩

【大意】 富贵人家的孩子多不成才，失败在对孩子无原则地宽容放纵；贫苦人家的孩子多能成才，是因为严格要求的结果。

【赏析】 其实，富贵也好，贫贱也罢，如果失于教导、缺乏约束，结果都一样。家是教育开始的地方，家规是教育孩子的依据，德行是家规的灵魂，家规是德行的依托。好家风是严出来的。严明规范，就是要通过规则、规矩的约束，在潜移默化中养成好习惯、好品行，既不让其流于琐碎，又不使其失于空泛。因此，严不是目的，通过家训、家教让家族成员明白立身处世的道理，成就有德行有操守的人生，才是归宿。

严家无悍虏，而慈母有败子。

——《韩非子》

【大意】 家教严格就不会出逆子，母亲过于溺爱出败家子。

【赏析】 对孩子的教育，母亲的地位作用极为显著，被历代誉为"母仪"。历史记载着许多杰出母亲的故事，如"孟母择邻""岳母刺字""三娘教子"等。"慈母出败子"是古人以自己的教训得出的道理，这向做母亲的敲响警钟，提醒为人母者不可溺爱子女，严教才能出好子。现在有的母亲溺爱孩子，孩子身上有了缺点，不是及时纠正，而是一味地迁就。这种娇宠有余、管教不足、放任迁就的溺爱，最终把孩子造就成社会的废品。希望天下的母亲把爱藏起一半，让孩子在各种困难的历练中成长，才会使孩子更加自信、自强、自立。

教子功夫，第一在齐家，第二在择师。

——（清）陆世仪

【大意】 教育子女的方法，首先在于营造一个团结和睦的家庭；其次在于给孩子选择一位好老师。

【赏析】 齐家就是指家教，择师就是指师教。"家教"和"师教"二者结合起来才是教育之最佳良方。"家教"即"家庭教育"，是父母或家中的长辈对孩子的教育。家长是孩子的第一任老师，家教是最基础的教育，常被叫作"扎根教育"。如果家庭教育不好，即使有良师也是无能为力的。这好比已经被涂抹了许多印迹的白纸，要想再在上面重新画出美丽的画，无疑是一件极其困难的事情。择师是孩子成才的第二个要素，古人认为，教师没有水平，教书误人子弟，比庸医杀人的罪还重。因此，要努力营造"家教"和"师教"这两个条件。

教子当在幼。

—— （宋）袁采

【大意】 教育子女应当在他们幼小的时候。

【赏析】 意思是对孩子的教育要及早，越早越好。孩子从母体里呱呱落地，就好像一张白纸，绘上什么，就是什么。若在上面绘上最新最美的图案，他长大后，就会是卓然不凡的；若在上面漫不经心地胡乱涂抹，他长大以后，就会是劣迹斑斑的。因此"教子当在幼"。孩子的品德教育，特别是良好行为习惯养成教育越早越好；智力开发，在激发兴趣的前提下，也是越早越好。早则事半功倍，晚则事倍功半，甚至劳而无功。

人生百年，立于幼学。

—— （清）梁启超

【大意】 人生百年成才与否，在于幼年所受的教育。

【赏析】 梁启超先生是中国近代思想家、政治家、教育家、史学家、文学家。"戊戌变法"（百日维新）领袖之一。幼年时从师学习，8岁能为文，9岁能缀千言，17岁中举。中举时的主考官称他"国士无双"。梁启超的这句名言也是他的亲身体会。他直言告诫：

"人生百年，建树立足于幼年时所受的教育，小的时候所学的东西可以主导一生。"此句画龙点睛之处便是"立"，人生百年之命运，源自幼年之所学、习惯之养成、志向之确定。孩子的成长如同花季，只开一次；花季一过，再也无法弥补。

德无常师，主善为师。

——《尚书》

【大意】 修养品德没有固定的老师，善良的人就可以作为自己的老师。

【赏析】 在中国古代大教育家孔子的教育思想体系中，"善良教育"占了十分重要的地位，他主张教育的首要工作，就是教学生做一个善良的人。因此，教师本人首先应该是一个善良的人。因为善良的人只会帮助别人，而不会伤害别人。以这样的人为师，是人生的幸事！所以，给孩子选择老师的时候，应将"善良"作为选择老师的基本条件。善良的老师，也就是有爱心的老师，人们常说"没有爱，就没有教育"。没有爱心的人，不会爱教育事业，也不会爱你的孩子，这样的人当不好老师。

授书不在徒多，但贵精熟。

——（明）王守仁

【大意】 老师讲授知识不能追求多，而以教得精、学得熟为贵。

【赏析】 授课的内容多了，就不可能详细讲说，学生也就难以理解，理解不了就容易遗忘。只有少而精，抓住要点，反复讲解，才能使学生"章章句句，无一字不明白"。"多则惑，少则得"，讲书切不可贪多。经常让学生精力有余，就没有厌学苦恼之忧，却有获得知识的甜美。检验教师水平的标准，不是教了多少，而是教会了多少，有多少学生可以达到"精熟"。一旦学生真正理解并掌握了老师讲授的内容，通过举一反三，对于那些老师没有讲过的内容，也能渐渐有所理解。这样的教学便会收到事半功倍的效果。

大匠诲人，必以规矩。

——《孟子》

【大意】 高明的师傅教人手艺，必定依照一定的规矩。

【赏析】 高明的工匠教人手艺必定依照一定的规矩，学的人也就必定依照一定的规矩。没有规矩，不能成方圆。小至手工技巧，大至安邦定国，治理天下，凡事都有法则可依，有规律可循。教学也是如此，没有规矩，教师的"教"和学生的"学"都没有标准，教师教不好，学生也学不好，教学就不会成功。所以，老师要遵循教育教学规律和规则，按照科学的教育教学方法及原理进行教学，逐步养成教的好习惯；同时，让学生也要按常规学习，在常规的约束下，逐步形成好的学习习惯。当老师和学生在规矩的约束下，"教"与"学"都会迈向成功。

学而不厌，诲人不倦。

——《论语》

【大意】 学习而不觉满足，教诲别人而不知疲倦。

【赏析】"学而不厌，诲人不倦"，是孔子在历史上成为大教育家的两个最基本的特点。"学而不厌"，说的是教师要有好学精神，不断补充自己的能量，而且永不满足，这更是教师发展的动力和源泉。过去有一个形象的比喻："要给学生一杯水，老师就要具备一桶水。"但是，对于当今的教师来说，仅仅是过去打来的那桶水是远远不够的，必须是"自来水"，不断吸收新的水源，常流常新，并不断自我"加压"，这样才能源源不断地给学生提供新鲜的水。"诲人不倦"，讲的是教学态度，教者要热情地教导学生，要有耐心，循循善诱，追求最好的教育效果。特别是对待能力较差的学生，更要有认真负责的精神，要付出更多的爱心、耐心和热心。

自明然后能明人。

—— （宋）陆九渊

【大 意】 做老师的自己明白，才能教出明白的学生。

【赏 析】 这句话强调了教师水平的重要性。教学的成败关键在于教师，而不在于学生。同样的学生，不同的老师教，其效果是不同的，甚至有天壤之别。在学生的心目中，教师是高尚而伟大的，是睿智而博学的，教师不仅要有自己的一桶水，还要是一条流动的河，也就是说，教师要有不断提高自己的能力，要有终身学习的能力。教师是一个融道德、学识、技能为一体的学生的表率，所谓"学高为师，德高为范"。只有明白的教师，才能教出明白的学生；只有优秀的教师，才能教出优秀的学生。

不知人之短，不知人之长，不知人长中之短，不知人短中之长，则不可以用人，不可以教人。

—— （清）魏源

【大 意】 不知道一个人的长处，不知道他的短处，不知道他长处中的短处，不知道他短处中的长处，就不会善于用人，也不能善于教人。

【赏 析】 这是魏源提出的用人思想和教育思想。此句连用四个"不知"，从四个不同角度，反复表述要对他人全面了解。强调作为一个决策者或教育者，必须做到全面、准确而细致地了解和认识人，是选才或施教的先决条件。对人了解不足或把握不准，会造成不可弥补的损失。为此，魏源提出了正确的用人、育人方法，就是用人所长，避人所短；教育人就是成人所长，去人所短。提醒教育者：教好学生的前提是了解学生，只有了解学生，才能做到因材施教。魏源的这一思想充满了辩证法，至今仍闪烁着智慧的光芒，有着重要的启迪作用。

攻人之恶毋太严，要思其堪受；
教人以善毋过高，当使其可从。

——（清）金缨《格言联璧》

【大意】 批评别人不要太严厉，要顾及对方是否能够承受；教人做善事不要要求过高，要使对方能够做到。

【赏析】 有的人性格坚强、心量较大，或许可以承受尖锐的指责；而有的人内向软弱、心胸狭窄，即使很温和的批评也可能让他不堪忍受；有的人恶习比较重，只有触到他的痛处才能猛然惊醒、回头；有的人习气比较淡薄，只需要点到为止就能很快改过自新；也有的人有不得已的苦衷，尤其要怜悯，不能过于严厉，触动他的伤痛。这里边种种情况、现象，都要用智慧判断，用最适当的态度言语，准确把握分寸，才能起到教育人的作用。教人不能标准太高，应当让他能够遵从跟上，要使他能够做到才有实质意义。如果要求太高，对方做起来很吃力，就会丧失信心，一蹶不振，可能连低标准的善事也没有勇气去做了。

记问之学，不足以为师。

——（西汉）戴圣《礼记》

【大意】 单凭教学生死记硬背一些知识，是不够资格来做老师的。

【赏析】 就是说只将经书背得烂熟的人不足以当老师。所谓

—— 244 ——

"记问之学"，用我们今天的话说，就是读死书、死读书。先贤认为，读死书的人不配当教师，这是先见之明。现代教育，最重要的是教给学生一些学习方法，让学生逐步学会自学，最终达到"教是为了不教"的境界，这样的老师才是合格的老师。

导人必因其性，治水必因其势。

——（汉）徐幹

【大意】 教导人要根据他的特点来引导，治理水患必须要顺着水势采取措施。

【赏析】 "大禹治水"是中国古代的故事。大禹治水成功的原因，在于改变了"堵"的办法，对洪水进行"疏导"，体现出他的聪明才智。教育人也是如此，教人和治水的道理是相通的。在教学中，必须先了解每个学生的个性，因势利导，不同的学生采取不同的教育方法，这样才能使学生心服、口服，这样的教育才会行之有效。就课堂教学而言，教师必须通过有效途径，首先打开学生的心灵窗户，沟通学生的心理，把握学生的心理实施教学。这句话是强调孔子"因材施教"的思想。

师者，所以传道、授业、解惑也。

——（唐）韩愈

【大意】 老师是教给做人的道理、传授知识和技能、解答疑惑的人。

【赏析】 这句名言出自韩愈《师说》，高度概括了教师所担负的责任。老师不只是简单的教书匠，还担负着全面育人的重要责任。一名教师要真正做到"传道、授业、解惑"，要具备三颗心：爱心、耐心和责任心。"传道"是第一位的，要求老师坚持"以德为首"的原则，在传授知识的同时培养学生的人格品质，逐渐培养学生的独立人格，形成他们正确的人生观、价值观、世界观。"授业"次之，是指传授知识与技能，教给学生一些学习方法，充分调动学生的积极性，使其成绩达到优秀，这也是家长和老师最关心的主题。"解惑"是指老师能为学生解决学习中的困惑，并帮助学生提高提出问题和解决问题的能力。

中华古典名言赏析 · 教育篇

养不教，父母过；教不严，师之惰。

—— 《三字经》

【大意】 抚养孩子而不教育他，是父母的过错；教育孩子而不严格要求，是老师的懈怠。

【赏析】 意思是说，作为人之父母既然生养了孩子，就应该给他们以好的教导，那本是父母应尽的责任；等孩子上学了，老师也应该对他们从严教育，切不能敷衍塞责，耽误他们的未来。如果孩子遇上一位要求严格的老师，那是孩子的幸运。正所谓"严师出高徒"，老师对孩子严格要求，正是基于对孩子的爱，"恨铁不成钢"，是负责任的教师。老师的要求若是不严格，就是变相地害了孩子，是不负责任的表现。做子女的也应该理解父母和老师的苦心，才能自觉严格要求自己。

知之者不如好之者，好之者不如乐之者。

—— 《论语》

【大意】 知道学习的人比不上喜爱学习的人；喜爱学习的人比不上以学习为乐趣的人。

【赏析】 孔子的这句话，说明了学习的三种境界——"知""好""乐"，揭示了一个怎样才能取得最佳学习效果的秘密，更强调了兴趣在学习过程中的重要作用。教师重要的任务就是培养学习的兴趣，俗话说"兴趣是最好的老师"。对学习感兴趣，就会变被动为主动，以学习为乐事，在快乐中学习，既能提高学习的效率，还能够加深对知识的理解，从而达到最佳的学习效果。这就对教师的教学工作提出了更高的要求，即根据学生的个性化特点，激发学生的学习兴趣，并引导其将这种兴趣内化为不断开拓进取的驱动力，最大限度地调动学生学习的积极性和主动性。因此，老师和家长如何培养学生的学习兴趣，是一个重大课题。

广积不如教子，避祸不如省非。

—— （宋）林逋

【大意】 多积钱财不如教育好子孙；逃避祸患不如反省错误。

【赏析】 教育子女是一个家庭最重要的事，比一心去赚钱要重要得多。现在许多家长以"钱"为本，一切向"钱"看，整天挖空心思多挣钱，不重视教育孩子，把教育孩子的事抛在脑后。等发现孩子学习不成器，成了差等生，或是闯出什么祸来，才恍然大悟，后悔自己没有重视对孩子的教育，已经晚了。其实，做家长的拼命挣钱为的是什么？还不是为了孩子的前程。如果孩子教育没跟上，变成了废品，家长的一片苦心也是枉费。

少成若天性，习惯如自然。

—— （春秋）孔子

【大意】 小时候养成的习惯就好像天生的一样，会变成一种天性。

【赏析】 此名句是强调习惯养成的重要性。著名作家巴金说过："孩子的成功教育要从好习惯培养开始"，著名教育家叶圣陶先生说："教育是什么？从单方面讲，只需一句话，就是培养良好的习惯。"习惯是一种非智力因素，习惯是一种惯性，也是一种能量的储蓄，良好的习惯让一个人终身受益无穷，不良的习惯则会成为一个人终身的祸患。特别强调，良好习惯的培养越早越好。因此，良好习惯的培养在教育工作中举足轻重，必须引起家长和老师的高度重视，并付诸行动。

国将兴，必贵师而重傅。

—— （战国） 荀子

【大意】 国家想要振兴，就必须尊师重教。

【赏析】 教育是民族振兴、社会进步的重要基石，是对中华民族伟大复兴具有决定性意义的事业。教师是人类历史上最古老的职业之一，也是最伟大、最神圣的职业之一。自古以来，中华民族就有尊师重教、崇智尚学的优良传统，正所谓"国将兴，必贵师而重傅；贵师而重傅，则法度存"。在古代，孔子被推崇为"大成至圣先师"，被誉为"万世师表"。在中华民族5000多年文明发展史上，英雄辈出，大师荟萃，都与一代又一代教师的辛勤耕耘是分不开的。有一流的教师，才能有一流的教育；有一流的教育，才能有一流的人才；有一流的人才，才能建设一流的国家。

敬教劝学，建国之大本；
兴贤育才，为政之先务。

—— （明） 朱舜水

【大意】 重视教育、鼓励学习是兴国之本；选拔贤才、培养人才是治理国家的要务。

【赏析】 对于一个国家来说，教育兴则国家兴，教育强则国家强。实现中华民族伟大复兴的中国梦，关键在人才，基础在教育。作者看到贤才在国家政治生活中的作用与地位，而贤才的产生在于教育，因而"敬教劝学"被提到"建国之大本"的高度。人类社会需要通过教育不断培养人才，需要通过教育来传授已知、更新旧知、开掘新知、探索未知，从而使人们能够更好地认识世界和改造世界、更好地创造人类的美好未来。该名句又把它分为"教"与"学"两个范畴，二者并提，不可偏废；"敬教"必须"劝学"，"兴贤"必须"育才"，说理透彻，思路清晰，使人一目了然。

十七、人才篇

> 上下无材，国之大患也。
>
> ——（清）梁启超

【大意】 从国家到地方没有人才，是一个国家最大的忧患。

【赏析】 纵观历史，哪朝哪代，凡兴盛时期都是上层统治者非常重视人才、任用人才，人才兴则国家兴。反之，国家就会存在很大的隐患。国以才立，政以才治，业以才兴。在各种资源中，人才资源是第一资源，人才的数量、质量、结构和作用的发挥，直接关系到国家、地区和企事业的兴盛衰亡。因此要尊重人才、爱惜人才，将人才问题置于各项工作的中心位置。对于人才，小材不可大用，大材也不可小用；要将人才的使用与开发有机结合起来。真正树立起现代人才观，才能实现我国人才强国战略的宏伟目标。

> 忠直敢言之臣，国家之至宝也。
>
> ——（宋）司马光

【大意】 忠诚正直、敢于谏言的大臣，是国家最珍贵的财富。

【赏析】 这句话源于两个原因，第一，敢于直言进谏的大臣太少了，物以稀为贵；第二，敢于直言进谏的大臣，能兴国安邦。所以说"忠直敢言之臣，乃国家之至宝"。这也提醒现代领导者应多选用"直言进谏"之材，国家才有希望。我国历史上，涌现出了一大批敢于为民请命，刚正不阿，不惜丢官罢职的直臣廉吏，影响最大的莫过于铁面无私、敢于直谏的包拯和敢于责备皇帝的魏征，他们皆政绩卓著，名垂史册。

常格不破，大才难得。

—— （宋）包拯

【大意】　不打破选拔人才的常规，就很难得到真正的人才。

【赏析】　用人不循常"格"，是治国理政的一个重要准则。首先，须破年龄之"格"，"选士用能，不拘长幼"；其次，须破"身份"之"格"，摒弃"有色眼镜"看人，评价人才重在看大节、看本质、看主流；再有须破资历之"格"，科学的用人观，要求人才结构合理，组合优势明显。打破旧的选人、用人常规，把品德、知识、能力和业绩作为衡量人才的主要标准，看资历不唯资历，讲台阶而不唯台阶，论德才兼备而不求全责备，要善于发现能人、敢于使用强人、勇于起用新人，真正形成人才辈出、群星灿耀的生动局面。

不求其备，不以小疵掩其大德。

—— （宋）包拯

【大意】　对于人才不能求全责备，不能因为小的毛病而掩盖其高尚的德行。

【赏析】　包拯是我国历史上著名的清官，为世代敬仰，成为正义的象征。他不仅以铁面无私的形象在人们心中留下深刻印象，在用人方面的见解、才能也极为突出。包拯认为：只有君主知人善任，国家才能长治久安。而知人不能以貌取人，华而不实、纸上谈兵之类的人不能委以重任。人各有长短，不可求全责备，吹毛求疵。对有缺点者，不能"一叶障目，不见泰山"，不要因微小的瑕疵而忽略碧玉的光彩，不把过去的错误拿来横亘于今，能给人改过的空间，这样才能使人才脱颖而出，为国效力。

"因循"二字，从来误尽英雄。

—— （唐）韩愈

【大意】 自古以来选人、用人制度因循守旧、墨守成规，埋没了很多国家的栋梁之材。

【赏析】 韩愈的这句话是经过历史和人生的仔细考量之后，由心而发的，很有分量了。其实质是说：要敢于打破常规，打破旧的选人、用人制度，使创造性的人才脱颖而出，成为国家的栋梁之材，国家才能兴盛。"天下事最误于因循"。因此，要冲破旧的习惯阻碍，冲破潜规则的束缚，勇于解放思想，敢于开拓创新，不然，许多治国人才都会被埋没。

人之所能，不能兼备。朕常弃其所短，取其所长。

—— （唐）李世民

【大意】人的品德、学识、才干等，不可能都是优秀的，我用人常常摒弃他的短处，而取他的长处。

【赏析】唐太宗李世民是我国历史上杰出的皇帝，创造了"贞观之治"，综合国力达到了中国历史上两千多年来的一个巅峰。唐太宗李世民知人善任，用人唯贤，不问出身，唐朝初期延揽房玄龄、杜如晦，后期任用长孙无忌、杨师道、褚遂良等，皆为忠直廉洁之士；其他如徐懋功、李靖等，亦为一代名将。此外，李世民亦不计前嫌，重用太子建成的旧部魏征、王圭，降将尉迟恭、秦琼等，使大唐人才济济。唐太宗重视人才、爱惜人才、善用人才是他的兴国秘诀。

不飞则已，一飞冲天；不鸣则已，一鸣惊人。

——《史记》

【大意】 南方的土山上有一种鸟，三年不鸣不飞，但一飞便可冲天；一旦鸣叫，声音大得惊人。

【赏析】 比喻有才华的人，平时默默无闻，不露声色，到了关键时刻，会突然说出惊人之语，或做出惊人的业绩。《韩非子·喻老》记载："楚庄王统治朝政三年，没有发布一项政令，也没有一样作为。右司马伍举对楚庄王讲了一段微妙的话，说：'有一只鸟停在山上，三年不展翅，不飞翔，也不鸣叫，沉默无声，这是什么鸟呢？'楚庄王说：'三年不展翅，是为了生长羽翼；不飞翔、不鸣叫，是为了观察民众的态度。虽然还没飞，一飞必将冲天；虽然还没鸣，一鸣必会惊人。你放心，我知道了。'而后经过半年，楚庄王废除十项政令，启用九项政令，诛杀大奸臣五人，提拔隐士六人，因而国家能被大力整治，最后，终于使楚国称霸天下。"

直言之臣，国之良医也。

——（清）唐甄

【大意】 敢于直言的臣子，对于国家是高明的医生。

【赏析】 正直是一个人的美德，更是官员应该具备的官德。直言而谏，需要无私的正气，需要诚实的品格。直言进谏的贤臣，能够直言指出国家的弊病，并能开出治疗国病的药方，使国家兴利除弊，有利于国家的健康发展。无疑直言之臣就成了国家的良医。裴矩在隋朝做官时，以溜须拍马著称，对隋炀帝极尽阿谀逢迎之能事。可到了唐朝，他却一反常态，经常对朝政发表不同意见，甚至敢于当面与唐太宗争论，成了忠直敢谏的诤臣。裴矩的从政轨迹说明：上有所好，下必甚焉，只有开明的领导，才能造就贤明的部属。

初生牛犊不惧虎。

—— （明）罗贯中

【大意】 刚出生的牛犊不惧怕老虎。

【赏析】 初生的牛犊从来没见过老虎，也就不知道老虎的厉害，所以它不怕老虎，这是一种比拟。比喻青年人涉世不深，思想上很少有顾虑，敢想敢说，敢作敢为。这种敢作敢为的"牛犊"精神，正是年轻人特有的可贵品质。青年人不怕难、能克难，敢于做先锋，有做人做事的胆气、骨气；青年人不怕责、能担责，关心国家、关心人民、关心世界，不断拓展胸襟；青年人朝气蓬勃，是全社会最富有活力、最具有创造性的群体。

大事不糊涂之谓才。

—— （宋）司马光

【大意】 在大是大非问题上坚持原则，才能称之为人才。

【赏析】 北宋时期，谏议大夫吕端办事公正，是非分明。他为人谦虚谨慎，宋太宗十分信任他，他的名声位于寇准之下。宋太宗不满当时的宰相吕蒙正，想让吕端取代，征询大臣的意见。有人说吕端为人糊涂。宋太宗说吕端是小事糊涂，大事不糊涂，这才是人才。吕端一生经历了三代帝王，在40年的宦海生涯中几乎没有受到什么冲击，这种经历在封建王朝中实在是不多见的。这与他在大局、大节问题上毫不糊涂，但在事关个人利益的问题上却能"糊涂"了事有着直接的关系，这正是他的聪明之处。我们为人处世应该学学这种"糊涂"的精神。

黄金累千，不如一贤。

—— 《物理论》

【大意】 拥有成千上万的黄金，不如求得一个贤明之人。

【赏析】 古往今来，人才向来是事业发展的灵魂和根本。对于如今这个竞争激烈的时代来说，更是如此。要贯彻"寻觅人才求贤若渴，发现人才如获至宝，举荐人才不拘一格，使用人才各尽其能"的用人策略，对人才的培养与使用，需要一种眼光和胸怀，更需要有远见。懂人才是大学问，聚人才是大本事，用人才是大智慧。培养和造就人才，就是创造财富，创造未来。要想真正吸引人才，留住人才，就要努力打造良好的人才环境，构筑人才"高地"，相信在本土栽好千万棵梧桐树，必将引来海内外成群的"金凤凰"。

> ## 用人当取其长而舍其短，若求备于一人，则世无可用之才也。
>
> —— （明）薛瑄

【大意】 用人应取其长而避其短，如果要求一个人完美无缺，那么世上就没有人才可以用了。

【赏析】 用人的确是一门学问。曹操以威慑用人，刘备以诚感人，孙权以恩施人，各有高招。金无足赤，人无完人，任何人才都不可能十全十美，对人才更不能求全责备。因此，选贤任能，要用其所长，避其所短。必须摒弃求全责备思想，看本质、看主流、看发展、看潜力，充分信任、放手使用，使人尽其才、才尽其用，各展所长、各尽所能。

> ## 疾风知劲草，板荡识诚臣。
>
> —— （唐）李世民

【大意】 猛烈的大风中，才可看出什么草是强劲的；动荡的乱世中，才能认识谁是忠诚之臣。

【赏析】 唐高祖后期，李渊的三个儿子为争夺帝位而展开了一场你死我活的宫廷斗争，在这场斗争中，萧瑀坚定地站在李世民一边，最后帮助他夺得帝位。"疾风知劲草，板荡识诚臣"两句，是李世民对萧瑀的高度赞美，其中也不无感激之情。诗人使用了比兴的修辞手法，表达的核心意思是"板荡识诚臣"，赞美萧瑀能在自己当年最紧要的时刻拥护自己，帮他谋得帝位。

论大功者，不录小过；举大善者，不疵细瑕。

—— （汉）班固

【大意】 评价有大功的人，不要挑剔他细微的缺点；推举高才能的人，就不必挑剔他的小毛病。

【赏析】 "人无完人，金无足赤"，有高山必有深谷。"大功"与"小过"、大才与小疵相比，前者是主要的。这两句用于表达论人评事要抓住主要方面，不必拘泥于小节问题。只要他们为国、为民立"大功"、行"大善"，就应予以重用，要辩证看待人之"疵"，正确对待人之"疵"，这也是一种用人艺术。用宽容的态度认识人才、选用人才，才会人尽其才而事业兴。

能用人者，无敌于天下。

—— （清）王夫之

【大意】 善于使用人才的人，天下没有对手。

【赏析】 选拔贤能，知人善任，是治理天下的第一要务，也是成就大业的关键所在；用人是国家存亡的关键，政治得失的根本。但是能真正做到这一点是很难的，如果能够科学合理地任用人才，怎能不无往而不胜呢？中国共产党在新中国成立前后，善于吸纳各种人才，包括曾经是自己敌人的人，形成广泛的统一战线，并将人才各尽其用，终成大业。

> **运筹帷幄之中，决胜千里之外。**
>
> —— （汉）司马迁

【大意】 坐在军帐中运用计谋，就能决定千里之外战斗的胜利。

【赏析】 比喻很有才智的人无须上阵，只需做好前期的完善战略部署，就能够胜利。拿破仑曾说过："世界上只有两种强大的力量，那就是刀枪和思想。从长远来看，刀枪总是被思想所战胜。"毛泽东可谓"运筹帷幄之中，决胜千里之外"的高手。从 1948 年 7 月开始，毛泽东在西柏坡的普通农舍中，以高超的智慧和雄伟的气魄，指挥了辽沈、淮海、平津三大战役，导演了一场波澜壮阔的人民解放战争史诗。

> **路不险，则无以知马之良；**
> **任不重，则无以知人之材。**
>
> —— （汉）汉武帝

【大意】 道路不险，就不能知道马的优良；任务不重，就不能知道人的才能。

【赏析】 此句说明条件越是恶劣，越能看出一个人的品德和才干。"压担子"是锻炼和提高干部能力的一种好形式。事实证明，早压担子早成才，晚压担子晚成才，不压担子难成才。年轻干部不经历一番锤打、不经受一番风雨，就难以成长、成才。只有把年轻干部放到艰苦岗位上，放到急难险重任务中，放到基层一线上去磨炼，才能真正增强大局意识、责任担当和本领才能。为使年轻人才尽快成长、早日成才，要有意识地给他们压"担子"。

良马难乘，然可以任重致远；
良才难令，然可以致君见尊。

——《墨子》

【大意】 好马难以驾驭，但是可以负重走很远的路；奇才难以使用，但是他能够辅佐国君开创大业。

【赏析】 好弓拉开困难，但是射出的箭飞得高、入得深；好马难以驾驭，但是却可以负担重的货物走远路。墨子认为，有真才实学的贤能之士，往往有自己独特的个性，有强烈的人格尊严，甚至行事怪癖。犹如良弓难开、良马难乘一样，难以使唤。但这样的人往往正直无私，有个人的观点和独到的见解。若遇到贤明之主，就会受到重用而发挥特殊的作用。

治世之业，当择贤才而用之，岂以新旧为先后哉！

——（唐）李世民

【大意】 治理国家大业，应当选择贤才委以重任，怎么能以资历作为任用人才的依据呢？

【赏析】 唐太宗直接点中用人的要害，关键在于官员的才能，而不在于资历，只要有才能就大胆地起用，不必计较职位高低和先来后到。也就是说，选用人才不搞论资排辈，能者为先。

识时务者方为俊杰。

——《晏子春秋》

【大意】 认清时代潮流者，方可为英雄豪杰。

【赏析】 何为"识时务者"？能看清时局，顺应大势，能屈能伸，灵活转变，这样的人就叫作"识时务者为俊杰"。在《三国演义》中，曹操经常会说这句话，曹操不光这样说，他也是这样做的真正的"俊杰"，在为人处世中善于审时度势，能看透世事发展的趋势，能够认清时代潮流，而又能谋划出顺应世事发展的万全之策。这句话多用于规劝看不清形势、执迷不悟的顽固者。

得十良马，不如得一伯乐。

—— （秦）吕不韦

【大意】 得到十匹好马，比不上得到一个能识马的伯乐。

【赏析】 伯乐即善于发现好马和使用好马的人。此名句说明了伯乐和良马谁轻谁重的问题。如果没有"伯乐"，那众多"千里马"不是空怀奇才吗？春秋齐国的齐桓公与管仲的关系就是"伯乐"与"千里马"的关系。如果齐桓公不能摒弃私仇，任用曾反对过他的管仲，就无法成就其霸主的地位；而管仲如果没有遇见齐桓公这样的伯乐，一身的经世治国之才也得不到施展。因此，人才能否被广泛使用，关键在"伯乐"。

能言者，未必能行；能行者，未必能言。

—— （汉）刘向

【大意】 能说的人未必能做，能做的人未必能说。

【赏析】 这句话的意思是，评价一个人是否是人才，关键要看他能干什么，而不是听他能说什么。发光的不一定是金子，冷硬的不一定是石头；笑着的未必幸福，流泪的未必痛苦；受到赞扬的不一定是君子，受到诽谤的并非就是小人；当面说好话的，不一定真心，背后提意见的，不一定有恶意。古人曰："知人，圣人所难。"意思是说，真正了解一个人，圣人也是会感到困难的。所以要知人，就要等待时间的考验，要等待实践的考验。

> 选素有才能公直廉明之人充职，不以资序深
> 浅为限。
>
> ——（宋）包拯

【大意】 应选择有才能且公道正直、廉洁英明的人充任公职，不应以资历的深浅为标准。

【赏析】 包拯不仅是我国古代史上有名的"清官"，同时也是一位用人"专家"。包拯针对北宋机构臃肿、官多平庸的状况，曾多次向宋仁宗上疏，有些见解颇为精辟，值得我们借鉴。包拯认为，提拔有道德、有才能的人，不应受等级、地位的限制。破格提拔人才需要有胆，有识，有勇气，有韧劲。破格就是大刀阔斧地破除那些不合理的用才、选才、考核人才的常"格"，使人才成批涌现。对于那些不称其职的人，则该罢免的罢免，该降职的降职，形成一种能上能下的用人机制，国家才会常兴不衰。

> 何世无材，患主人不能识耳。苟能识之，何
> 患无材？
>
> ——（汉）汉武帝

【大意】 哪个朝代没有人才呢，怕得是君主不能发现他们罢了。如果善于发现人才，还怕没有人才吗？

【赏析】 伯乐与千里马的故事，就是告诉我们要慧眼识才，也要大胆用才。不仅要会识才，还要知才。"知"是了解，是理解，是宽容。在各个领域都会出现奇才、怪才、偏才，这些人才，需要特殊的政策给予特殊的引导，才能体现出"知才"。只有做到理解和宽容，建立特殊的人才激励、分配、评价机制，才能赢得人才的"芳心"。如果领导者有唐太宗任人唯贤的胸襟，萧何追贤不舍的精神，平原君礼贤下士的美德，就能使闲才变贤才，隐才变奇才，何愁没有人才？

言过其实，不可大用。

—— （明）罗贯中

【大意】 说话经常超出实际，这样的人不可以委以重任。

【赏析】 有的人言语浮夸，虚论高议，纸上谈兵，这种人不可重用，重用则误大事。三国时期的马谡才气过人，喜欢讨论军计，诸葛亮很喜欢他，但是马谡有一个缺点，就是言过其实。刘备临死的时候对诸葛亮说："马谡这个人说话言过其实，不可大用。希望先生注意。"六年后，诸葛亮出兵祁山，派马谡做了先锋。在"街亭战役"中，马谡被魏国打得大败，诸葛亮失去了根据地，只好撤军，最后不得不依军法斩了马谡，后悔忘了刘备的话。

智而用私，不若愚而用公。

—— （秦）吕不韦

【大意】 让私心严重的聪明人治理国家，不如让愚笨但公正无私的人治理国家。

【赏析】 现代社会的人才观为"德才兼备"，而道德品质更为重要。像一些贪污腐败分子，就是把聪明的心思用在了自己私利上，其结果是损害了国家利益；而以国家利益为重的人，真正把人民群众利益看作高于一切，从不计较个人得失。选干部的用人准则，就是宁愿选那些比较笨的，但是却心怀天下的人，也不选用那些个人才能了得，但是品德很差的人。

君子所审者三：一曰德不当其位，二曰功不当其禄，三曰能不当其官。此三者，乱世之源也。

—— （春秋）管仲

【大意】 用人要审慎是否有以下三种情况：一是道德品质不能与他所处的地位相称；二是功劳不能与他所享受的薪金待遇相称；三是才能不能与他所担任的官职相称。这三种人，是造成天下大乱的根本。

【赏析】 管理者提拔人的目的是让人才为我所用，为我所留，受我之命，为我分忧。历史告诉我们：能当其位是任人的重要原则，也就是看被提拔的人是否够胜任他将要开始的工作，而不是看他以前的本职工作怎么样。如果任人不当其位，就无法发挥人的长处。大材小用造成人才的浪费，并挫伤人才的积极性；小材大用只能把原来的局面越搞越糟，成为发展的绊脚石。"用人必考其终，授任必求其当"，古人已经给我们做出了榜样。

取其道不取其人，务其实不务其名。

——（宋）司马光

【大意】 选用人才，要看他的主张而不看他是何人；注重他的真实本领而不注意他的名气。

【赏析】 一个人本事的高下与名气的大小未必就是对称的"恒等式"。这就告诉我们，在选拔人才时，要看其实际才能，而不必考虑他的名气大小，还要反对以外表取人。在中国历史上，不拘一格选人才的突出代表人物是曹操。他在"唯才是举"的指导思想下，打破一切陈规陋习和偏见，起用了一大批出身微贱而有才能的人。

官在得人，不在员多。

——（唐）李世民

【大意】 官员的任用在于得当，而不在于人多。

【赏析】 唐太宗即位不久，就明确提出了"官在得人，不在

中华古典名言赏析 · 人才篇

人多"的思想。他针对李渊当政时任命官员过多，以致冗员浮事的实际情况，在与宰相房玄龄等大臣谈话时指出，要治理好国家，根本在于择官审人，裁减冗员。他借用古人的比喻，强调说明任用官员必须"得人"的重要。唐太宗认为精简官员有以下四点好处：一是有利于发现和选拔治国安邦之材；二是减少了国家的财政支出和人民的负担；三是避免了机构重叠、互相扯皮，提高办事效率；四是刹了官场上的不正之风，使那些跑官要官、买官卖官之风得到遏制。

同乎己者，未必可用；异乎己者，未必可忽。

—— （晋）葛洪

【大意】 与自己观点相同的人未必可用，与自己观点不同的人未必不能重用。

【赏析】 君主大多喜好趋同附和之人，而这些人往往都是一些结党营私、献媚奸佞的小人，他们没有治国的才能，任用这样的人，最终会祸乱社稷、危害国家；而那些隐逸之士，往往刚正耿直，不擅奉承，但他们身怀经略，才华横溢，任用这样的人才，才能够匡扶社稷、振兴国家。因此，选用人才要广泛地吸纳不同观点的人才，特别是任用正直的谏臣，有利于在争辩中求得真理，社会才能进步得更快。

世有伯乐，然后有千里马。

—— （唐）韩愈

【大意】 世上先有识马的伯乐，然后才有千里马。

【赏析】 此名句用了借物喻人的方式，把"伯乐"比喻为知人善任的贤君，把"千里马"比喻为未被发现的真正人才。千里马一直都是存在着的，但是伯乐不是任何时候都有的。说明一个显而易见的道理：当有了识才之领导时，才会涌现出无数的人才。因此，能识别人才的人，比人才更难得、更可贵。作者的感慨，正是怀才不遇的抑郁心情的抒发。

天生才甚难，不忍以微瑕弃也。

——《明史》

【大意】 人才难得，不忍心因一点小缺点而弃置不用。

【赏析】 当今社会竞争激烈，而这种竞争又主要体现在人才的竞争上。拥有了人才，就抢占了先机；拥有了人才，就拥有了竞争的实力和成功的希望。千军易得，一将难求。因此，对人才要倍加珍惜和爱护，即使人才有些小的过失，也应多加爱护，以免因小过而损贤才。我们不仅应重视人才，还要给人才一个宽松、和谐的发展环境，对他们要宽容豁达，不能因小的过错而否认人才的整体作用，使他们更能发挥其专长，为国家做出应有的贡献。

恶莫过于蔽贤。

——（明）王文禄

【大意】 没有比埋没人才更大的罪恶了。

【赏析】 你掩盖别人的善行就是"蔽贤"，"蔽贤"就是让贤德的人不能发挥其才干，埋没人才。可以说，报答国家的忠诚，莫大于荐举贤才；辜负国家的罪恶，莫大于"蔽贤"，这是高明之见。因为治国之道，务在举贤。图治以人才为本，人臣以荐贤为要。发现人才而不用，甚至打击陷害人才，这必定会阻碍社会的发展与进步，给国家造成危机和隐患。

用一君子，则君子皆至；
用一小人，则小人竞进矣。

——《资治通鉴》

【大意】 用一个君子，君子们就会慕名而来；如果用了一个小人，那么小人就会蜂拥而至。

【赏析】 这是唐太宗李世民与魏征探讨用人之道时曾说的一段话，他提出了一个极其重要的问题，就是选人、用人一定要坚持正确的导向，强调选官的重要性，认为选官择人，要慎重，不能轻率。要用君子不用小人。选官为君子，则君子皆至；选官为小人，则小人竞进。选人得当与否，是有其连带及示范效用的。

惟贤知贤，惟圣知圣。

——《三国志》

【大意】 只有贤人才能了解贤人，只有圣人才能了解圣人。

【赏析】 这就强调了举贤者的重要性，只有举贤者是圣贤之人，才会赏识人才，重用人才。秦始皇用李斯而一扫六合、吞并八荒，统一中国；李世民提拔平民出身的马周为宰相，开创"贞观盛世"。历朝历代，善识人才则兴盛，不善识人才则衰微。古之有伯乐，善于识马；领导干部特别是"一把手"和分管人事的负责人必须是圣贤之人，这样才会人才辈出，形成选人、用人的良性循环。

有才不难，能善用其才则难。

——（春秋）老子

【大意】 能发现人才并不难，难的是能够恰当地使用人才。

【赏析】 用人既是一门学问，更是一种艺术。用人要诀在于用其长避其短，使各类人才各得其位，各尽其才。要充分信任人才，放手使用人才，一旦识准人才，就要想方设法尽可能地激发人才的潜能与热情。此外，当人才在工作中出现失误时，要及时给予纠正和指导；当人才遇到困难时，要给予支持和帮助。如此，人才辈出，人尽其才，才尽其用的大好局面就会形成。

不以言举人，不以人废言。

—— 《论语》

【大意】 不因为一个人说得好就重用他，也不因为一个人有缺点就否定他说的一切。

【赏析】 孔子认为，人的品德和言谈不一定相一致：有的人巧言善辩，条分缕析，说得头头是道，但不一定有德行，所以不能"以言举人"。有的人德行可能差一些，但言论合理，甚至有高明之见，所以不能"以人废言"。孔子"不以言举人，不以人废言"的观点，表现出对人和人性的深刻认识和理解，闪现出辩证思维的智慧火光。深明此理，不戴有色眼镜，从多方面、多角度客观看人，让人折服。这句几千年前的名言在当今仍有重要的现实意义。

千军易得，一将难求。

—— （元）马致远

【大意】 招募众多士兵容易，寻求一名将军却很难。

【赏析】 比喻人才难得，特别是有领导才能的人才更难得。这句话不仅适用于军事，而且也适用于其他多个方面。强调了人才，特别是将帅之才的重要性。

大器晚成，宝货难售。

——（汉）王充

【大意】 珍贵器物的形成总是很缓慢，宝贵的货物总是难以轻易售出。

【赏析】 此句出自王充《论衡》，比喻博大精深的学问或伟大事业不能速成，也比喻卓越的人才往往成就较晚，经邦济世的人才难以遇到知音，还用来比喻奇才不容易被录用。中国历史上大器晚成的例子不乏其人，姜子牙72岁时巧遇周文王，后辅佐武王伐纣建立了周朝；吴承恩正式写《西游记》已经是72岁的高龄；武则天67岁即位，成为中国历史上唯一的正统的女皇帝。人才各有各不同的境遇和机运，有的也许少年得志一帆风顺，有的也许大器晚成历尽艰辛。尚未有成就的人不必灰心丧气，久经磨难终能业有大成。"大器晚成，宝货难售"，也常用来劝慰长期不得志的人。

十八、爱 国 篇

天下兴亡，匹夫有责。

—— （清）顾炎武

【大意】 国家的兴盛或衰亡，每个普通人都有一份责任。

【赏析】 这句名言已成为中华民族爱国主义的高度概括。此名句振聋发聩，促人警醒，催人奋进，对增强国人的民族意识，激发爱国热忱，起到不可估量的作用。这句话号召我们：每个人都必须以天下为己任，无论身居何位，都要心怀天下，关心国家的命运和民众的疾苦，自觉把个人的前途与国家的兴衰联系起来，一旦国家和民族处于危难关头，每个人都应该挺身而出，奉献个人的力量乃至生命。打开中华民族五千年的文明史册，每一页无不闪烁着爱国主义的灿烂光辉。

鞠躬尽瘁，死而后已。

—— （三国）诸葛亮

【大意】 恭敬谨慎，竭尽全力工作，一直到死为止。

【赏析】 诸葛亮，三国时期的政治家、军事家。诸葛亮一生"鞠躬尽瘁、死而后已"，是中国传统文化中忠臣与智者的代表人物。三国时期，蜀主刘备死后，后主刘禅继位，把国内的军政大权交给诸葛亮处理。诸葛亮联吴伐魏，南征孟获，积极准备两次北伐，在最后一次北伐前夕给刘禅写了《后出师表》，文章的结尾，诸葛亮写道："臣鞠躬尽瘁，死而后已"，表明自己要忠诚谨慎地拿出全部力量，一直到死为止。表达了诸葛亮报效国家的忠诚与决心。现在常用此句赞美忘我工作、无私奉献的人。

先天下之忧而忧，后天下之乐而乐。

——（宋）范仲淹

【大 意】 忧虑在天下人的前面，享受在天下人的后面。

【赏 析】 这句名言出自范仲淹的《岳阳楼记》，是千古传诵的名句，表现出范仲淹时时处处不忘忧国忧民的高尚情操和宏大抱负。他把国家、民族的利益摆在首位，为祖国的前途、命运担忧，为天底下的人民幸福出力，表现出作者远大的政治抱负和伟大的胸襟胆魄。这种以天下为己任，不计个人得失，吃苦在前，享乐在后的忧乐观和浓重的忧国爱民意识，即使在今天也是值得肯定和称道的。这一千古名句一直激励着千千万万仁人志士。

临患不忘国，忠也。

——《左传》

【大 意】 面临着患难而不忘自己的国家，这就是忠。

【赏 析】 作为一国之臣，在面临祸患之时，应对国家始终如一，忠心耿耿，尽己本分，忠于职守。为了国家利益，牺牲小我，将自己生死安危置之度外。能做到以上几点，就达到了较高的思想境界，具备了良好的道德修养。其实，这应该成为每一个人的行为准则。西汉时期，汉武帝派使臣苏武出使匈奴，由于匈奴单于反复无常，扣压了苏武，并多方威胁诱降，又把他迁到北海边牧羊。他在匈奴度过了19年异常艰苦的岁月，仍然坚强不屈，永不失节，最后终于回到家，已是须发全白，至今传为佳话，没有人不钦佩他。"苏武牧羊"的非凡事迹便是这句话的真实写照。

捐躯赴国难，视死忽如归！

——（三国）曹植

【大意】 国难当头，挺身而出，视死亡如同回家一样。

【赏析】 此诗句出自三国·曹植《白马篇》。曹植是曹操的第三子，是一位才华横溢的青年诗人。此诗句气壮山河，大义凛然；视死如归，光照日月。通过质朴的语言，借以抒发作者的报国之志，反映了作者渴望为国家建功立业的豪情壮志，也贯穿了诗人愿为国赴难的坚定信念。"捐""赴"二字写出国难之时挺身而出的勇敢精神，"视死忽如归"一句显出为国而死的骄傲神情。尤其后句，在承传中演化为"视死如归"的成语，成为表现壮士大义凛然、为国捐躯的习惯用语。

位卑未敢忘忧国。

——（宋）陆游

【大意】 虽然自己地位低微，但从没忘记忧国忧民的责任。

【赏析】 这一传世警句，出自宋代·陆游的《病起书怀》，其是诗人报国心声的真实流露，亦是历代爱国志士共同的心愿。这是陆游52岁时写的诗句。当时作者是个地位不高的闲职所以自称"位卑"。这首诗写他久病初愈，"病骨支离"，刚能起床就忧念国事，深更半夜还在挑灯细读诸葛亮的《出师表》。其忧念国事之心，是诗人心灵的写照。它揭示了人民与国家的血肉关系，这正是它之所以历尽沧桑，仍能激励人心的原因所在。

人生自古谁无死，留取丹心照汗青。

——（宋）文天祥

【大意】 人生自古以来谁都会死，我只求把一颗报国的赤诚之心留在史册上。

【赏析】 这句名言出自南宋大臣文天祥的《过零丁洋》。南宋末年，文天祥在南宋危亡之际，领兵抗敌，不幸在广东兵败被元军俘虏，并被带往北方囚禁，在狱中至死不屈，最终英勇就义。文天祥在途中写下了这首诗，这是一首永垂千古、充满爱国主义情怀的述志诗，是诗人用自己的鲜血和生命谱写的一曲人生赞歌。诗最后一句"人生自古谁无死，留取丹心照汗青"，广为后人传诵，成为鼓舞人们为正义事业英勇战斗、不怕牺牲的精神力量。

烈士之爱国也如家。

—— （晋）葛洪

【大意】 有抱负、有气节的人热爱祖国，就像热爱自己的家一样。

【赏析】 "烈士"：有气节、有壮志的人。爱国是一个公民最起码的道德，也是中华民族的优良传统。中华上下五千年中，有多少爱国故事千古流传，爱国志士们抛头颅、洒热血，不惧艰险，始终坚持自身的爱国理想。他们把个人、家庭和国家的事情看得同等重要，当国家和人民有难时，常常能做到舍身、舍家，为国尽忠值得我们学习。

公家之利，知无不为，忠也。

——《左传》

【大意】 对国家有利的事情，知道了没有不去做的，这就是忠。

【赏析】 这是春秋时晋国君臣的一段对话中的一句。作为国家的一分子，见了任何对国家、对社会有好处的事就竭尽全力去做，忠心耿耿，无愧于心。对国家、对社会、对人民都要尽己之本分，负起该负的一份责任。时刻将国家和人民的利益放在首位，在国家利益面前，没有任何理由和借口，就是赴汤蹈火也在所不辞。人人都应以此句话为自勉，做一个无愧于国家、无愧于人民、无愧于自己的优秀国民。

民，吾同胞；物，吾与也。

—— （宋）张载

【大意】 所有的人民都是我的同胞兄弟，所有自然界中的万物都是我的朋友和伙伴。

【赏析】 这句话强调，人不仅要自爱、爱人，而且还要爱世间万物。人应当对人与人的关系、人与自然的关系有清醒的认识，自觉承担起作为一个高级生命的责任和义务。从爱自己到爱别人，再到爱人类居住的环境，让世界充满爱。当今世界，在人与大自然的关系中，各方面矛盾日益凸现，其弊端如环境污染人口爆炸新疾病产生等，这些弊端一日不能彻底铲除，人类生存的环境就会受到威胁。

不忧一家寒，所忧四海饥。

—— （清）魏源

【大意】 不为一家人的饥寒担忧，所担忧的是天下百姓的饥寒。

【赏析】 就个人命运而言，魏源不算显达，在其有限的从政生涯中，一心忧国，一生忧民，把国家利益置于个人利益之上。正是这种心忧天下的忧患意识，使魏源终生苦苦寻觅兴邦强国之路。伟大人物之所以伟大，正是以天下百姓之忧为己忧，以天下百姓之苦为己苦，他们的理想、志向是救国救民，而不是"忧一家之寒"，图自我之私利。如毛泽东主席青年时代就立下了"改造中国与世界"的志向，周恩来总理从小就树立了"为中华之崛起而读书"的理想，最终解救了受苦、受难的中国人民，建立了新中国，使全国人民逐步过上了无饥、无寒的幸福日子。

报国之忠，莫如荐士；负国之罪，莫如蔽贤。

—— （宋）司马光

【大意】 对国家的忠诚莫过于为国推荐人才，对国家最大的罪过莫过于埋没人才。

【赏析】 治国经邦，人才为急。文王千里求贤士，终使周武灭商纣；刘备"三顾茅庐"请诸葛，三分天下成伟业。历史证明，人才的选用事关国家兴衰和人心向背。司马光把对待人才问题，看成了千秋功罪的首要问题，他认为：荐才即尽忠，蔽才即负罪，他的认识高度实在令人钦佩。告诫当权者，要摆脱世俗偏见，站在国家和人民前途命运的立场上，为国家荐贤举能，这是最崇高的爱国行为；反之，有贤不荐，有贤不任，埋没人才甚至陷害人才，就是极大的犯罪，也是对国家极大的不忠。

忧民之忧者，民亦忧其忧。

——《孟子》

【大意】 执政者如果把百姓的忧愁当作自己的忧愁，百姓也会反过来忧思执政者的忧患。

【赏析】 这句话是孟子民本思想的重要观点。孟子认为，把天下人的快乐当作快乐，把天下人的忧愁当作忧愁，这样才能够使天下归服。"民本思想"是孟子哲学的核心思想。他认为人民是国家的主体，君主要想保证邦固国宁，就必须得民心、顺民意，与民同乐，这样才能得到人民的爱戴和拥护。"与民同乐"也是孟子仁政思想的一个重要组成部分。正是基于以上认识，孟子告诫统治者在思想上要以民为本，重民、爱民；在军事上要避免战争，安民、救民；在经济上要制民之产，富民、利民。执政者做到与民同呼吸共命运，在国家遇到灾祸时，百姓才会挺身而出，为国解忧。

王师北定中原日，家祭无忘告乃翁。

—— （宋）陆游

【大意】 等朝廷的军队收复北方领土的那天，在家里祭祀的时候不要忘记告诉我。

【赏析】 此名句出自宋·陆游的《示儿》，这是其临终时写给儿子的遗嘱，表达了诗人至死念念不忘"北定中原"、统一祖国的深挚、强烈的爱国激情。陆游一生致力于抗金斗争，一直希望能收复中原。虽然频遇挫折，却仍然未改变初衷。在短短的篇幅中，诗人披肝沥胆地嘱咐着儿子，无比光明磊落，激动人心！浓浓的爱国之情跃然纸上，催人泪下，发人深省。

利于国者爱之，害于国者恶之。

——《晏子春秋》

【大意】 对国家有利的人就热爱他，对国家有害的人就憎恨他。

【赏析】 从古至今，爱国、报国还是卖国、损国，是仁人志士与奸佞小人的试金石和分水岭。前者名垂青史、为人敬仰；后者遗臭万年、遭人唾弃。爱国主义是一种伟大的精神，支撑着人们的信念；爱国主义又是一种伟大的文化，涵养着人心和事业。作为一个真正的中国人，要时时想到国家，处处想到人民。

我自横刀向天笑，去留肝胆两昆仑。

——（清）谭嗣同

【大意】 我面对横刀仰天大笑，无论生死忠肝义胆都像昆仑山一样高大。

【赏析】 谭嗣同是我国近代著名的爱国志士，是 1898 年戊戌变法中"戊戌六君子"之一。梁启超与他是至交好友，变法失败后，梁启超劝他一起逃走，他却执意留下，决心一死，愿以身殉法来唤醒和警策国人，以死报答君恩，并劝梁启超暂时远走他方以图将来。谭嗣同在狱中意态从容，镇定自若，写下了"我自横刀向天笑，去留肝胆两昆仑"惊天地、泣鬼神的诗句，表现了诗人以身殉难、壮烈献身的英雄气概和临危不惧、至死不渝的精神。百余年来，这气壮山河的诗句，曾激励着许许多多热血志士，为国家、为民族，前仆后继。

以身许国，何事不敢为？

——（宋）岳飞

【大意】 把身体都献给了国家，还有什么正义的事不敢做呢？

【赏析】 翻开中华民族的史册，很多仁人志士、英雄豪杰，他们精忠报国、"以身许国"，因而万古流芳，岳飞就是其中的一个。岳飞是我国南宋时的抗金名将。时值国破家亡、人民危难之际，他把一生都贡献给了抗金事业，最后遭到南宋投降派的陷害而被杀。在他身上，"以身许国"彰显的是一种爱国主义情怀，一种不畏生死的血性。800 多年了，岳飞依旧像一颗明星，激励着无数的爱国志士以身许国。有国才有家，有家才有我，故爱国是我们应尽的义务。

人固有一死，或重于泰山，或轻于鸿毛。

——（汉）司马迁

【大意】 人本来是会死的，有的人死比泰山还要重，有的人死比鸿雁的毛还要轻。

【赏析】 这是"史学之父"司马迁在两千年前写给其友人任安的一封信中的一句话。在文中，司马迁以极其激愤的心情，申述了自己的不幸遭遇，抒发了内心的无限痛苦，大胆揭露了汉武帝的喜怒无常，刚愎自用，提出了"人固有一死，或重于泰山，或轻于鸿毛"比较进步的生死观，表达了作者对生命价值的严肃思考。此名句常被用于鼓舞人们为正义的事业而奋斗、牺牲，毛泽东在1944年《为人民服务》的演讲中引用了这句名言，赞扬张思德同志是为人民利益而牺牲，其死重于泰山。

忧国者不顾其身，爱民者不罔其上。

——（宋）林逋

【大意】 为国家担忧的人，不会考虑自身的安危；爱护民众的人，不会向上级谎报民情。

【赏析】 这句话是说，以天下为己任、为国分忧的人从不计较个人得失。古往今来，无数仁人志士在国家民族危难时刻，挺身而出，同敌人进行英勇顽强的斗争。正是这些民族脊梁，才能使中华民族多次摆脱危难，屹立于世界的东方。真正爱护老百姓的人，不会脱离实际向上级谎报民情。

闲居非吾志，甘心赴国忧。

——（三国）曹植

【大意】 无聊闲居不是我的志向，我情愿为解除国难而赴汤蹈火。

【赏析】 曹植自幼颖慧，出言为论，下笔成章，深得宠爱，曹操曾认为曹植是诸子中最可定大事者。但由于曹丕使了些小伎俩，因而曹操就不再信任曹植，而立曹丕为继承人。曹操病逝后，曹植遭受其兄曹丕的猜忌和迫害，他在饱尝了"煮豆燃萁"之痛，受尽了忧谗畏讥之苦之后，忧郁而死。这句话表达了自己深沉而强烈的愤慨之情，抒发了渴望为国建功立业的雄心壮志。

一寸赤心惟报国。

——（宋）陆游

【大意】 我的一片赤诚之心，只求报效国家。

【赏析】 陆游是我国历史上杰出的爱国主义诗人。在他一生众多的诗作中，始终贯穿着强烈的爱国主义精神。他的爱国之心、忧国之情和报国之志，为历代人民仰慕和称赞，至今仍是我们进行爱国主义教育的好教材。陆游的爱国之心，集中反映在以下三个方面：一是热爱祖国的大好河山，在陆游大量的诗作中，有许多歌颂祖国大好河山和历史文化的优秀作品；二是对祖国大好河山遭受侵略无比愤慨，决心为收复国土而献身；三是爱民，陆游对人民的爱是深沉的、真挚的。

谁怜爱国千行泪，说到胡尘意不平。

——（清）梁启超

【大意】 谁能领会到这爱国的千行眼泪呢，每逢说到胡人侵犯中原内心就无法平静。

【赏析】 近代思想家、文学家梁启超在《读陆放翁集》一文中写下了这句感人、激昂的诗句，赞赏了陆游诗歌中渴望建功立业、为国驱驰之志、至老不衰的高昂格调，高度评价了陆游千古难遇的奇男子气概，实际上是抒发了作者自己的异代同心之感。因为他当时流亡海外，想到清朝末期遭受列强宰割、阴霾四布的神州大地，发出恨不能从军杀敌的呼喊，确实让人倍感伤心。

常思奋不顾身，而殉国家之急。

——（汉）司马迁

【大意】 时刻想着国家的危难，为了国家奋不顾身甚至献出生命。

【赏析】 这句诗出自《报任少卿书》。当时司马迁因为为败兵的李陵求情而被关入牢狱，在狱中写给他的朋友任安的回信中赞美李陵的一句话。李陵是西汉名将，飞将军李广的长孙。公元前99年，李陵率兵北伐匈奴，开始节节胜利，后来遭遇匈奴骑兵大部队的围堵，以致兵败被俘。汉武帝盛怒之下，把李陵全家打入牢狱，最后杀绝。此句是司马迁对汉代名将李陵的评价：时刻想着国家的安危，宁可牺牲自己的生命，以解救国家的安危。

以国家之务为己任。

——（唐）韩愈

【大意】 以国家的要务作为自己的责任。

【赏析】 以天下为己任，也就是心系百姓，以百姓的疾苦为疾苦，以百姓的幸福为幸福，把天下的百姓能不能安居乐业看成是自己的责任。如果每一位国民都有"国家兴亡，匹夫有责"的民族责任感，"以国家之务为己任"，自觉肩负起振兴中华的历史使命，用自己的智慧和勇气，为祖国的明天奉献自己的一切。这样，我们的国家会发展得更快，实现民族复兴的伟大梦想会尽早实现。

风声、雨声、读书声，声声入耳；
家事、国事、天下事，事事关心。

——（明）顾宪成

【大 意】 作为读书人，风声、雨声、读书声，都进入我们的耳朵；家事、国事、天下的事情，我们都应该关心。

【赏 析】 这句名言是明·顾宪成为无锡东林书院撰写的一副楹联。许多有识之士把这副对联当作自己的座右铭，勉励自己刻苦学习，报效祖国。顾宪成与高攀龙等人当年在此聚众讲学，并把读书、讲学和关心国事紧密地联系在一起。此名句告诫读书人：不能"两耳不闻窗外事，一心只读圣贤书"，读书人不仅要读好书，还要时时关心国家大事、处处想到人民的利益，以国家的兴亡为己任，把自己的志向定位在治理国家上，"为中华之崛起而读书"。

欲安其家，必先安于国。

——（唐）武则天

【大 意】 想建立个人幸福的小家，必须先让国家安定、繁荣起来。

【赏 析】 武则天是中国历史上唯一正统的女皇帝，"欲安其家，必先安于国"是她的一句名言。她号召百姓应以国家的利益为重，上下一心，把国家建设好。国家强大了，百姓就会富足；国家安定了，百姓才有好生活。此名句富有哲理，试想生灵涂炭、战乱纷争的国家，何来百姓安居乐业，幸福安康？

文死谏，武死战。

——《红楼梦》

【大意】 做文官的应敢于冒死直谏，做武将的应敢于血染沙场为国尽忠。

【赏析】 这是儒家的忠君道德规范。"文死谏，武死战"的爱国精神在现代仍然应该提倡。我中华民族几千年的历史，书写着自豪与血泪，厚重且雄伟，仁人志士、英雄忠肝比比皆是，名垂千古、万世流芳的豪杰不胜枚举，死于谏、亡于战者比比皆是。他们手握真理不惜生命的铮铮铁骨，为后人树立了一座丰碑。

乐以天下，忧以天下。

——《孟子》

【大意】 以人民的快乐为自己的快乐，以人民的忧愁为自己的忧愁。

【赏析】 "乐以天下，忧以天下"显示了孟子政治学说中的民本主义思想。宋人范仲淹那传诵千古的名句"先天下之忧而忧，后天下之乐而乐"，和孟子的意思同出一脉，都是反映儒家的爱国思想，注入了更为强烈的使命感和自我牺牲精神。此名句是对治理国家的人提出了"以天下为己任"的要求。只有与天下人同乐、与天下人同忧，以国家民族大事为己任的人，才是真正爱国的人，才能担当国家的重任。

国耳忘家，公耳忘私。

——《汉书》

【大意】 为了国事而忘记家事，为了公事而忘记私事。

【赏析】 这是汉文帝时期大臣贾谊奏章中的一句话，论述如何使国家得到长治久安，贾谊提醒汉文帝关注形势的危急，并表明了自己在这一局势中的态度和立场。此名句意谓为了国家舍弃自己的小家，为了公众利益舍弃个人利益。文帝时，外有匈奴侵扰，内有诸侯王争权夺利，贾谊主张行仁政，轻赋税；削弱诸侯势力，巩固中央集权；富国强兵，抗击匈奴。强调政治教化，只有民众一心为公为国，确立"国耳忘家，公耳忘私"的爱国思想，才能使国家得到长治久安。

苟利国家生死以，岂因祸福避趋之。

——（清）林则徐

【大意】 只要对国家有利，即使牺牲也在所不惜，绝不会因为自己可能受到祸害而逃避。

【赏析】 林则徐是中国清朝后期的政治家、思想家和诗人，官至一品，曾任湖广总督、陕甘总督和云贵总督，两次受命钦差大臣，是鸦片战争时期主张严禁鸦片、抵抗侵略的爱国名臣。道光二十年至二十二年（1840—1842 年）中英鸦片战争期间，清军屡遭败绩，昏庸无能的朝廷为了求和，竟将主持"虎门销烟"的民族英雄林则徐革职，发往伊犁"效力赎罪"。诗人西行途中，在西安卧病数月，于道光二十二年七月告别妻子，继续前行。临别时，他创作了两首七律，这是第二首中的两句。林则徐虽然蒙受冤屈，但报国之志并未削减，依然表示：即使被贬谪边疆，只要对国家有利，也将不顾个人的生死祸福为之奋斗。

宁为玉碎，不为瓦全。

——《北齐书》

【大意】 宁做玉器被打碎，不做陶器得保全。

【赏析】 比喻宁愿为正义事业牺牲，也不愿丧失气节，苟且偷生。在中华民族五千年的历史长河中，涌现出了许多"宁为玉碎，不为瓦全"的忠贞之士。他们宁死不屈，舍生取义，从屈原的宁可投江而死也不能使清白之身蒙受世俗之尘埃，到陶渊明的"不为五斗米折腰"，再到谭嗣同的"有心杀贼，无力回天。死得其所，快哉快哉"，我们不禁为古人的那种豪迈气概所征服，他们的高尚气节足以名传千古，光照后人。

十九、治国篇

不以仁政，不能平治天下。

——《孟子》

【大意】 如果不施行仁政，就不能治理好天下。

【赏析】 孟子认为，如果统治者实行仁政，就可以得到人民的衷心拥护；反之，将会失去民心，就会被人民推翻。正所谓"得民心者得天下，失民心者失天下"。"不以仁政，不能平治天下"，这是历代朝政治国的律例，阐述了治国的道理。

治国之道，爱民而已。

——（汉）刘向

【大意】 治理国家的方法，不过是爱护人民罢了。

【赏析】 这是周武王向姜太公询问治国方法时，姜太公作的言简意赅的回答。治国是件大事，也是件难事。但治国者若能抓住根本，难事也就变得容易了。这个根本就是"爱民"二字，因为治国实际上就是治人。姜太公从正反两个方面列举了爱民的具体方法，最后归结说："故善为国者，驭民如父母之爱子，如兄之爱弟，见其饥寒则为之忧，见其劳苦则为之悲。"能够做到这一步，国家必然就会治理好。"爱民如子"的成语即来源于此。

我劝天公重抖擞，不拘一格降人才。

——（清）龚自珍

【大意】 我奉劝上天要重新振作精神，打破陈规旧律以降下更多的治国人才。

【赏析】 此名句出自清代诗人龚自珍的《己亥杂诗》。这是一首出色的政治诗，集中反映了诗人高度关怀民族、国家命运的爱国激情。作者认为国家的力量来源于人才，他期待着优秀杰出人物的涌现，期待着改革大势形成新的"风雷"、新的生机，一扫笼罩九州的沉闷和迟滞的局面，而朝廷所应该做的就是破格任用人才，只有这样，中国才有希望。作者采取对天公拟人化的方法，用"劝"与天公对话，强烈表达了作者忧国忧民的情怀，寓意深刻，气势磅礴。

其身正，不令而行；其身不正，虽令不从。

—— 《论语》

【大意】 领导人自身端正，即使不下命令，老百姓也会遵从；领导者本身不端正，即使三令五申地发令，老百姓也不会听从。

【赏析】 这是孔子关于上下级关系的至理名言，说明了领导者自身行为的重要性。我国自古就有"上行下效""上梁不正下梁歪"的说法，这句话强调领导者要为人表率、公道正派，为人处世要做出榜样，才能够政令畅通、令行禁止，才能营造良好的社会风气。历史和现实经验都告诉我们，培育正风需要领导者率先垂范，其效果就如影之随形、响之应声一样显著，自然会起到立竿见影的效果。

治国者，必以奉法为重。

—— 《三国演义》

【大意】 治理国家的人，必须以遵纪守法为第一要素。

【赏析】 在严明的法纪面前，任何人都没有特权，领导干部更应做遵法、守法、执法的模范。国家必须做到，法律面前人人平等，王子犯法与庶民同罪。只有做到这些，才能真正实行法治。一个真正的治国者，必须把自己置于法律的监督之下，决不能凌驾于法律之上。此名句对于为政者具有重要的警戒意义。

治天下者，以人为本。

——（唐）吴兢

【大意】 治理天下的人，必须遵循以人为根本的思想。

【赏析】 从"文景之治"到"开元盛世"，从仁宗盛治到仁宣之治，一个个华夏辉煌都见证了这句名言的正确性。以人为本，强调人在社会历史发展中的主体作用和地位，它特别强调尊重人、解放人、依靠人和为了人。通俗地讲，就是坚持全心全意为人民服务的宗旨，始终把最广大人民的根本利益作为党和国家工作的根本出发点和落脚点，坚持发展为了人民、发展依靠人民。

政者，正也。子帅以正，孰敢不正。

——《论语》

【大意】 政，就是正。为政者行为端正做出了表率，谁敢不正？

【赏析】 此名句是千古以来中国政治思想的一则名言。先哲言简意赅，一语道破了"政"与"正"之间的关系。它启示我们：从政者当以守正为要，唯有守正，才能影响和带动他人，形成风清气正的良好氛围；唯有守正，才能赢得信任和支持，更好地履行职责。今天，领导干部应当怎样守正呢？首先守正言。言语失当、言不由衷甚至言而无信，会使自己失信于民。其次守正行。行是不言之教，从某种意义上说，行的示范效应要大于言，如果行不正，即使言再好也不顶用，甚至会起反作用。最后守正心。心正，境界自高、胸怀自宽，杂念自无、贪欲自灭，从而做到言正、行正。

> **治天下者，当用天下之心为心。**
>
> ——《汉书》

【大意】 治理天下的人，应当把天下人的愿望作为自己的愿望。

【赏析】 这是鲍宣向汉哀帝上书之语。意思是说：治理天下的人，应该把天下人共同的想法当成自己的想法，不能独断专行，只图个人快活。此句强调执政者要时时为人民着想。治理天下的人要想得到天下人的拥护和支持，就必须得天下人之心，因此，就得想天下人之所想，急天下人之所急，爱民、惠民。不可为一己之私，一意之专，只求个人的舒心快意，而毫不顾及天下人的心情和愿望。

> **以公灭私，民其允怀。**
>
> ——《尚书·周官》

【大意】 为政者大公无私，民众才会心悦诚服，众望所归。

【赏析】 这句话就是《周官》中的一句，号召大小官员认真工作，谨慎发令，言出即行，用公心而除去私欲，位尊不当骄傲，禄厚不当奢侈，修养恭敬勤俭美德，不可行使诈伪，以此赢得人民的信任。做到这些，人民才会心悦诚服。勉励官员兢兢业业，勤劳政事，克己奉公，廉洁自律。

> **大道之行也，天下为公。**
>
> ——《礼记》

【大意】 在圣人治理国家的时代，天下是人们所共有的。

【赏析】 "大道"，乃儒家所追求的最高政治理想或治理社会的最高准则，就是中国人所熟知的"大同"理想。在"天下为公"的理想社会里，天下是天下人所共有的天下，人们把所有的老人都当作自己的亲人，把所有的孩子都当作自己的孩子，老弱病残者皆有所养。它反映了以孔子为创始人的儒家学派的政治理想及对未来社会的憧憬。

公正无私，一言而万民齐。

——《淮南子》

【大意】 为官者如果公正无私，发出的号令就会得到百姓的赞同和拥护。

【赏析】 公正无私天地宽。领导者具有了这一崇高思想品德，才能言有号召力，行有凝聚力，得到民众的信任。在中国历史上，不乏公平正义的清官。北宋时期的包拯铁面无私，秉公执法，为官一任，造福一方。他到任开封知府，面对皇亲国戚、豪门权贵，不徇私情，清正廉洁，被人们尊称为"包公""包青天"。民间还将他的传说改编成戏曲、小说，颂扬他的这种精神。

奉公如法则上下平。

——《史记》

【大意】 依照法律奉行公事，则上上下下都会太平了。

【赏析】 战国时期的赵奢担任赵国的税官，向国相平原君家收取官税，平原君的手下不肯交，赵奢依法惩处了这些人。平原君大怒要杀赵奢，赵奢就向平原君说了这句话，奉劝平原君为了国家的富强，应奉公守法，平原君终于被说服了。"奉公如法则上下平"是说，掌握权力的人如果能公正无私、依法行事，下面的人就会心服口服，不会出现什么乱子，使得天下太平，这就是所谓的"君正民自安"。

得道者多助，失道者寡助。

——《孟子》

【大意】 站在正义方面，会得到多数人的支持和帮助；违背道义，必定会陷入孤立。

【赏析】 孟子认为，"得道"就是实行仁政德政、主持公道、伸张正义、直道而行、以德服人，而不是靠小恩小惠笼络人心，或靠权术、计谋收服部众。"得道多助"，正义的事业必定能得到天下人的拥护和支持，具有巨大的道义作用和神奇威力。而践踏正义、丧失民心的人，必然"失道寡助"，众叛亲离，最终成为真正意义上的孤家寡人。事实上，大到治理国家、战争，小到处理企业、单位日常事务，人心的向背都是至关重要的。

惟公则生明，惟廉则生威。

——（清）石成金

【大意】 只有公平才会产生清明，只有廉洁才会产生威信。

【赏析】 纵览古今，我们不难发现，无论是封建王朝还是现代社会，任何一个社会群体，不论其大小，无一不是因为"廉"和"公"而健康发展，又无一不是因为"不廉不公"而走向衰落甚至是灭亡。国务院前总理朱镕基曾不止一次地说过："党员干部要想做到廉和公，一靠制度，二靠考核，三靠监督，三者缺一不可。"为政者的权威更多地要依靠自身的公正与廉洁。

救国之大略，必在改革之刚断。

——（清）康有为

【大意】 救国最根本的策略，在于坚定果断地改革。

【赏析】 康有为是晚清时期重要的政治家、思想家、教育家，资产阶级改良主义的代表人物。时值清朝末期，朝廷腐败无能，国家逐步走向衰亡，他多次上书光绪皇帝请求改革。1895年联合1300多名举人上万言书，即"公车上书"，最终在1898年6月11日促成"戊戌变法"，因变法只维持了103天，所以又称"百日维新"。戊戌变法是中国近代史上一次重要的政治改革，也是一次思想启蒙运动，促进了思想解放，对社会进步和思想文化的发展起了重要推动作用。

穷则变，变则通，通则久。

——《周易》

【大意】 事情到了衰落期就应该改革，改革变化了就能通达，通达就可以长久。

【赏析】 这句话说出了一个道理：任何事情都有一个发生、发展、衰落的过程，在事物发展到衰落阶段时，就要寻求改革变化以谋出路；反之，如果一味坚持原来的旧规矩而不思变化，只能僵化致死。这句话对后世的影响很大。清末的资产阶级维新派为了变法维新，就以《易传》的古训为依据，提出了"变者，古今之公理也"，猛烈抨击封建顽固派的因循守旧，阐述变法图存的道理，在近代中国起到了发蒙启蔽的作用。

兼听则明，偏信则暗。

——（唐）魏征

【大意】 听取多方面的意见，才会明辨是非；偏听偏信一面之词，就会不明真相。

【赏析】 唐太宗问魏征："君主怎样能够明辨是非，怎样叫昏庸糊涂？"魏征答："广泛地听取意见就能明辨是非，偏信某个人就会昏庸糊涂。从前尧帝明晰地向下面民众了解情况，所以有苗作恶之事及时掌握。舜帝耳听四面，眼观八方，故共工、鲧、欢兜都不能蒙蔽他。秦二世偏信赵高，在望夷宫被赵高所杀；梁武帝偏信朱异，在台城因受贿被下臣侮辱；隋炀帝偏信虞世基，死于扬州的彭城阁兵变。所以人君广泛听取意见，则宦官不敢蒙蔽，下面的情况得以反映上来。"唐太宗说："好啊！"

> 治国者，圆不失规，方不失矩，本不失末，
> 为政不失其道，万事可成。
>
> —— （三国）诸葛亮

【大意】 治理国家，政策要有灵活度，但不能违背国家法律；依法治国、执法如山，但要有一定的灵活性；抓住治理国家的根本，但不要忽视民生的细节。治理国家不违背这样的治国原则，国家的万事都能成功。

【赏析】 诸葛亮认为，治理国家，无规矩不成方圆，"本立而不失其末"，为政不能脱离理法道统，如此则万事可成，功业也可长保。他主张凡重大改革，都要"于法有据"，治国理政，法律是重要依据，法律也是根本准绳。用律法来规范人们的行为，调节社会秩序。如果能够做到"上下对称"，讲规矩、讲规律，国家就一定能不断向前推进。如果不讲规矩、漠视法治，怎能促进社会公平、激发社会活力？怎能让一切创新、创业的源泉充分涌流？

> 良医常治无病之病，故人无病；
> 圣人常治无患之患，故国太平。
>
> —— （汉）刘安

【大意】 好医生，注重疾病的预防，所以人们就不会得

病；英明的君主，能预防隐患的发生，所以天下太平。

【赏析】 扁鹊是中国古代著名的医生。扁鹊兄弟三人都是医生，扁鹊认为：大哥医术最高，二哥次之，他本人的医术最差。原因是："大哥治病，是治病于未发之前；二哥治病，是治病于初起之时，而我治病，是在病情严重之后。"治理国家，也要学习扁鹊三兄弟。首先学习大哥，治无病之病；一旦出现问题的萌芽，就要学习扁鹊的二哥，治病于病初；发现严重问题，就要学习扁鹊了，下猛药，动大手术，切除病根。

安而不忘危，存而不忘亡，治而不忘乱。

——《周易》

【大意】 平安的时候不忘危险，生存的时候不忘败亡，大治的时候不忘动乱。

【赏析】 这句名言警示大家要保持忧患意识，看到那些尚未出现而即将出现的问题，防患未然，从容应对。"底线思维"，往往体现为一种决策智慧、领导方法。在社会治理中增强预见性，保持"底线思维"，才能做到喜不忘忧、未雨绸缪，就不会出现败局。

恩怕先益后损，威怕先松后紧。

——（清）金缨

【大意】 给人的好处怕的是先多再少，对人的管理怕的是先松再严。

【赏析】 古今中外，要领导一个团队，管好一个企业、甚至一个国家，通常都要恩威并施。恩是施恩，威是施威。但什么时候用"恩"，什么时候用"威"，则是很难拿捏的。对下属施恩，不能先给利益，其后非但不给好处反而苛刻有加，那么开始的恩就会变成仇怨。对下属的规管，必须一开始就严格要求。先松后紧，就会管教不好下属，反而招致下属的怨怒。因此，恩须施于后，威须立于先。

> 赏不当功，则不如无赏；
> 罚不当罪，则不如无罚。
>
> —— （宋）张孝祥

【大意】 奖赏如果与功劳不相称，还不如没有奖赏；惩罚如果不与罪行相符，还不如没有惩罚。

【赏析】 惩罚与奖赏的根本，在于鼓励人们做好事，惩处那些做恶事的人。刑赏必须得当，才能达到刑赏的目的。大功小赏，大罪轻治，起不到"赏一以劝百，罚一以惩众"的目的，要赏罚作甚？而小功大赏，小罪大罚，则会产生"费而无恩"的恶果，这样的刑赏作用更坏。奖赏和功劳相当，受奖赏者心安理得，未受奖赏者心悦诚服，立小功者企望再立大功，无功者羞愧自退。惩罚和罪过相当，受惩罚者低头服罪，为恶者魂飞丧胆，知情者举报，藏匿者发奸，社会才能得到治理。此名句说明刑赏得当的重要性。

> 言者无罪闻者诫，下流上通上下泰。
>
> —— （唐）白居易

【大意】 说话的人没有罪过，听者可以从中受到警诫；下情上达彼此相通，社会才能安然无事。

【赏析】 此句是说，领导者要让人民说话，作风民主、上下通气，广泛听取各种不同意见和建议，才能广开言路，这对于社会的平安稳定起着极其重要的作用。正如毛泽东主席所说："实行'知无不言，言无不尽''言者无罪，闻者足戒''有则改之，无则加勉'，这些中国人民的有益格言，正是抵抗各种政治灰尘和政治微生物侵蚀我们同志的思想和我们党的肌体的唯一有效的方法。"

锄一害而众苗成，刑一恶而万民悦。

—— （汉）桓宽

【大意】 锄掉一棵有害的杂草，它周围的很多禾苗都会茁壮成长；惩治一个恶人，成千上万的百姓就会高兴。

【赏析】 在笔者看来，惩办奸佞之徒，犹如为禾苗锄草一样，必将得到人民的拥护，有助于安定民心，稳定社会秩序。新中国初期，毛泽东主席亲批斩杀令，处决贪污犯刘青山、张子善，广大人民群众无不为之拍手称快！当今，对腐败分子的严厉惩处，纯洁了干部队伍，挽回了巨额经济损失，充分显示了党和人民政府惩治腐败的坚强决心，有力地振奋了党心、民心。

得贤杰而天下治，失贤杰而天下乱。

—— （宋）范仲淹

【大意】 重用贤杰，天下就会安定；相反，国家就会动荡不安。

【赏析】 纵观中国历史，新兴政权建立之后，都面临一个治理的问题，有的治理得比较好，出现治世、盛世；有的治理得就较差，或者很差，从一开始就乱象丛生，不长时间就走向灭亡。这里面的规律就是："得贤杰而天下治，失贤杰而天下乱。"中国历史上有几代有名的治世、盛世，如汉代的"文景之治"、唐代的"贞观之治"、清代的"康乾盛世"等，有一个共同的特征，就是政治比较清明，有一批贤才活跃在政治舞台上，从而使国家安定，百姓安居乐业。

刑过不避大臣，赏善不遗匹夫。

——《韩非子》

【大意】 惩罚罪过不避让大臣，赏赐善行不遗忘百姓。

【赏析】 惩罚和奖赏应一视同仁，不应因人的地位不同而区别对待。也指法律面前人人平等，没有地位高低之分。韩非子认为，法律是建立一个强有力的政权和有秩序的社会所必需的条件，因此，必须明确立法制度和执法的统一性。即赏罚对官对民都应一样，不论上下贵贱都要一视同仁，该赏就赏，该罚就罚，赏罚得当，公正严明，这样才能取信于民，使百姓乐于奉公守法。

> 公生明，偏生暗。
>
> ——《荀子》

【大意】 公正就政治清明，偏私则政治黑暗。

【赏析】 公平、公正能使人明晓事理，偏听、偏信会让人愚昧糊涂。公正使人明智，偏私导致昏暗。明白事理者，就能明察秋毫，处事公平合理，偏私之人则恰恰相反。此句揭示了"公"与"偏"，"明"与"暗"的辩证关系，在当今社会亦有很强的指导意义。强调作为执政者，首先要以德服天下，这样才能处事公正，明辨是非。

> 国有三不祥：夫有贤而不知，一不祥；知而不用，二不祥；用而不任，三不祥。
>
> ——（春秋）晏子

【大意】 国家有三种不祥的事情：有贤人而不知道，是一不祥；知道了而不用，是二不祥；用了但是不信任，是三不祥。

【赏析】 历史证明，得人才者得人心，得人心者得天下。如果忽视人才，失掉人才，对当政者来说是致命的失误，对国家来说是最可怕的后患。历史深刻地告诉人们，有贤不知、知贤不用、用贤不当，早晚会危及国家的前途和命运。用好的作风选人、选作风好的人，是时代的呼唤，是群众的期盼。重视人才的选拔任用，才能使国家万象更新，国富兵强。

发号施令，在乎必行；赏德罚罪，在乎不滥。

—— （宋）包拯

【大意】 发布命令，在于一定要施行；奖善罚罪，在于不要过度。

【赏析】 包拯是北宋著名的司法、监察官员，是中国历史上的一代名公。包公主张：一个国家要正常运转，必须要有秩序，必须制定出各种法律来规范人们的行为。法律一旦发布，就要求人们必须按照法律的规定和要求行事，做到有法必依，执法必严，违法必究，维护法律的权威及公平、公正。

为政之要，莫先于用人。

—— 《资治通鉴》

【大意】 治理国家的关键，没有比用人更重要的了。

【赏析】 司马光主张："为政之要，莫先于用人。"历代明君都把人才看作是强国之本。唐太宗把任用贤才看作是治理国家的重中之重，提出了"为政之要，惟在得人"的思想。正是唐太宗这种爱才重贤、知人善任的为政之德，使得贞观时期人才济济，各尽其力，保证了国家政治清明和各种政策的推行，取得了"贞观之治"的丰功伟绩。

国家用人，当以德为本，才艺为末。

—— （清）康熙

【大意】 国家用人，应该先重视人的德行，其次才是他的才能和技艺。

【赏析】 这是清圣祖康熙的一句名言。短短 13 个字，既说出了康熙帝的用人之道，又道出了其治国之纲。这句话强调，选人、用人要以德为先，学问次之。坚持以德为主，才艺为末，并不是不要才，只是与德相比，才处于次要位置。自古以来中国对选人、用人就有"德才兼备，以德为先"的普遍认识，这也应当作为现代选人、用人的基本标准。

君，舟也；人，水也。水能载舟，亦能覆舟。

—— （唐）李世民

【大意】 君主如船，百姓如水；水能够托载着船航行，但也能够把船打翻。

【赏析】 战国时期著名思想家荀子，在他的不朽著作《荀子·王制》篇中说："君者，舟也；庶人者，水也；水则载舟，水则覆舟。"唐太宗对荀子的这一观点十分欣赏，在与君臣讨论国家的治理问题时，多次引用和发挥了这一观点。他在《论政体》一文中说："君，舟也；人，水也；水能载舟亦能覆舟。"荀子和唐太宗，都深深懂得人民的力量是极其伟大的，强调了依靠人民力量的重要性。他们的这一光辉思想，对历代统治者尊重民情民意、执政为民，起到了积极促进作用。

德，国家之基也。

——《左传》

【大意】 道德是国家立足的根基。

【赏析】 古代的统治者注重德政，强调以德服人，通过施行德政来治理国家。道德建设不论对于个人，还是对于整个国家来说，

中华古典名言赏析 · 治国篇

都是非常重要的。对国家来说，德行为立国之大本；对人来说，德行则是立身之大本。对青少年学生来说，培养好的德行，是人生成长的第一步，也是最重要的一步。古往今来，各行各业无不讲究做人的道德。练武，必重武德；医生，必讲医德；教师，须讲师德；经商者，须讲商德。道德既是一个国家繁荣昌盛的基础，也是规范做人的根本。

无偏无党，王道荡荡；无党无偏，王道平平。

——《尚书》

【大意】 处事没有偏向不结党营私，治国为政的道路就会宽广平坦。

【赏析】 朝廷上下，为政者不偏向自己的亲人，不袒护自己的朋友，王道的理想政治是宽广的；不悖逆，不倾斜，王道的道路是正直的。要言之，人们不结党营私，不背离先王的法则，国家就能治理有序，就有公平、正义可言。强调为政者应以国事为重，大公无私，而不应拉帮结派，结党营私，行事偏激。倘若君上偏私而结党，行为失去原则，左右是看得见的，上行下效，社会必腐败而混乱。

执法如山，守身如玉。

——（清）金缨

【大意】 于公执法如山，毫不容情；于己坚守情操，一尘不染。

【赏析】 此句从"奉公"和"修身"两个方面对为政者提出要求：于公要刚劲正直、不怀私利、不畏权势、不徇私情、公正廉明、执法如山；于己要品德坚贞、情操高洁、胸怀坦荡、廉洁自律、加强修养，这样才能得到人民的拥护和爱戴。领导干部要坚持"有法可依、执法必严、违法必究"的执法原则，坚持"法律面前人人平等"的根本要求，严于律己、严肃纪律，不拿原则做交易。对那些罪大恶极的当事人，要敢于碰硬，敢于较真，树立领导干部的浩然正气。

廉者，民之表也；贪者，民之贼也。

—— （宋）包拯

【大意】 廉洁的官吏，是人民的表率；贪赃的官吏，是人民的盗贼。

【赏析】 包拯这句话是对北宋政坛廉者的热切呼唤，也是对贪官的强烈斥责。古今中外，廉洁的官员受人尊重，贪腐的官吏被人唾弃。对于贪官污吏绝对不能心慈手软、网开一面，而应该像包拯一样，视贪官如蟊贼，高高举起法律的"铡刀"，严惩不贷！

致安之本，惟在得人。

—— （唐）李世民

【大意】 使国家安定的根本，最重要的一条在于得到人才。

【赏析】 纵观中国的文明史，每个时代的繁荣兴盛，无不有赖于人才的繁盛。无人才无以强国，无人才无以兴邦。一个国家或地区的发展离不开人才支撑。由于唐太宗的爱才、揽才、用才、护才，因而他的周围逐渐聚拢了一大批优秀的文臣武将。为表彰这些优秀人才的丰功伟绩，唐太宗命人在凌烟阁的墙壁上画像旌表开国功臣，还亲自写赞词，书法家褚遂良题阁名，画家阎立本为功臣画像。被画像表彰的有长孙无忌、房玄龄、杜如晦、魏征、秦琼、程咬金等24位。

严以治吏，宽以养民。

——（清）王夫之

【大意】 用严格的法律治理官吏，用宽松的政策管理百姓。

【赏析】 新中国成立不久，毛泽东主席和他的一个亲属谈话时说："治国就是治吏，礼义廉耻，国之四维；四维不张，国将不国。如果臣下一个个都寡廉鲜耻，贪污无度，胡作非为，而国家还没有办法治理他们，那么天下一定大乱，老百姓一定要当李自成。国民党是这样，共产党也会是这样"。王夫之的"严以治吏"，其核心也是"治国先治吏"。只有这样，政府才能得到民众的拥护，国家才能长治久安，人民才能安居乐业。

欺人如欺天，毋自欺也；
负民即负国，何忍负之。

——（清）魏向恒

【大意】 欺骗别人就是欺骗上天，不要自欺欺人；辜负百姓就是辜负国家，又怎能忍心呢？

【赏析】 这是一副言简意赅、语朴味长的格言哲理联句，题写于清代河南内乡县古衙门。此句充分反映了作者的人生观和立身处世之道，表达了他的"民为本"思想和正直善良的品格，同时也饱含了作者对当时社会那种奸诈险恶、自欺欺人之徒的蔑视，痛斥了那些只知谄上欺下、辜负老百姓期望的贪官污吏。这至理哲言对当时、后世都很有启迪意义。

源清则流清，源浊则流浊。

——《荀子》

【大意】 源头清澈，下游的流水也清澈；源头浑浊，下游的流水也浑浊。

【赏析】 对于河流而言，发源之处的水清澈，那么流出来的水就清澈；反之，源头的水污浊，流出来的水也就不干净了。故此，处理事情也要从根源上处理，整顿事情也要从根源上整顿，我们说的"正本清源、端本澄源"，都是这个道理。领导阶层以身作则，做出表率，下属才会行得正、坐得端。不然会"上梁不正下梁歪"，"上行下效"，形成一种恶性循环，使国家衰亡。

臣以进言为忠，君以纳谏为圣。

—— （金）王若虚

【大意】 大臣以敢于向君主进言为忠诚，君主以采纳大臣的进言为圣明。

【赏析】 能向上级积极建言献策，是下属忠诚的特征；能接受采纳下属的正确意见，是开明领导的主要特征。唐太宗李世民与魏征为君臣，正是为君者善于纳谏、为臣者善于进谏的杰出代表。唐朝初年"贞观之治"的出现，自有其多种主客观条件，而谏净之风的盛行，则是其中一个相当重要的因素。由于唐太宗能虚心纳谏，他在位期间，唐朝的政治安定，经济繁荣，成为太平盛世。

亲贤臣，远小人，此先汉所以兴隆也；
亲小人，远贤臣，此后汉所以倾颓也。

—— （三国）诸葛亮

【大意】 亲近贤臣，疏远小人，这就是汉朝前期兴隆的原因；亲近小人，疏远贤臣，这就是汉朝后期衰败的原因。

【赏析】 这句话出自诸葛亮的《前出师表》。这句至理名言，道出了古今多少兴衰的人和事，说明了亲贤远佞的利和弊，其中的哲理永不过时。诸葛亮这话是说给蜀国后主刘禅听的，然而刘禅听进去了吗？没有，他重用奸臣，不理朝政，以至于蜀国被魏所灭，令人叹息。今天，对各级领导干部来说，应以史为鉴，亲"贤臣"，远小人，于国于己，都乃幸事。